财政部规划教材
全国财政职业教育教学指导委员会推荐教材
全国高职高专院校财经类教材

管理学基础

（第三版）

张阿芬　主　编
许标榜　吴风琴　副主编

中国财经出版传媒集团
经济科学出版社
Economic Science Press

图书在版编目（CIP）数据

管理学基础／张阿芬主编．--3版．--北京：经济科学出版社，2022.7（2024.1重印）

财政部规划教材　全国财政职业教育教学指导委员会推荐教材　全国高职高专院校财经类教材

ISBN 978-7-5218-3703-2

Ⅰ.①管…　Ⅱ.①张…　Ⅲ.①管理学-高等职业教育-教材　Ⅳ.①C93

中国版本图书馆CIP数据核字（2022）第093853号

责任编辑：杨晓莹
责任校对：杨　海
责任印制：张佳裕

管理学基础（第三版）
张阿芬　主　编
许标榜　吴凤琴　副主编
经济科学出版社出版、发行　新华书店经销
社址：北京市海淀区阜成路甲28号　邮编：100142
教材分社电话：010-88191309　发行部电话：010-88191522
网址：www.esp.com.cn
电子邮箱：bailiujie518@126.com
天猫网店：经济科学出版社旗舰店
网址：http://jjkxcbs.tmall.com
北京鑫海金澳胶印有限公司印装
787×1092　16开　17.75印张　380000字
2022年7月第3版　2024年1月第2次印刷
ISBN 978-7-5218-3703-2　定价：55.00元

编写说明

本教材是财政部规划教材，自出版发行以来，得到管理界专家、学者的热情支持和鼓励，受到了广大读者的欢迎，2021 年财政部再次将其列入“十四五”规划教材。我们在认真研究了热心读者反馈的本书使用效果及修订建议的基础上，保持第一版、第二版“体系完整、内容实用、贴近生活、通俗易懂、详简有度、体现标准”特色，遵循“锤炼精品、服务读者、创新形式、丰富资源”原则对本教材进行了修订。主要修订工作如下：

1. 充实、优化教材内容。

对第二版的内容进行充实、调整或优化。体现以培养中基层管理者的综合管理技能和素质为目标，重点突出管理的两大基础和五个关键能力培养，即：使学习者掌握管理基础知识和管理思想；培养学习者的决策与计划、组织与人事（管理）、领导与评价、沟通与合作、控制与创新五大关键能力。充实、优化中华优秀传统文化与管理思想、课程思政及创新创业方面内容的阐述。

2. 调整、优化编排形式。

一是内容编排形式体现项目化教学模式及教学做一体化要求。二是通过内容课件、管理案例、管理故事、管理名言等多元知识呈现和管理任务及知识点自测题设计，引导学习者实现“看视频、学真知，析经典、明原理，听故事、悟真谛，做任务、强能力，测一测、心有底”学习目标。

3. 线上、线下丰富资源。

随着互联网和信息技术的快速发展，知识的传播、人们的学习习惯及学习方式已发生了深刻的变化，当前线上线下相结合的混合式教学、学习方式及资源获取方式已成为一种常态。因此，本次再版对内容的呈现方式也做了一些改变，力图做到线上线下资源结合，通过二维码呈现关键知识点、知识链接、管理情景（案例）、管理故事、管理任务、自测题等内容，丰富学习者资源获取和学习。

本书由福建省高校教学名师、职业院校名校长，第 11 届（2016 年）全国十名优秀国际认证项目管理专家（IPMP），中国注册咨询工程师（RCE），中国注册资产评估师（CPV），国家发展与改革委、财政部政府与社会资本合作（PPP）专家库“双库”专家，省级精品课程、省级优秀教学团队、省级精品专业带头人、省级教学成果奖获得者，泉州工艺美术职业学院张阿芬教授提出修订大纲、明确编写指导思想和具体的编写要求，并担任主编和总纂定稿。参加本书修订的有：经济科学出版社白留杰高级经济师，厦门兴才职业技术学院刘荣峰副教授，泉州工艺美术职业学院许标榜、吴凤琴讲师，厦门软件职业学院林欣欣 ERP 财务应用师、K/3 财务管理师。全书共设计八个项目，具体修订分工如下：

张阿芬：项目一、项目三之任务一、任务二、任务三、任务四；许标榜：项目二、项目七之任务一；白留杰：项目三之任务五、项目五；刘荣峰：项目四；林欣欣：项目六；吴凤琴：项目七之任务二、项目八。张阿芬、许标榜、吴凤琴共同完成线上资料收集、整理及课件、视频的制作等。

限于水平，书中疏漏之处在所难免，恳请读者和同行专家提出宝贵的意见。

编　者

2022 年 3 月

目录

项 目 一

领悟管理

目标描述

知识目标：通过本项目学习，应明白什么是管理，了解管理的基本特征和职能；理解管理的性质及管理的内容和方法；掌握管理者的分类和技能。

技能目标：感悟管理的艺术性与技能性；认识并有意识地培养自己的管理素质；分析与解决现实生活中遇到的简单的管理问题，如个人生活管理、学习管理、班级管理等。

教学课件

课程思政

工作任务分解（WBS）（见图1－1）

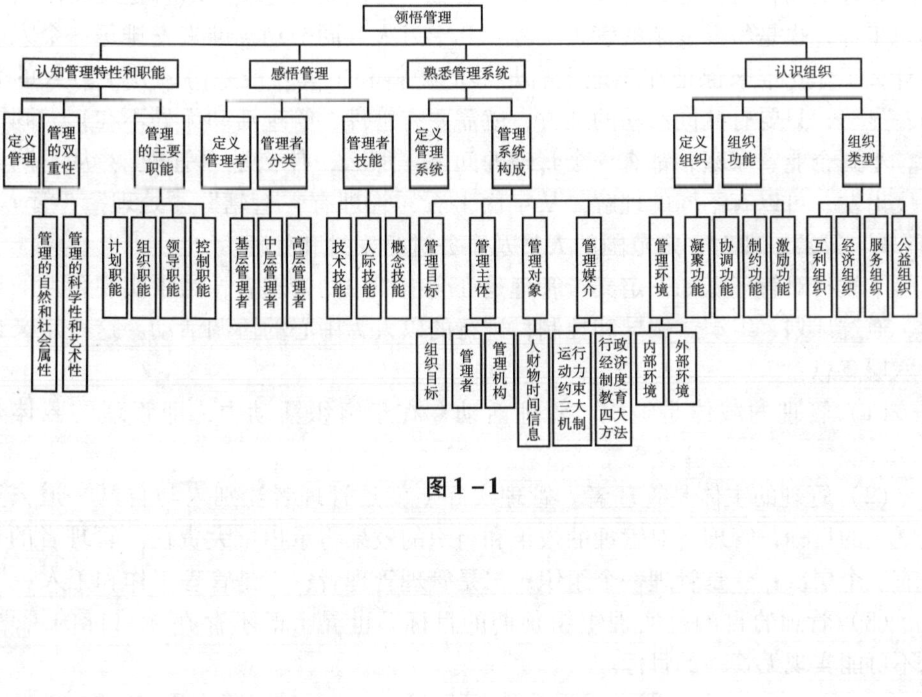

图1－1

任务一　认知管理特性与职能

听故事
悟原理
（龙永图选秘书）

【管理情景 1－1】

春　运

春运期间的厦门火车站人山人海，候车室里早已人满为患，车站工作人员只好在广场上立起一个个开往各地车次的标牌。开往上海的××次标牌下的旅客已经整装待发，挤着扛着挤着闹着乱作一团，这支队伍看上去至少有六列，早已不成队伍，大家都烦躁不安。离开车时间还有半小时的时候，一位20刚出头的女工作人员微笑地走来，不紧不慢地举起车次牌，声音不大却很悦耳地说：“乘××次到上海的旅客请跟我走。”于是，她身后的几百人便开始跟着她蠕动起来。小姑娘头也不回地向前走去，顺着车站广场人群中间那狭窄的通道不慌不忙地走着，这样绕了一大圈之后，小姑娘的身后不再像刚才那么拥挤，队伍开始变得越来越“瘦”，越拉越长，秩序也越来越好。绕场三周后，姑娘看到身后已是一列有序的纵队，她会心地笑了笑，走到离刚才大家排队不到三米的地方，叫开了铁门，旅客秩序井然地走进了站台。

请思考：这位小姑娘的所为是否属于管理工作呢？你怎么理解管理？

一、定义管理

管理活动自古有之，古代中国人建长城，古埃及人建金字塔，是规模巨大的建筑工程，也是纷繁复杂的管理工程：几十万人共同劳动，谁来安排每一个人该做什么工作？谁来保证在工地上有足够的物料和工具？谁来协调几十万人的劳动？显然，只要有共同活动的地方，就需要有管理，管理活动无处不在，大到国家，小到企业、家庭，都有一个管理的问题。那么，什么是“管理”？从不同的角度出发，可以有不同的理解。从字面上看，管理有“管辖”“处理”“管人”“理事”等意，即对一定范围的人员及事务进行安排和处理。

本教材对管理做如下定义：管理是社会组织中的管理者，为了实现预期的目标，通过计划、组织、领导和控制，进行的以人为中心的协调活动。这一定义包含六层意思：

（1）管理的载体是组织。管理活动存在于组织活动中，即管理的载体是组织。

（2）管理的主体是管理者。管理实际上就是管理者让别人与自己一道去实现既定的目标，管理者对管理的效果和组织的效果将承担重大责任。管理者的责任有三个层次：一是管理一个组织；二是管理管理者；三是管理工作和工人。

（3）管理的目的是实现组织预期的目标。世界上既不存在无目标的管理，也不可能实现无管理的目标。

（4）管理的手段是计划、组织、领导和控制。促进组织目标实现的手段是计划、组织、领导和控制，即管理的四大基本职能。

（5）管理的本质就是协调。管理工作与其他工作的区别在于，它是一种协调活动，主要包括协调人际关系，其目的就是使个人的努力与集体的预期目标相一致；协调工作关系，合理配置组织资源，使组织的各项工作协调一致、相互促进，有利于组织目标的顺利实现；协调人事关系，对组织的员工做到量才使用，人尽其才，才适其职，达到人员与工作协调配合的最优化。

（6）管理的核心是处理人际关系。在任何的社会组织中都同时存在人际关系、工作关系和人事关系。但是工作关系、人事关系最终仍表现为人际关系，任何资源的分配都是以人为中心的，任何工作也都是需要人来完成的。因此，管理就是管人和理事，把人管好，把事情理顺，而核心是管人，管人是理事的前提，事情是人做出来的。

相关链接

许多管理学者都对管理的含义做了大量的研究，并对管理下过定义。

“科学管理之父”泰罗（1911）说：管理就是要“确切地知道要别人干什么，并设法使他们用最好的办法去干。”

西蒙（1960）在其《管理决策新科学》著作中，特别强调：“决策几乎与管理是同义的。”他认为：“管理就是决策。”

法约尔（1961）认为：“管理就是实行计划、组织、指挥、协调和控制。”

弗里蒙特·E. 卡斯特（1970）认为：“管理就是计划、组织、控制等活动的过程。”

小詹姆斯·H. 唐纳利（1978）等人认为：“管理就是由一个或者更多的人来协调他人活动，以便收到个人活动所不能收到的效果而进行的各种活动。”

霍德盖茨（1989）说：“管理就是经由他人去完成一定的工作。”

哈罗德·孔茨（1993）给管理下的定义是：“管理就是设计并保持一种良好的环境，使人在群体里高效地完成既定目标的过程。”

斯蒂芬·P. 罗宾斯和玛丽·库尔塔（1996）认为：“管理这一术语指的是和其他人一起并通过其他人来切实有效完成活动的过程。”

沃伦·R. 普伦基特和雷蒙·F. 阿特纳（1997）把管理定义为：“一个或多个管理者单独和集体通过行使相关职能（计划、组织、人员配备、领导和控制）和利用各种资源（信息、原材料、货币和人员）来制定并达到目标的活动。”

帕梅拉·S. 路易斯、斯蒂芬·H. 古德曼和帕特丽夏·M. 范特（1998）认为：“管理被定义为切实有效支配和协调资源，并努力达到组织目标的过程。”

《世界百科全书》也对管理做了解释：“管理就是对工商企业、政府机关、人民团体以及其他各种组织的一切活动的指导。它的目的是要使每一行为或决策有助于实现既定的目标”。

二、管理的两重性

（一）管理具有自然的和社会的二重属性

管理具有自然的和社会的二重属性是马克思主义关于管理的基本观点。首先，管理是通过组织生产力、协作劳动，即“指挥劳动”，使生产过程联结为一个统一整体所必须的活动，是生产过程的自然需要，这就是管理的自然属性。其次，管理又是与生产关系相联系的一种“监督劳动”，是管理执行者维护和巩固生产关系，实现特定生产或业务活动目的的一种职能，这就是管理的社会属性。

管理的二重性是相互联系、相互制约的。一方面，管理的自然属性不可能孤立存在，它总是在一定的社会形式、社会生产关系条件下发挥作用；同时，管理的社会属性也不可能脱离管理的自然属性而存在，否则，管理的社会属性就会成为没有内容的形式。另一方面，管理的两重性又是相互制约的。管理的自然属性要求具有一定的“社会属性”的组织形式和生产关系与其相适应；同样，管理的社会属性也必然对管理的科学技术等方面发生影响或制约作用。管理的二重性是统一的（如图 1－2 所示）。

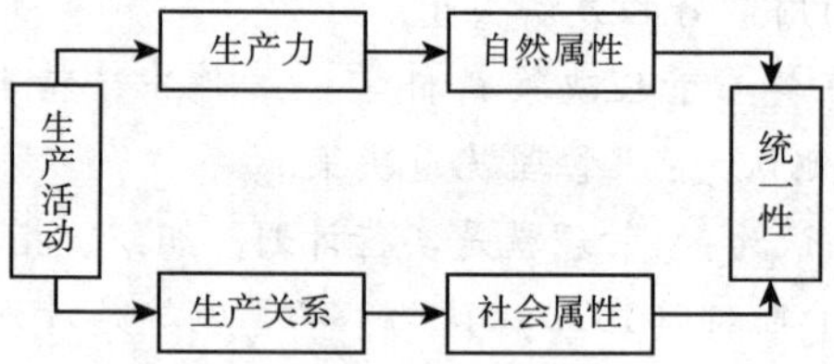

图 1－2　管理的二重性

（二）管理既是科学又是艺术

管理是一门科学。管理是人类重要的社会活动，存在着客观规律性。管理作为一门科学，就是指人们发现、探索、总结和遵循客观规律，在逻辑的基础上，建立系统化的理论体系，并在管理实践中应用管理原则与原理，使管理成为在理论指导下的规范化的理性行为。

管理又是一门艺术。管理虽然可以遵循一定的原理或规范办事，但是管理的对象主要是人，其核心是处理人际关系，人与人之间沟通或接触是要有技巧的。因此，要求管理者在管理实践中，应能够因人、因事、因时、因地制宜，灵活地运用管理技术和管理方法，艺术地解决管理问题。

管理是科学与艺术的结合。管理既是科学，又是艺术，说它是科学是强调其客观规律性；说它是艺术则是强调其灵活性与创造性。科学性与艺术性不是分开的，二者是互补的。不注重科学性只强调艺术性的管理将会导致管理的随意性，不注重艺术性只强调科学性的管理，将使科学管理变成坚硬的教条。只有科学性和艺术性相互作用共同发挥管理功能，才能促进组织目标的实现。

三、管理的职能

管理职能是管理所具有的功能。20 世纪初期，法国工业学家亨利 · 法约尔最早提出管理包括计划、组织、指挥、协调、控制五个职能。在法约尔之后，许多学者根据社会环境的新变化，对管理的职能进行了进一步的探究，有了许多新的认识。

管理职能的变化和社会环境的变化有密切的关系，随着科学技术的不断发展和社会生产力水平的提高，管理职能的内容和重点也会有新的变化。

尽管不同管理理论关于管理职能的界定不尽相同，但当代管理学家们对管理职能的划分，大体上没有超出法约尔的范围。现实中，人们普遍认同管理具有合理组织生产力和维护发展生产关系两个基本职能，具体职能有四个：计划、组织、领导、控制。如图 1－3 所示。

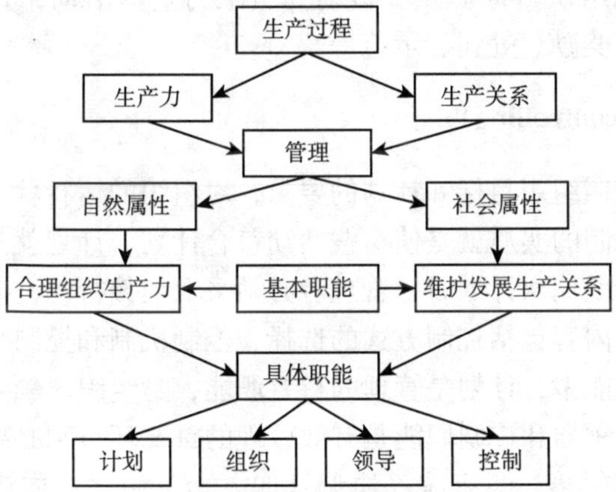

图 1－3　管理的职能

（一）计划（planning）

计划就是对未来行为所做的安排，包括制定目标和确定为实现目标所必须采取的行动。计划是管理的首要职能。首先，计划从明确目标着手为实现组织目标提供了保障。其次，计划还通过优化资源配置保证组织目标的实现。最后，计划通过规划、政策、程序等的制定保证组织目标的实现。组织中所有层次的管理者包括高层的管理者、中层的管理者和基层的管理者，都必须从事计划活动。计划活动过程大致分为四个步骤：

（1）选择确定组织目标；

（2）确定实现这一目标的行动路线；

（3）为目标的实现配置相应的资源；

（4）评估、反馈计划的实施过程和实施结果。

（二）组织（organizing）

组织职能是管理者根据工作的要求与人员的特点，设计岗位，通过授权和分工，将适当的人员安排在适当的岗位上，用制度规定各个岗位的职责和上下左右的相互关系，形成一个有机的组织结构，使整个组织协调运转，以实现组织目标的活动。

计划和组织职能主要是明确5W1H。计划主要确定做什么（What to do it）和为什么做（Why to do it）；组织在计划的基础上进一步明确谁去做（Who to do it），什么时候做（When to do it），在哪里做（Where to do it）及怎样做（How to do it）。

组织目标决定着组织的具体形式和特点。

（三）领导（leading）

领导职能就是管理者按照管理目标和任务，运用管理权力，引导和影响被管理者，使之为实现组织目标而积极行动并贡献力量的活动，其基本内容包括激励、沟通、协调、奖励、处罚、示范等。

（四）控制（controlling）

控制职能是按照组织目标和计划的要求，对组织的运行状况进行检查、监督和调节的活动。控制的实质就是使实践活动符合计划，计划就是控制的标准。当组织的实际运行状况偏离计划时，管理者必须采取纠偏行动，确保计划朝着目标迈进。控制的基本内容包括控制方式的选择、控制机制和控制系统的建立。

在以上四个职能中，计划是管理的首要职能，是组织、领导和控制职能的基础和依据；组织、领导和控制职能是有效管理的重要环节和必要手段，是计划及其目标得以实现的保障。只有统一协调这四方面，使之形成连续一致的管理活动，才能保证管理工作的顺利进行和组织目标的圆满完成。

图1-4反映了四个职能之间的循环关系。每一项管理工作一般都是从计划开始经过组织、领导，到控制结束。各职能之间同时相互交叉渗透，控制的结果可能又导致新的计划，开始新一轮的管理循环。如此循环不息，把组织的工作不断推向前进。

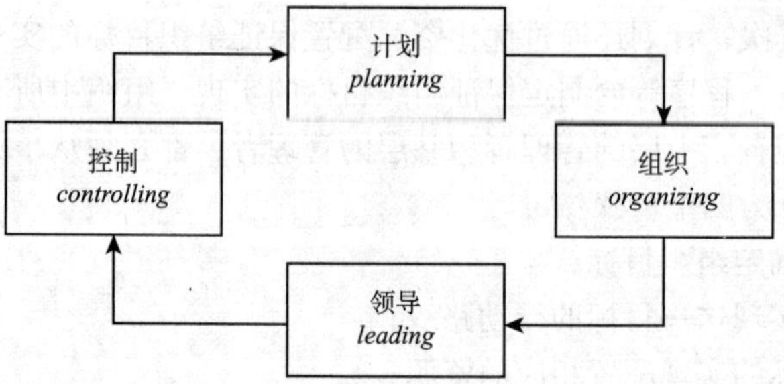

图1-4 计划、组织、领导、控制管理过程的循环关系

任务二　感悟管理者

【管理情景1－2】

郭宁被聘为总经理

郭宁最近被一家生产机电产品的公司聘为总经理。在准备去接任此职位的前一天晚上，他浮想联翩，回忆起他在该公司工作20多年的情况。

他在大学时学的是企业管理，大学毕业后就到该公司工作，最初担任液压装配单位的助理监督。因为他专业知识扎实，认真好学，而且监督长主动帮助他，他很快就胜任了工作，公司先后提升他为监督长、装配部经理、副总经理，总经理。

在他担任助理监督、监督长时，他主要关心的是每日的作业管理，技术性很强。而当他担任装配部经理时，发现自己不能只关心当天的装配工作状况，还得做出此后数周乃至数月的规划，还要完成许多报告并参加许多会议。由于个人的努力，领导的关心、支持以及下属的配合，郭宁不但自己工作很出色，而且学会如何把一些工作交给助手去做，教他们如何做好，并腾出时间用于规划工作和帮助他的下属工作得更好，用更多的时间去参加会议、批阅报告和完成自己向上级的工作汇报。

当他担任装配部经理6年之后，正好该公司负责规划工作的副总经理辞职，郭宁接任此职务，成绩突出，后来又被提升为负责生产工作的副总经理，而这一职位通常是由该公司资历最深的、辈分最高的副总经理担任。到了现在，郭宁又被提升为总经理。他知道一个人当上公司最高主管职位之时，他应该相信自己有处理可能出现的任何情况的才能，但他也明白自己尚未达到应有的水平。因此，他不禁想到自己明天就要上任了，今后数月的情况会怎么样？不免为此而担忧。

请思考：郭宁工作20多年随着职务变化承担的职责有何不同及不同职务对技能的要求是什么，你认为郭宁当上总经理后，他的管理职责与过去相比有了哪些变化？

管理情景
分析1－1

听故事
悟原理
（令出必行）

一、定义管理者

从事业务活动的人称为业务活动者，从事管理活动的人称为管理者。

管理者不同于一般业务活动人员，其工作具有复杂性、风险性、特殊性、创造性、政策性和工作成果表现的间接性等特点。

1. 复杂性。

管理活动往往是一个全方位、多角度的综合动态过程，涉及政治、经济、法律、技术、人事等多方面。这些方面不是截然分开的，而是相互制约、影响的，如果哪一方面稍有不慎，就会波及整个管理的全局。

2. 风险性。

一项管理工作在行动之前，必先作出决策和制订计划。管理者面对要解决的课题，往往带有预测性。预测并不是百分之百的准确、可靠，这就影响到决策和计划的正确性，进而影响到管理活动的成败。

3. 特殊性。

管理人员的工作大多是通过口头表达和书面文字等形式进行的，管理者的劳动可以看做是处理信息的劳动。一个管理者如果不通过耳听、眼看来接收各方面的信息，就难以作出决策，制定出好的规划。

4. 创造性。

管理者要处理的问题，不仅复杂，而且多变，甚至出现随机现象，往往没有现成的公式和固定的模式可以沿用。在解决一个新问题时，必须把自己全部的知识、经验、智慧、才能及贮存的全部信息资料统统调动起来，具有创造性。

5. 政策性（灵活性）。

管理工作的核心是人与人之间的关系，而人与人之间的关系错综复杂，这就必须按照国家的法规、政策正确灵活处理上述关系。

6. 工作成果表现的间接性。

管理者特别是高、中层管理者的基本任务是生产决策、计划、方案、制度、指示等信息产品。

相关链接

通常一个组织所从事的基本活动可以分为两类：管理活动和业务活动。与此相对应，一个组织的人员也可以分为两类：管理者和业务活动者（执行者）。管理活动是指协调他人活动的活动；业务活动是由管理活动进行协调的他人的活动。从事业务活动的人我们称之为业务活动者或执行者，执行者的责任就是根据管理者制定的业务计划和目标，从职能领域安排自己的工作计划，细化和量化工作，并努力实现组织的目标，他们对组织目标的实现起直接贡献作用。而从事管理活动的人我们则称之为管理者。管理者的主要责任是协调执行者的活动，他们通过他人实现组织的目标，对组织目标的实现起间接贡献作用。在传统的组织中，管理者和执行者之间有明显的界限。在现代组织中，管理者和执行者的界限已不是很分明。管理者同时又是执行者的情况很普遍，特别是自我管理的团队中更是如此，团队领导既要组织团队成员自己制订计划、从事组织、领导和控制，自己检查和评价自己的工作和绩效，又要根据职责分工完成团队分配给他的具体任务，并通过团队成员的共同努力完成组织交给团队的目标。在现代组织中，管理者的横向协调关系多于纵向的管理关系。

二、管理者的分类

（一）管理者按层次可以划分为高层管理者、中层管理者和基层管理者

1. 高层管理者。

高层管理者是指对整个组织的管理负有全面责任的人，他们的主要职责是：制定组织的总目标、总战略，掌握组织的大政方针并评价整个组织的绩效。高层管理人员在与组织外界的交往中，往往代表组织，并以“官方”的身份出现。

2. 中层管理者。

中层管理者通常是指处于高层管理人员和基层管理人员之间的一个或若干个中间层次的管理人员。他们的主要职责是贯彻执行高层管理人员所制定的重大决策、监督和协调基层管理人员的工作。与高层管理人员相比，中层管理人员特别注意日常的管理工作。

3. 基层管理者。

基层管理者亦称第一线管理人员，也就是组织中处于最低层次的管理者，他们所管辖的仅仅是作业人员，而不涉及其他管理者。他们的主要职责是；给下属作业人员分派具体工作任务、直接指挥和监督现场作业活动、保证各项任务的有效完成。

有人形象地用“挥手”“叉腰”和“监工”三个词描述三个层次管理者的职责。

图 1－5 标示出组织的层次。

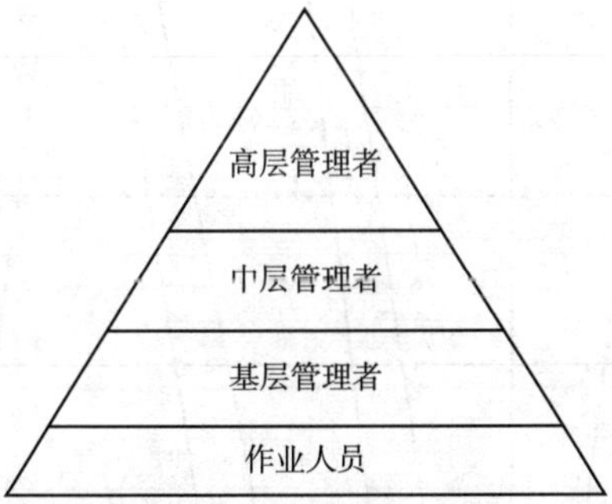

图 1－5　组织的层次

高层管理者的具体任务包括：建立宏伟目标，达成群体共识；制订战略计划，调整组织分工；汇集各项资源，进行合理配置；提出核心理念，塑造组织文化。

中层管理者的具体任务包括：建立工作团队，明确人员分工；规范工作程序，建立管理标准；加强计划管理，实施日常考核；激发下属动力，培育下属能力。

基层管理者的具体任务包括：建立工作关系——明确下属任务；制定作业方法——岗位工作标准；进行工作指导——加强巡视培训；实施工作改善——不断创新发展。

而操作者的具体任务则是：接受上级指示——明确任务与要求；完成自身任务——履行岗位职责；实现自我超越——不断晋升发展。

显然，不同管理人员在行使管理基本职能时的侧重点不同。高层管理者同基层管理者在执行管理职能上存在以下区别：一般而言，高层管理人员花在组织和控制工作上的时间要比基层管理人员多，而基层管理人员花在领导工作上的时间要比高层管理人员多。决策按其重要程度可以划分为战略决策、管理决策和业务决策，因这三种决策对组织的重要程度不同，各级管理层应有所侧重。高层管理者应侧重于战略决策，抓影响全局的大政方针；中层管理者应侧重于管理决策，抓实现组织管理总目标的战术决策；基层管理者则应侧重于抓日常业务决策。

组织的结构就像一根链条，环环相扣，任何一个环节的薄弱都同样会造成整体运转的障碍。如果将组织比做一个人，最高决策管理层就好比头脑，决定前进的方向；基层员工则是脚踏实地的双足，但仅有头脑和双足还是不够的，必须要有一个承上启下的腰，也就是贯彻执行决策意图和指挥具体操作的中层管理层。这个层面的管理者，既要有胸怀全局的大局观，又要熟悉具体的业务操作，是公司非常重要的骨干力量。很多经验表明，中层管理的薄弱是很多具有良好创意的新公司在市场竞争中栽跟头的主要内因之一。不同管理人员在行使管理基本职能时的侧重点如图 1－6 所示。

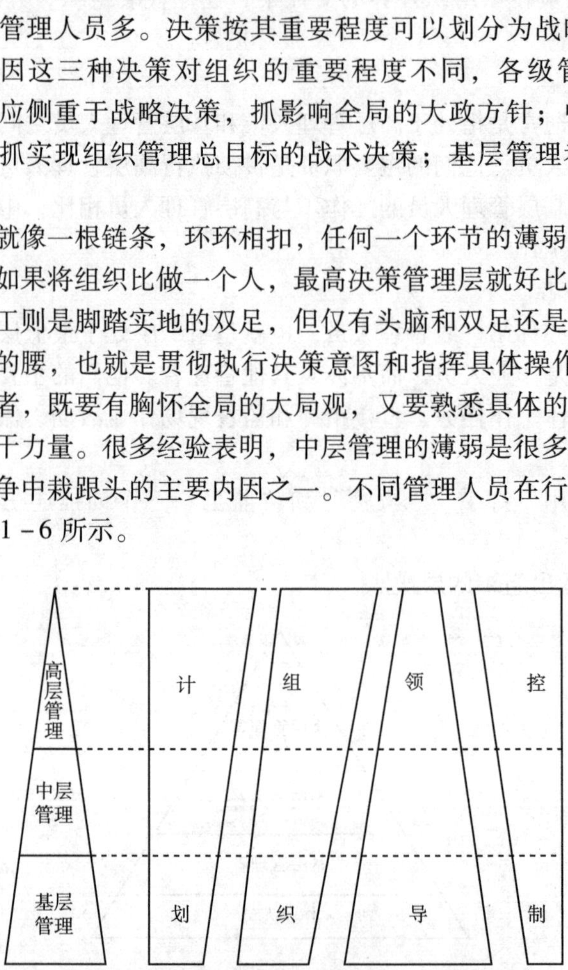

图 1－6　管理者的层次分类与管理职能

（二）管理者按管理的领域可以划分为综合管理者和专业管理者

1. 综合管理者。

综合管理者是负责管理整个组织或组织中某个事业部的全部活动的管理者。如总公司、分公司的总经理、经理等。

2. 专业管理者。

专业管理者是仅仅负责管理组织中某一类活动的管理者。如人力资源部经理、销售部经理、技术开发部经理、生产部经理、财务部经理等。

管理者按领域分类如图 1－7 所示。

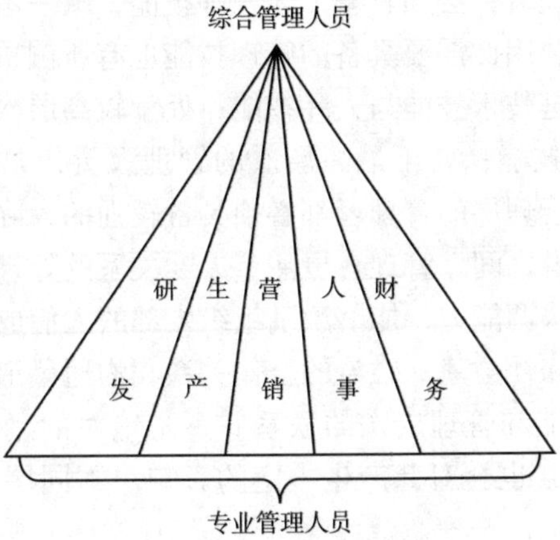

图 1－7　管理者的领域分类

三、管理者的技能

管理者一般应具备三方面的技能。

（一）技术技能

技术技能（technical skill），指使用某一专业领域内有关的工作程序、技术和知识完成组织任务的能力。技术技能是管理者处理物（过程或有形物体）的能力。

管理者不必成为精通某一领域的技能专家，但需要了解并初步掌握与其管理的专业相关的基本技能，否则很难与他所主管的组织内的专业技术人员进行有效的沟通，从而无法对所辖业务范围的各项工作进行具体的指导。

（二）人际技能

人际技能（human skill），指与处理人事关系有关的技能，即理解、激励他人并与他人共事的能力。人际技能是管理者处理人的关系的能力。

管理者除了领导下属外，还要与上级领导和同级同事打交道，还得学会说服上级领导，领会领导意图，学会与同事合作等。

（三）概念技能

概念技能（conceptual skill），指综观全局、认清为什么要做某事的能力，也就是洞察组织与环境相互影响之间复杂性的能力。具体包括：理解事物的相互关联性从而找出关键影响因素的能力；确定和协调各方面关系的能力；权衡不同方案优劣和内在风险的能力等等。

管理者应具备在任何混乱、复杂的环境中，敏锐地辨清各种要素之间的相互关系，准确地抓住问题的实质，果断地做出正确决策的能力。

要成为有效的管理者，必须具备上述三种技能，缺一不可。由于不同层次管理者的管理职责不同，因此需要具备的管理技能也有所侧重。处于较低层次的管理人员，主要需要的是技术技能与人际技能；处于较高层次的管理人员，更多地需要人际技能和概念技能；处于最高层次的管理人员，尤其需要较强的概念技能。但是，无论哪一管理层的管理者都必须具备较强的人际技能。对于管理者技术技能和人际技能两者之间，管理者更注重人际关系的处理技能。有效的管理者必须有良好的沟通、协调能力，能够激励组织内部的人们成为一个上下一致的团队，并使组织与外部和社会建立融洽的合作关系和沟通渠道。

当然这种管理技能和管理层次的联系并不是绝对的，组织规模大小和管理模式的不同等一些因素也会对此产生一定的影响。不同层次管理者的技能结构如图 1－8 所示。

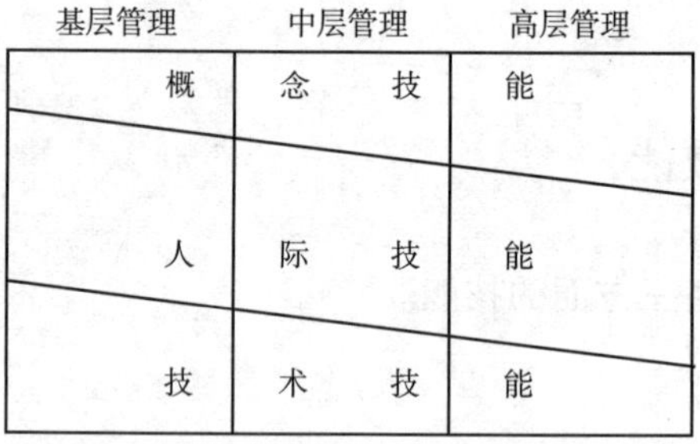

图 1－8　管理层次与管理技能要求

四、管理者的素质

管理者的素质是指管理者与管理相关的内在基本属性与质量。其素质主要表现为品德、知识、能力与身心条件。管理者的素质是形成管理水平与能力的基础，是做好管理工作、取得管理功效的极为重要的主观条件。

1. 较高的政治素质。

政治素质是管理者的灵魂，对其他素质起着主导作用。它包括社会主义觉悟、一定的政治理论素养、较高的政策水平、良好的思想作风、较高的品德修养等。

2. 广泛的知识素质。

知识是提高管理者智慧、才能的基础。知识素质包括较好的知识结构并善于把知识转化为能力。

3. 良好的心理素质。

心理指人的感知、记忆、思维、情感、意志、性格、能力等心理现象。管理者应具有的心理素质有：观察力、理解力、记忆力、想象力、健康的情感、坚强的意志和良好的个性心理等。

4. 灵活敏捷的思维素质。

思维是人脑对客观现实的概括和间接的反映，它反映的是事物的本质与发展的规律性。在人的认识过程中，思维实现从现象到本质，从感性到理性的转化，使人达到对客观事物的理性认识，从而构成了人类认识的高级阶段。良好的思维品质包括思维的针对性、敏捷性、广阔性、深刻性、逻辑性和立体思维等。

管理情景分析1－2

5. 较强的管理能力。

能力指完成某种活动所必需而且直接影响其效率的个性心理特征。管理者要成功地做好工作，往往需要多种能力的有机结合，这包括创新能力、筹划决断能力、组织指挥能力、人际交往能力、语言与文字表达能力、专业技术能力等。

6. 健康的身体素质。

身体素质指管理者的身体状况，包括生理正常、精力充沛等。

听故事悟原理（七个人分粥）

任务三　熟悉管理系统

【管理情景1－3】

谁来承担损失

王平是某大学的一位大学生，为了准备全国英语六级考试，在新华书城购买了一本历年全国英语六级考试全真试题，没想到等到准备做试题时，却发现该书缺页达40页之多。无奈，他只好找出购书时电脑打印的列有所购书名的付款小票，准备去调换一本。

到了书城，王平直接到总服务台说明了情况，营业员小李接过书和付款小票看了看，说："没问题，可以调换。请您直接去5层找营业员调换。"随即，王平来到5层，找到相应专柜的营业员小郑，营业员小郑马上在书架上找，结果却发现该书一本都不剩了，于是对王平说，"这本书已卖完了，不知仓库里有没有？你去找总台问。"此时，王平显得有些不耐烦了，问营业员小郑为什么不能帮助顾客联系解决，而要顾客楼上楼下来回跑。营业员小郑一边抱怨一边打电话给总台说，"书架上已没有该书，请你们处理吧。"王平一脸的无奈，只好再次跑下楼去找总台。

没想到总台营业员小李查完电脑记录后，王平却被告知，该书已脱销了，现在厂家也没有此书了。王平十分生气，本来只想调换一本，结果自己楼上楼下跑，跑来的结果却是一本不剩，他要求退书。可是，营业员小李说，"退书必须在购书7日之内，您所购书是8天前买的，我们不能给您退。"王平此时已气愤至极，买了一本缺40余页的书本来已经够恼火的了，专门来调换却没有书可换。于是，他找到书城负责人理论说："我从你们书城买的书缺了40多页，我是来换书的，并不想来退书，可现在因为你们该书脱销不能给我换书我才退书的。"书城负责人不无遗憾地说："这是单位规定，超过7天不予退，只能换。"王平据理力争道："如果因为我个人的原因在7天之后要求退书，你们可以不退。但现在不是因为我的原因，而是你们该书脱销，而卖给我的书又少了40多页，你们没有理由不给退。"书城负责人说："不是我们不给你换，是没有书可换，我也没有办法，超过7天我们不予退书，要退，你找出版社去退。"此时，围观的人越来越多，人们纷纷谴责书城负责人的做法。

请思考：

1. 对案例中新华书城"超过7天不予退，只能换"的规定，书城营业员、负责人始终坚持遵照执行，他们的做法有错吗？为什么？
2. 如果你是该书城负责人，对王平的退书要求，你认为应该怎样处理？

一、定义管理系统

从系统论的观点看，管理就是一个完整的系统。

管理系统是由相互联系、相互作用的若干要素和子系统，按照管理的整体功能和目标结合而成的有机整体。

相关链接

任何管理都是一个系统，管理者必须从系统的观念出发，整体地、联系地观察、分析和解决管理问题；而管理系统作为一个整体，有其层次结构，其内部又划分成若干子系统，并形成有序的结构，对外，任何管理系统又成为更大社会管理系统的一个子系统。例如，一个公司是一个系统，其内部划分成行政、生产、人事、财务、研发等若干子系统，而对外，每个公司又都是社会大系统的一个子系统。

二、管理系统的构成

管理系统是由管理目标、管理主体、管理对象、管理媒介和管理环境等因素构成的。

（一）管理目标

管理目标是管理功能的集中体现。管理目标是管理系统建立与运行的出发点和归宿，管理系统必须围绕目标建立与运行。所有的管理行为都是为了有效实现目标。

这里所指的目标就是组织目标，它是指一个组织未来一段时间内要实现的目的，它是管理者和组织中一切成员的行动指南。

组织目标对组织的全部活动起指导和制约作用。组织目标具有差异性、多元性、层次性和时间性。组织目标的确定大致可分三步：内外部环境的分析、总体目标的确定、总体目标的分解和协调。

组织目标为组织的前进指明了方向，从而也为组织的活动确定了发展路线。

组织必须有一个明确的、贯穿于组织的各项活动的统一目标，而该统一目标通常有若干子目标支持，构成一个目标体系，组织的这种目标体系有着层次的结构。在组织的总目标之下常常有好几个层次的分目标，构成分层目标的体系。各个层次的指标相互联系、相互制约、共同反映组织的整体特征。

（二）管理主体

管理主体是指掌握组织管理权力，承担管理责任，决定管理方向和进程的有关组织和人员。

管理主体具有阶层性、部门性和全员性等特点。管理主体的阶层性指的是作为管理者在组织管理中的层次位置。人们通常把一个组织内的管理者（或管理机构）分为高层管理、中层管理和基层管理三个层次。低一层的管理者既是管理活动的主体，又是更高一层管理主体的管理对象。管理主体的部门性是指在一个组织中，基层和中层的管理者又有其不同的分属领域。管理主体的全员性则是从更宽泛的视角来理解管理主体，组织中的每个成员都是他本职工作岗位和领域中的管理主体。各级管理者如何发挥全体成员的工作自主性和积极性，是管理实施的重要条件。

管理主体是管理系统中最核心、最关键的要素。配置资源、组织活动、推动整合系统运行、促进目标实现，所有这些行为都要靠管理者去实施。管理者是整个管理系统的驾驭者，是发挥系统功能，实现系统目标的最关键的力量。管理主体既表现为单个的管理者，又表现为管理者群体及其所构成的管理机构，即管理者和管理机构是管理主体的两个有机组成部分。

（三）管理对象

管理对象也称为管理客体，是指管理者实施管理活动的对象。管理对象对管理成效以及组织目标的实现，具有重要的影响作用。从广义上讲，管理对象包括不同类型的组织及其构成要素与管理活动。从狭义上讲，管理对象主要是指人、财、物、信息、时间等资源或要素。

1. 人。

人是指被管理的生产人员、技术人员以及下属管理人员。人是管理对象中的核心要素，高效能的管理应该使人尽其才，才尽其用，用人所长。从长远的发展来看，人员管理还应包括预备劳动力的培养教育，以及整个人力资源的开发利用。

2. 财。

财包括经济和财务，是一个组织在一定时期内所掌握和支配的物质资料的价值表现。财是管理对象中的关键性要素，对财力的管理应该按经济规律进行有效管理，使资金的使用能保证职能活动的正常进行，经济、高效地实现组织目标。

3. 物。

物是指设备、材料、仪器、能源及其他物资。物是组织开展活动，实现目标的物质条件和保证，管理者可以通过对物进行科学的管理，使之物尽其用，提高利用率。

4. 时间。

时间是物质存在的一种客观形式，表现为速度、效率，由过去、现在、将来构成连绵不断的系统。高效能的管理应该考虑如何在尽可能短的时间内，做更多的事情，充分利用时间。

5. 信息。

信息是信息论中的一个术语，人们常常把消息中有意义的内容称为信息，它是事物的运动状态和过程以及关于这种状态和过程的知识。在整个管理过程中，信息是不可缺少的要素，信息的管理是提高管理效能的重要部分，信息的作用在于消除管理者在相应认识上的不确定性。

（四）管理媒介

管理媒介主要指能够让管理活动得以实施的管理机制与方法。管理机制与方法是管理主体作用于管理对象过程中的一些运作原理与实施方式、手段。管理机制在管理系统中具有极为关键的作用，它是决定管理功效最关键、最核心的因素。

管理机制本质上是管理系统的内在联系、功能及运行原理。管理机制主要表现为这三大机制：

运行机制是指组织基本职能的活动方式、系统功能和运行原理。

动力机制是指管理系统动力的产生与运作的机理，主要由利益驱动（如多劳多得）、政令推动（如下达命令）和社会心理推动（如激励）3 个方面构成。约束机制是指对管理系统行为进行限定与修正的功能与机理。

约束机制是经法定程序制定和颁布执行的具有规范性要求、标准的规章制度和手段的总称。主要包括权力约束、利益约束、责任约束和社会心理约束四个方面的约束因素。

管理方法是在管理活动中为实现管理目标、保证管理活动顺利进行所采取的具体方案和措施。

管理方法是管理理论、原理的自然延伸和具体化、实际化，是管理机制的实现形式，是管理的直接实施手段，是管理原理指导管理活动的必要中介和桥梁，是实现管理目标的途径和手段，它的作用是一切管理理论、原理本身所无法替代的。

组织的管理方法主要有行政方法、经济方法、制度方法和教育方法四类。行政方法是通过直接的行政系统采用行政手段作用于管理客体的方法。经济方法是运用奖金、津贴、福利、待遇等手段激励被管理人员的方法。制度方法又叫组织的“法律方法”，是指用一定的规范约束管理客体的方法，它对于保持管理的稳定性、连续性和标准性有很大的作用。教育方法是用不同的形式解决被管理人员思想问题的方法，人们常说的精神激励、思想政治工作、行为科学就属于教育方法。

（五）管理环境

任何组织都是在一定环境中从事活动的，任何管理也都要在一定的环境中进行，这个环境就是管理环境，通俗地讲，管理环境是指实施管理过程中的各种内外部条件和因素的总和。管理环境的特点制约和影响管理活动的内容和进行。管理环境的变化要求管理的内容、手段、方式、方法等随之调整，以利用机会，趋利避害，更好地实施管理。

管理环境分为外部环境和内部环境，外部环境一般有政治环境、社会文化环境、经济环境、技术环境和自然环境。内部环境有人力资源环境、物力资源环境、财力资源环境以及内部文化环境。

外部环境，是组织之外的客观存在的各种影响因素的总和。它是不以组织的意志为转移的，是组织的管理必须面对的重要影响因素。外部环境与管理相互作用，一定条件下甚至对管理有决定作用。外部环境制约管理活动的方向和内容，无论什么样的管理目的，管理活动都必须从客观实际出发。脱离现实环境的管理是不可能成功的，外部环境影响管理的决策和方法。

内部环境，是指组织内部的各种影响因素的总和。它是随组织产生而产生的，在一定条件下内部环境是可以控制和调节的。内部环境随着组织的诞生而产生，对组织的管理活动产生影响。内部环境决定了管理活动的可选择的方式方法，而且在很大程度上影响到组织管理的成功与失败。

管理情景
分析 1－3

任务四　认识组织

【管理情景 1－4】

组织凝聚力

组织具有凝聚功能、协调功能、制约功能和激励功能。下面有 4 类群体（组织），请思考、讨论哪类群体具有最强的凝聚力?

1. 小李等七人曾经是中学同学，大学毕业后，各自从事不同的工作，在一次中学同学聚会后，七人经常组织小聚会，希望能够优势互补，共享资源。

2. 明道公司的老板是一个独裁型的领导，小郑等 5 个年轻人是好朋友，为抵制专制老板的独裁行为，经常一起喝酒、打牌、旅游，在一起的时候也经常议论老板的为人和处事方法，借此发泄对专制老板的不满。

听故事
悟原理
（黄蜂与蚂蚁）

3. 小王等9个年轻人是同一年进入公司的，他们对公司有诸多共同的诉求，经常为了一些共同的利益，如加薪等，自发结成一个群体与公司领导讨价还价。

4. 小蔡是一个上进心很强的年轻人，进公司3年就当上了部门经理，他好动脑，经常会出一些好点子，公司领导知人善用，决定把公司的一个重大研发项目交给小蔡负责。接受任务后，小蔡立即根据项目的研发目标和内容组建了项目研发团队，对研发任务进行分工，并制定了研发项目管理制度（主要条款包括研发纪律和奖惩机制），要求课题组成员共同遵守管理制度，分工合作完成项目研发任务。

请思考：上述4类群体，哪一类群体具有最强的凝聚力？并说明理由。

一、定义组织

在管理学领域，组织的含义可以从静态与动态两方面来理解。静态角度，从实体角度定义组织，组织是为实现某一共同目标而由若干人组合形成的一个系统。这是人们进行合作活动的必要条件，一般泛指各种各样的社会组织和企事业组织。政府机关、工厂企业、研究机构、政党派别、民间社团、学校和医院等均是各种类型的实体组织。其次，从动态角度看，组织又是管理的一项基本职能，是指为了实现组织目标对组织的资源进行有效的配置过程。本章先介绍作为一个实体的组织。关于作为一个过程的组织，将在后续的章节中进行阐述。

作为实体的组织，是人们为了实现某一共同目标，经过分工和合作，建立起不同层次的责任和职权制度后而构成的人的集合，它是一个有机整体，是由各种要素构成的，构成组织的要素包括：

1. 组织要有共同的目标。

任何一个组织都是为了一定的目标而组织起来的，目标是组织存在的前提和基础，组织的一切活动的最终目的是实现组织目标，组织机构应与组织目标的变化及组织资源的变化保持动态适应。组织目标要根据组织的宗旨，结合组织当前所处的具体环境和组织发展规划来确定。

2. 组织要有自己的人员。

组织是以人为主体组成的具有特定功能的整体。组织成员是组织存在和发展的基础，是组织得以进行活动的先决条件。组织中的一切工作均要人来做，没有一定的人就构成不了组织。作为组织中的人，应能够创造出比单个成员劳动之和更多的价值，同时满足自己依靠个人的力量无法满足的要求。

3. 组织必须有分工与协作。

组织是一个整体，这就决定了分工与协作的必要性。组织的本质在于协作，正是由于人们聚在一起，协同完成某项活动才产生了组织。组织有不同部门，各自有不同目标和任务，有时会产生冲突，所以要求组织必须做好分工与协作，通过分工和协作，达到提高效率的目的。

4. 组织应有不同层次的权利和责任制度。

组织分工后，也就赋予了组织各部门乃至个人相应的权利和责任，权责对等是管理的一项重要原则。权责关系的统一，使组织内部形成反映组织自身内部有机联系的不同管理层次。这种联系是分工协作基础上形成的，组织规模越大，权责关系的处理越重要。权利和责任是实现组织目标的必要保证。

二、组织的功能

（一）组织的凝聚功能

任何有效率的组织，必然会产生巨大的向心力和凝聚力。首先，组织的凝聚力来自组织的目标。每个组织都有自己明确的目标和任务。正是由于共同的目标、共同的事业，把人们维系在一起，凝聚成为一个坚强的集体。其次，凝聚力来自组织中人际关系的和谐和群体意识。如果组织成员之间具有互相尊重、互相支持、互相信任、互相关心的良好作风，富有对群体的归属感、对目标的认同感以及对任务的责任感，就会自然而然地产生一种组织的向心力。最后，凝聚力还取决于领导的导向作用。如果领导者品德高尚，正直廉洁，大公无私，办事公正，严于律己，以身作则，团结群众，就自然能形成一种无形的影响力和感染力，从而增强组织的凝聚功能。

（二）组织的协调功能

组织的协调功能是指正确处理组织活动中复杂的分工协作关系。这既包括组织内上下级之间纵向的关系、左右之间横向的关系，也包括组织与环境的关系。在一个组织内部，如果各项工作各尽其职，密切协作，就会产生一种更大的协调能力；在组织与环境的关系上，组织能不断调节自己，顺应环境变化，就会产生一种审时度势的适应能力。

（三）组织的制约功能

在一个组织里，每个成员被指派担任一定的职务，赋予相应的权力，承担一定的责任，并且依靠不同层次、不同职位的权力和责任的制度，保证组织活动的和谐统一。从一定意义上说，组织正是由职位、权力、责任组合而成的结构系统。这种职位、权力和责任所构成的制约力量，制约着组织成员的行为，关系到组织的功能。

（四）组织的激励功能

组织的激励功能是指一个有效的组织，应当是一个发掘人的长处，中和人的短处，充分发挥人的积极性、创造性和主动性的组织。组织中只有高度重视人的因素，肯定人的工作成果，培养人的责任感，增强人的荣誉感，激励人的开拓精神，才能使管理者和被管理者进行创造性的工作，提高组织的激励功能。

三、组织的类型

按照组织的目标和收益者的不同，可以把组织分为互利组织、经济组织、服务组织、公益组织四种类型。

（一）互利组织

若一个组织的一般成员都可以通过组织的活动而受益，则这个组织就是互利组织，如俱乐部、工会、政党、宗教团体等。这些组织都是为了其成员的利益而自愿组织起来的。

（二）经济组织

这是一种通过经济活动和经济交往而使参与组织的活动者得到利益的组织，如各种工商企业组织。在这种组织中，主要的受益者是组织的所有者。但是组织中的其他成员也通过组织的活动受益。

（三）服务组织

这是一种为某些有关的社会公众服务的组织，如学校、医院、各种福利机构等。这种组织是为社会中的某些有关的公众服务的，如学校为学生服务，医院为病人服务等。对于这种组织来说，面临的主要问题是如何为这些公众提供良好的服务。

（四）公益组织

管理情景分析1-4

是指为广大社会公众或者说为整个社会服务的组织，如军队、警察、消防队和各种行政机构等。在这种组织中，受益者是整个社会的所有公众。这种类型的组织面临的问题就是如何使之接受外部的民主监督。纠正组织的官僚作风，为整个社会提供卓越的服务。

管理情景讨论和能力训练

说明

“管理情景讨论和能力训练”要求同学们在学习领会相关知识点的基础上，完成给定的工作任务，掌握相应的技能，具体要求如下：

测一测 心有底

训练方式。组建项目团队（或学习团队），项目任务以团队形式完成。

训练步骤。(1) 团队成员独立阅读项目情景、分析项目目标、思考工作内容和方法；(2) 团队负责人组织团队成员讨论、交流各自对项目情景、目标、工作内容和方法的看法；(3) 团队成员合作完成工作任务（编制项目活动计划与评价表）；(4) 团队成员交流训练收获，并提出完善建议；(5) 团队负责人组织团队成员对团队及团队每个成员的工作进行评估（写出评语并打分）。

各项目后的“管理情景讨论和能力训练”要求相同，以后不再赘述。

项目工作任务书

项目名称	文印店策划方案
项目负责人	
项目组成员	
项目情景	经过10多年的努力学习，你终于成为一名大学生。到大学报到的第一天，你就发现大学与中学有很大的不同，你看到一些学长们还没毕业就开始创业了，有的在推销日常用品，有的开餐馆，联想到媒体报道不少大学毕业生毕业后找不到合适的工作，就业竞争压力比较大，你也想为将来的就业提前做些准备。经过考察，你发现大学生对资料收集、打印、排版有很大的需求，于是，决定在学校附近开一间文印室。
项目目标	提出文印店策划方案
项目工作内容和方法	1. 调查：周边是否已经有类似的文印室？ 2. 分析：与同行相比，你的优势在哪里？你将如何充分发挥和保持你的优势？ 3. 预测：请预测文印店开始营业后，可能会遇到哪些问题及你准备怎样解决这些问题？ 4. 思考：想一想，在开店的过程中，你充当了怎样的角色？发挥了怎样的作用？应用了管理的哪些职能？
学习目标	通过策划在学校附近开一间文印室，加深对管理、管理职能、管理者应具备的素质的理解。
学习提示	通过训练，每位同学应能以书面（或现场作答）的形式回答以下问题： 1. 学校周边有几间文印店？列出各间文印店的竞争优势与劣势？ 2. 列出大学生开文印店的优势与劣势及发挥与保持优势的设想？ 3. 列出文印店开始营业后可能遇到的问题及拟采取的对策。 4. 说说通过本项目训练后，你对“管理”有哪些新的认识？
说明	

项目活动计划与评价表

<table>
<tr><td colspan="4">项目名称</td><td colspan="6"></td></tr>
<tr><td colspan="4">项目负责人</td><td colspan="6"></td></tr>
<tr><td colspan="4">项目组成员</td><td colspan="6"></td></tr>
<tr><td colspan="4">项目实施时间</td><td colspan="6"></td></tr>
<tr><td rowspan="5">项目计划与成果</td><td colspan="3">项目实施计划</td><td colspan="6">包括（但不限于）：计划目标、实现计划目标的要素、计划进度。</td></tr>
<tr><td colspan="3">工作方案</td><td colspan="6">包括（但不限于）：工作流程、阶段任务、工作思路、工作方法措施。</td></tr>
<tr><td colspan="3">项目成果</td><td colspan="6"></td></tr>
<tr><td colspan="3">收获与建议</td><td colspan="6"></td></tr>
<tr><td colspan="3">说明</td><td colspan="6"></td></tr>
<tr><td rowspan="6">工作评价</td><td colspan="3" rowspan="2">团队及成员</td><td rowspan="2">团队</td><td colspan="5">成　员</td></tr>
<tr><td>1.</td><td>2.</td><td>3.</td><td>4.</td><td>5.</td></tr>
<tr><td rowspan="4">评语与成绩</td><td rowspan="2">团队评价</td><td>评价</td><td></td><td></td><td></td><td></td><td></td><td></td></tr>
<tr><td>成绩</td><td></td><td></td><td></td><td></td><td></td><td></td></tr>
<tr><td rowspan="2">教师评价</td><td>综合评价</td><td></td><td></td><td></td><td></td><td></td><td></td></tr>
<tr><td>成绩</td><td></td><td></td><td></td><td></td><td></td><td></td></tr>
</table>

案例分析

蔡靖的问题[①]

资料：

蔡靖是一家贸易公司的经理。他是一个办事很有条理的人，他领导的贸易公司每天工作8小时，各部门经理被要求在每天下班时提交一份工作报告，说明当天开展了什么工作，发生了什么问题。蔡靖每天晚上都会仔细审查部门经理提交的报告，并在每天睡觉之前把第二天要处理的各种事务列成一份清单，然后逐一落实完成。清单上的项目通常包括两部分内容：一是总部通知他需要处理的事务，二是他自己在一天多次的现场巡视中发现的或者他的属下报告的不正常的情况。

蔡靖每天到办公室做的第一件事就是同他的几位部门经理开一个早会，会上他们决定对于报告中所反映的各种问题应采取什么措施。蔡靖在白天也参加一些会议，会见来公司的各方面访问者。他们中有些是供应商或潜在供应商的销售代表，有些则是公司的客户。此外，有时也有一些来自地方、省、国家政府机构的人员来访。总部职能管理人员和蔡靖的直接上司也会来公司考察。当陪伴这些来访者和他自己的属下人员参观的时候，蔡靖常常会发现一些问题，并将它们列入他的待处理事项清单中。蔡靖发现自己明显无暇顾及长期计划工作，而这些活动是他提高公司管理效率和促进公司可持续发展所必须做的。他似乎总是在处理某种危机，他不知道哪里出了问题。为什么他就不能以一种使自己不这么紧张的方式工作呢？

问题：

1. 蔡靖是管理者吗？为什么？
2. 如果蔡靖是管理者，那么他属于哪一层的管理者？
3. 蔡靖的工作是否存在问题？如何改进？

提示：

1. 运用管理的职能、管理者的分类及各层管理者应履行的职责等知识回答以上问题。
2. 建议采用团队形式完成。

案例分析
参考答案

① 案例改编自：豆丁网 https：//www. docin. com/p－15468749. html.

项目二

学习管理思想

教学课件

课程思政

目标描述

知识目标：本项目简要介绍古、今、中、外管理理论。通过本项目学习，了解中、外古代各种管理思想；理解古典管理理论与人际关系理论的主要内容；掌握现代管理理论各主要流派的基本观点。

技能目标：通过本项目学习，初步具有应用各种管理理论分析与处理实际管理问题的能力，如运用管理相关理论对本课程一些教学管理案例进行分析；以及针对某个组织发现其管理方面存在的问题，并提出加强和完善管理的建议。

工作任务分解（WBS）（见图2－1）

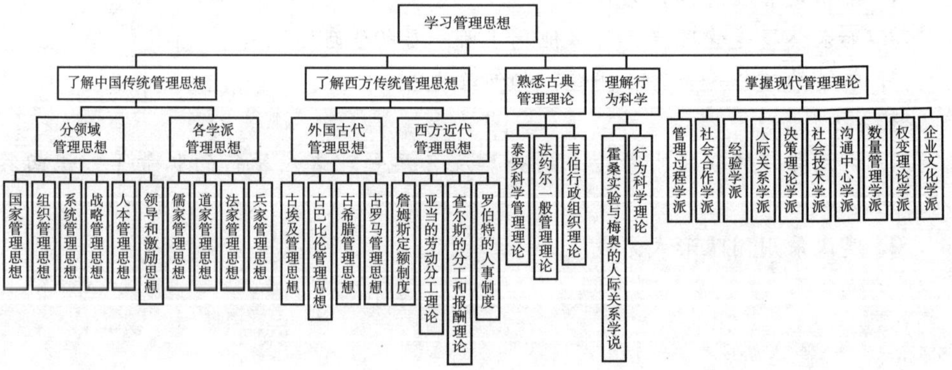

图2－1

任务一 了解中国传统管理思想

听故事
悟原理
（丁谓建宫）

【管理情景2-1】

孔子问人不问马

《论语》乡党篇中讲：厩焚，子退朝，曰："伤人乎?"不问马。意思是（孔子家的）马厩失火了。孔子退朝回来，说："伤到人了吗?"没问马怎么样了。

请思考：孔子的行为说明了什么思想?

一、中国古代分领域管理思想

我国古代管理思想产生的历史久远，影响力强，流传广。内容涉及国家治理；如何管人、生产经营管理，以及系统管理、战略管理等许多方面。这些管理思想在古代文献典籍中都有明确的记载和详细论述，下面简要介绍中国古代一些主要的管理思想。

（一）国家管理思想

中国古代管理思想在如何治理国家方面，影响较大的有三个学派：儒家、法家和道家。这三个学派的治国主张虽然不相同，却有很大的互补性。因此，史学界认为，自汉武帝至清末，中国统治阶级选择的是融合儒、法、道三家思想的"外儒内法而济之以道"的治国模式，即以儒家伦理道德为中心，以法家严刑酷法为辅佐，以道家权术为手段的治国模式。

相关链接

儒家思想推崇人治、礼治、德政、仁政，强调道德感化。儒家管理哲学的核心概念就是"仁"，孔子提出"仁"的学说，孟子进一步提出"仁政"学说，其主要内容是"民贵君轻"，荀子也提出"水能载舟，亦能覆舟"，强调民心的作用。西汉时期董仲舒提出"大一统"思想，这种学说符合汉武帝加强中央集权的需要，受到重用。从此儒家思想成为封建统治的正统思想。法家思想提倡法治，强调法的作用和暴力统治，主张用法令来统一人们的思想和行动，法家思想的集大成者韩非子反对"人治主义"和贤能政治，主张"立法为教"，提出了势、法、术三者结合的法治理论。以老子和庄子为代表人物的道家学派提倡顺乎自然，无为而治。老子提出"人法地，地法天，天法道，道法自然"，认为管理者应"处无为之事，行不言之教"。庄子认为"绝圣弃智而天下大治"，君主要"无容私"，"汝游心于淡，合气于漠，顺物自然，而无容私焉，而天下治矣。"

（二）组织管理思想

儒、道、法三家在组织管理职能上有所侧重：儒家重组织，道家重领导，法家重控制。

相关链接

我国不仅很早就有修宫殿、筑长城、开运河等大型生产组织，在行政组织方面远在公元前 11 世纪周朝时，就有一套官僚组织制度，据《周礼》记载，周代官员分为天、地、春、夏、秋、冬六宫，以天宫职位最高。六宫共分 360 职，各有职掌，职责分明。自周以后，历代朝廷封官定职，都编有详细的官职表，层次分明，职责清楚。

管仲在《管子·明法》一书中提出："威不两错，政不二门"，强调了统一指挥原则，不能政出二门，必须维护中央政府的权威。

韩非继承和总结战国时期法家的思想和实践，提出君主专制中央集权的理论。在《韩非子·物权》一书中，韩非主张"事在四方，要在中央；圣人执要，四方来效"，区分了决策层和执行层两个组织层次：中央政府决策，地方政府执行。他认为：国家的大权，要集中在君主一人手里，君主必须有权有势，才能治理天下。

（三）系统管理思想

系统思想的起源可以追溯到春秋战国时期，它重视事物的整体性，重视事物之间的区别和内在联系，重视人对客观事物的适应和促进，这种思想是最源远流长的。中国古代"外儒内法而济之以道"的治国模式，就体现了是以德治为主兼有法治和无为之治的系统管理思想。

相关链接

我国古代许多的工程技术中也都体现了系统管理的思想。如，战国时期秦国蜀郡太守李冰父子主持修造的都江堰水利工程，即使用现代系统论的眼光来看，也不愧为一项伟大杰作。公元前 306 ~ 前 251 年，李冰父子主持修建了著名的都江堰水利工程，兼有防洪、灌溉、漂木、行舟等多种功能，都江堰由"鱼嘴"岷分洪程、"飞沙堰"分洪排沙工程、"宝瓶口"引水工程三大主体工程和 120 个附属渠堰工程巧妙地组合成一个有机整体，分导了汹涌澎湃的岷江，使它驯服而有节制地灌溉成都平原 14 个县 500 余万亩农田，还建立了控制和养修制度，至今仍然发挥效益。无论其构思或实际设计、施工和管理的科学水平与创见，与现代系统方法的若干原则都不谋而合。

再如北宋著名科学家沈括在《梦溪笔谈》中记载的"一举而三役济"的故事，也是中国古代系统管理思想的典范。宋真宗年间，皇宫失火，一夜之间，大片宫室楼台、殿阁亭榭变成了废墟。宋真宗让大臣丁渭主持修复皇宫工程。丁渭运筹规划，制订了高明的施工方案。他首先下令"凿通衢取土"，因为嫌远道取土麻烦，就下令在交通要道上挖土，从施工现场向外挖了若干条大深沟，挖出的土作为施工用土。这样一来，取土问题即就地解决了。第二步，再把汴河的水引入新挖的深沟中，"引诸道竹木筏排及船运杂材，尽自堑中人至宫门"。这样，又解决了大批木材、石料的运输问题。最后，等宫殿修复完毕后，再排除堑水，把废弃的垃圾和用剩的土回填到沟中，从而又恢复了大道。这一施工方案，收到了"一举而三役济，计省费以亿万计"的最佳效果。这种"一举三得"的皇宫修建工程堪称运用系统管理、统筹规划的范例。

（四）战略管理思想

伴随历史上的多次战争，历经军事管理专家的系统整理、概括，先秦时期出现了许多关于战略、战术管理思想的典籍，如《六韬》《孙子兵法》《孙膑兵法》《吴子》等。这些系统军事著作中的"知己知彼，百战不殆""以正合，以奇胜""不战而屈人之兵，乃上之上策也"等思想，体现了在战争中要克敌制胜，就要讲求谋略、战术。

相关链接

《孙子兵法》中提出的战略环境分析模型和动态战略战术被广泛运用于现代军事管理和企业管理。《孙子兵法》以其第一篇（计篇）和第十三篇（用间）首尾相应，以"道"为核心主线，以"不战而屈人之兵"为原则，以权谋为经线，以战争的一般进程为纬线，提出了"经五事、校七计、知己知彼、知天知地、而索其情"的战略环境分析模型。《孙子兵法》讲求灵活机动的动态战略战术。因为实际情况总处于动态变化之中，所以不能墨守成规以致陷入经验主义。"兵无常势，水无常形，能因敌变化而取胜者，谓之神。""运用之妙，存乎一心"，要根据不同的敌情、我情、天时、地利等各种条件，灵活用兵。只要有这"一心"，运用各种不同战略战术的方案都会"无穷如天地，不竭如江河"。"出其不意，攻其不备"，"避实就虚"，"速战速决"，要把"奇"和"正"，"虚"和"实"巧妙地运用，欺骗敌人，调动敌人。准确选择好主攻方向和主攻目标，以压倒敌人的优势和迅雷不及掩耳之势展开进攻，打击敌人，赢得胜利。

《孙子兵法》的辩证战略思想不仅在军事上，而且在管理的其他方面对我们今天的工作都有重要的参考价值。今天，美国和日本的许多大学和企业都把《孙子兵法》作为企业管理的必读著作来研读。

（五）人本管理思想

在我国古代管理思想中，有关人本管理思想的论述极为丰富。早在 2000 多年前，中国古代就有了关于人性或人本管理思想的学说，主要包括孔子的“性可塑说”、孟子的“性善说”、告子的“性无善无恶说”，以及墨子的一些关于人的思想。尊重人才、知人善任是我国历代推崇的优良传统。

相关链接

唐太宗李世民曾说过：“为政之要，惟在得人，凡事皆须务本，国以人为本。”春秋末年墨子说：“尚贤者，政之本也。”（《墨子·尚贤上》）荀子说：“欲立功名，则莫若尚贤使能矣。”（《荀子·正制》）诸葛亮总结汉朝的历史经验说：“亲贤臣，远小人，此先汉之所以兴隆也；亲小人，远贤臣，此后汉之所以倾颓也。”（诸葛亮《前出师表》）在用人方面，坚持“德才兼备、以德帅才”的用人标准，用人之所长而避其所短，正确挑选，全面考核，既用人又育人，不拘一格用人才等等，都有详尽的论述。《晏子春秋》则把对人才“贤而不知”“知而不用”“用而不任”视为国家的“三不祥”，其害无穷。在激励人才方面，强调团结（“人和”“和为贵”），做好思想工作，赏罚公正，讲究艺术等，许多论述都给人以启迪。

（六）领导思想

领导者的素质与组织的兴衰关系极大，中国古代先贤对此有精辟的论述。《礼记·大学》中指出：“古之欲明德于天下者，先治其国；欲治其国者，先齐其家；欲齐其家者，先修其身；欲修其身者，先正其心；欲正其心者，先诚其意；欲诚其意者，先致其知；致知在格物。物格而后知至，知至而后意诚，意诚而后心正，心正而后身修，身修而后家齐，家齐而后国治，国治而后天下平。自天子以至于庶人，壹是皆以修身为本。其本乱而未治者，否矣。”说明要想成为一个好的领导者，必须首先注意修身养性，提高自身的素质。

相关链接

《礼记·哀公问》中说：“政者，正也。君为正，则百姓从政矣。君之所为，百姓之所从也。”《论语·为政》中指出：“为政以德，譬如北辰，居其所，而众星拱之。”都是从领导者示范作用的角度论述其自身修养的重要性。

领导者的自身修养从何做起呢？“治身莫先于孝，治国莫先于公。”（苏轼《司马温公行状》）从在家庭中尊老敬老做起，关心和爱护别人，养成利他和无私的品德。成就任何宏大的事业，都靠“居之以强力，发之以果敢，而成之以无私。”（宋·苏辙《新论中》）

在领导者自身修养中，如何战胜外界的诱惑，克服自身的弱点，是一个严峻的考验。“君子谋道不谋富。”（柳宗元《吏商》）“道德当身，故不以物惑。”（《管子·戒》）安于清贫，战胜物质上的诱惑，是领导者应有的道德境界。

“俭节则昌，淫佚则亡。”（《墨子·辞过》）领导者应以节俭为荣，以奢侈、淫逸为耻。

“贪愎喜利，则灭国杀身之本也。”（《韩非子·十过》）高度概括了沉重的历史教训。

“欲胜人者必先自胜。”（《吕氏·春秋季春纪·先己》）只有首先克服自己的人性弱点，才能战胜外界的挑战。

“以铜为镜，可以正衣冠；以古为镜，可以知兴替；以人为镜，可以明得失。”历史上的这些格言警句为领导者发现自身不足、加强自身修养，提供了很好的借鉴。

孔子的《论语》主要是谈统治者治理国家和管理社会的主张。宋朝有一位宰相在总结他一生的时候说：他是半部《论语》打天下，半部《论语》治天下。可见《论语》在领导者治军和治国中的作用。

汉高祖刘邦的“夫运筹帷幄之中，决胜千里之外，吾不如子房。镇国家，扶百姓，给馈饷，吾不如萧何。连百万大军，战必胜，功必取，吾不如韩信。此三者，皆人杰也，吾能用之，此吾所以取天下也。”这些都突出体现了领导者善于用人所长的领导思想。而对于现代企业管理，最关键的问题则是领导者如何发挥团队的集体作用以达到组织的最终目标。

（七）激励思想

关于人的需要和激励，《管子·牧民》中有一句很有名的话——“仓廪实而知礼节，衣食足而知荣辱”，提出了人不仅有自然需要，而且有社会需要。同时，《管子·侈靡》中还写道：“衣食之于人也，不可以一日违也，亲戚可以时大也。”这就进一步指出了人的自然需要较之社会需要是更基本的东西。《管子·禁藏》中还进一步阐述了两者的关系，“凡人之情，得所欲则乐，逢所恶则忧，此贵贱之所同有也。近之不能勿欲，远之不能勿忘。”一方面指出人的情感是以需求是否得到满足为转移的；另一方面指出情感反过来也会决定需求的强度。而且，人的需要能否满足或在一定程度上得到满足，也会影响到政治统治的成败。所以，《管子·牧民》中明确提出：“故从其四欲，则远者自亲，行其四恶，则近者叛之，故知予之为取者，政之宝也。”

《孟子》记录了孟子的言论和思想，书中提出一系列管理国家的方法，如得民心者得天下，以佚道使民，任贤使能，居安思危，未雨绸缪，重根本救治之道，轻小恩小惠之赐，等等。他的性善论的人性观、施“仁政”的管理准则以及“修其身而天下平”等思想，对我们今天的管理仍然有重要的借鉴作用。

以上仅仅是从几个方面举出的例证，远不足以概括我国古代全部的管理思想。但从这些例证已经可以证明，中国古代管理思想是人类管理思想的一个宝库。系统地研究这些管理思想，并使之同当代的我国管理实践相结合，做到“古为今用”，具有非常重要的现实意义。

二、中国古代各学派管理思想

以上是按照各个管理领域进行介绍，让大家了解中国古代丰富的、各方面的内容，同时，这些内容是以各个学派的学说体现出来的，下面我们以各学派的角度来简要介绍中国古代主要的管理思想。

（一）儒家管理思想

1. 代表人物。

孔子、曾子、子思、孟子，后期有程朱理学、陆王心学

2. 代表著作。

《大学》《中庸》《论语》《孟子》（四书）及《诗经》《尚书》《礼记》《周易》《春秋》（五经）

3. 管理思想。

（1）仁。儒家思想的精华包括先秦儒家思想、孔子的仁与礼、从前孔子时代的礼乐制度到孔子的仁礼思想、孔子的孝道、《论语》中的孝、《孝经》论孝、孔子的命观、孔子命观形成的背景、孔子命观的特征与内涵、"修身俟命论"的人生指导意义、孔子的人生问题论、乐——孔子的人生态度和人生境界、孔子与弟子论志向、立身行事中的言与默、孟子的性善论与孟子的使命、孟子的仁政学说以及荀子的性恶论与礼治说、儒家思想的流变、贯通天人——董仲舒的儒学思想以及"性即理"——周、张、程、朱的理学思想和"心即理"——象山、阳明的心学思想、新儒家——西学东渐的文化回应、儒文化圈的崛起——儒学促进现代经济发展的可能等内容。

仁是儒家最重要的思想之一。《说文》："仁，亲也。从人，从二。"本义是对人友善、相亲。《论语·颜渊》："樊迟问仁。子曰：'爱人。'"

（2）修齐治平。《大学》中的修齐治平是系统的管理思想，从个人到家庭再到国家的管理都包含在内，超出了目前西方管理学的范围。

"修"指修身；"齐"指齐家，"治"是治国，"平"是平天下。儒家以"修身"为中心，强调个人道德修养与治国、平天下的一致性，主张由近及远，由己及人，把"格物""致知""诚意""正心"，作为"修身""齐家""治国""平天下"的基础，形成管理思想与实务的整个体系。

《大学》认为，古代那些要使美德彰明于天下的人，要先治理好他的国家；要治理好国家，就要先整顿好自己的家；要整顿好家，就要先进行自我修养；要进行自我修养，就要先端正他的思想；要端正自己的思想，就要先使自己心意诚实；要使自己心意诚实，就要先明理；要明理，又取决于对事理的推究。

（二）道家管理思想

1. 代表人物。

老庄

2. 代表著作。

《老子》《庄子》

3. 管理思想。

（1）无为而治是其管理思想原则。老子所谓无为，并不是说不为，而是顺其自然，依据事物自身的必然规律运行和发展，“动合无形”，而不凭借任何外加的力量。老子认为，所有的人们改造自然的活动都是“有为”，必须最大限度地削弱，为了使社会上一切人都遵循无为原则，统治者首先必须带头过一种质朴的生活，减少政事活动，同时还要使民失去有为的条件。老子的无为是作为一个政治管理原则提出的，他认为“法令滋彰，盗贼多有”，因此国家要减少颁布法令规章。强调要“政简刑轻”，反对以繁复苛重的政治、法律手段治理国家。

（2）提出以弱胜强的管理策略。《老子》有丰富的辩证法思想，以弱胜强就是重要的内容。老子对对立关系互相转化有深刻的认识，他认为“天下莫柔弱于水，而攻坚强者莫之能胜”。反映在治国、治军上的表现，老子认为一是“以正治国”，二是后动制敌。“以正治国”即通过做好内治工作加强自己的实力，不但要求对大事、难事必须十分认真，谨慎地干，对小事、细事和似乎简单、容易的事，也不得大意。后动制敌要求“以奇用兵”，即后敌而动，等待或诱使敌人暴露弱点，然后制之。

（3）提倡清净安定的管理环境。老子主张安定，“清净可以为天下正”。“为无为”就是要创造一个“无为而治”的安宁环境。清净则自治，轻燥则失本，“我好静而民自正”，“重为轻根，静为躁君。……轻则失本，躁则失君”。

（三）法家管理思想

1. 代表人物。

韩非子、商鞅

2. 代表著作。

《韩非子》

3. 管理思想。

势术法结合。商鞅、慎到、申不害三人分别提倡重法、重势、重术，各有特点。到了法家思想的集大成者韩非时，韩非提出了将三者紧密结合的思想。法是指健全法制，势指的是君主的权势，要独掌军政大权，术是指驾驭群臣、掌握政权、推行法令的策略和手段。主要是察觉、防止犯上作乱，维护君主地位。当代学者刘木鱼（刘铎）在《非法非人治》中提到：“法之卫意，在乎君政，政之所为，在乎一道”。

商鞅重“法”，申不害则重“术”。“术者，因任而授官，循名而责实，操杀生之柄，课群臣之能者也，此人主之所执也”（《韩非子·定法》）。为了防备大臣操纵权力、玩弄法柄，申不害建议最高统治者必须用术，君主应以“独视”“独听”“独断”的手段来实行统治。他认为，“独视者谓明，独听者谓聪。能独断者，故可以为天下主”，君主“方寸之机正而天下治，故一言正而天下定，一言倚而天下靡”。君主个人的言论和主张可以决定国家的兴亡，表明了专制独裁主义的思想。

慎到是法家中强调“势”治的一派，主张君主可以“握法处势”，“无为而治天下”。他从“弃知去已”的观点出发，提出“大君任法而弗躬，则事断于法矣”。他以法为最高准则，提倡“官不私亲，法不遗爱，上下无事，唯法所在”（《君臣》），强调“法”必须和“势”相结合，把君主的权势看作行法的力量，所谓“贤智未足以服众，而势位足以缶贤者”，但他又认为国家的存亡并非全由君主一人的力量所决定。“亡国之君非一人之罪也，治国之君非一人之力也”。他承认“法”也不是一成不变的，提出“守法而不变则衰”。

（四）兵家管理思想

1. 代表人物。

孙武、孙膑

2. 代表著作。

《孙子兵法》《孙膑兵法》

3. 管理思想。

（1）战略思想。孙子是世界上第一个形成战略思想的伟大人物，他在著作中对谋略问题着墨尤其多。孙子强调要在战前对事关全局的战略进行部署和谋划，综合考虑多种因素，按照战争中各个方面、各个阶段的关系来决定军事力量的准备和运用。孙子提倡“上兵伐谋”。计谋的主要内容是五事：道、天、地、将、法；七计：主孰有道，将孰有能，天地孰得，法令孰行，兵众孰强，士卒孰练，赏罚孰明。谋略需要“知己知彼”，孙子强调只有通过各种方法获得敌方的信息，才能明白对方的意图从而采取有针对性的措施，达到保护自己打击敌人的目的。

（2）权变管理思想。孙子把权变管理的原则归结为：“合乎利而动，不合乎利而止。”战略目标不可变，但实现战略目标的战术是多变的。一是出奇制胜。“凡战者，以正合，以奇胜。故善出奇者，无穷如天地，不竭如江河。”出奇制胜就是运用与众不同的手段，以出人意料的斗争谋略与方法取胜于敌。二是迂直制胜。“故迂其途，而诱之以利，后人发，先人至，此知迂直之计者也。”故意迂回绕道，并用小利引诱敌人，这样就能做到比敌人后出动而先到达必争的要地。三是以快制胜。“兵贵胜，不贵久”，兵贵神速是克敌制胜的重要一法。

（3）人才管理思想。孙武说：“故善战者，求之于势，不责于人，故能择人而任势。”“择人”者，善于量才用人也；“任势”者，善于造势和利用形势也。所谓“择人而任势”，就是要求军事指挥员重视选用人才，利用形势，以战胜敌人。从“择人”方面而言，兵战固然是军事实力的较量，但更重要的是人才竞争。在战争中，谁拥有人才，谁就会掌握战争的主动权，谁就有赢得战争胜利的可能。因此，挑选将领是战争胜败的关键。什么人能当将领？孙武的标准是：“将者，智、信、仁、勇、严也。”

中国古代思想在春秋战国时代达到了顶峰，除了以上介绍的之外，还有墨家、阴阳家、名家等等，后续又出现了很多伟大的思想家，都包含了丰富的管理思想，读者若有兴趣，可以去查阅相关资料进行学习研究。

任务二　了解西方传统管理思想

管理情景
分析 2－1

听故事
悟原理
（鲍勃和托德）

【管理情景 2－2】

外墙色彩

有一家中外合资石化企业。新厂区建成后，双方管理人员讨论外墙刷什么颜色。中方人员的一致意见是刷成灰色，上面浅色，下面灰色，理由是灰色耐脏。但德方人员坚持刷白色，认为只要管理好外墙就不会脏。双方争执不下，最后中方领导作出让步，同意刷白色。他想，过一个月你们看看吧。然而，由于制定了切实可行的管理规章，每半个月清理一次，加上员工爱护漂亮的外墙，几年过去了，外墙依然干净如新。

请思考：如何理解中德双方管理人员的管理理念及管理效果？

一、外国古代管理思想

外国的管理实践和管理思想也有着悠久的历史，有记载的管理实践已超过5000年。

（一）古埃及人的管理思想

古埃及人在公元前5000至前525年期间建造了70多座金字塔（国王的陵墓）。据考察，最大的一座金字塔共耗用大石料230多万块，平均每块2.5吨，动用了10万人力，耗时20年才得以建成。这项工程包含了大量的组织管理工作，需要周密的计划、组织和控制工作。古埃及人注意到了计划、管理的权力与责任，产生了萌芽状态的管理咨询制度、例外原则、授权等思想。管理学家德鲁克认为那些负责修建埃及金字塔的人是历史上最优秀的管理者。

（二）古巴比伦人的管理思想

古巴比伦王国汉谟拉比在建立中央集权的奴隶制国家以后，为巩固其统治地位，颁布了《汉谟拉比法典》，以作为国家行为的准绳。《汉谟拉比法典》共有282条，内容几乎无所不包，其中许多条款都涉及管理思想。主要有：

（1）关于最低工资的规定。“如果一个人雇佣一个农工，他每年应支付八古（一种计量单位）谷物的工资。”

（2）关于控制。“如果一个人在另一个人那里存放银、金及其他东西，他应该把这些东西给一位证人看，并拟定一项契约，然后再存放。”

（3）关于责任。“如果一个石工造的房子倒塌而使其中住的人死亡，该石工要判处死刑。”

（4）关于生产控制与激励。对每个星期使用的棉纱和生产的棉布，使用不同颜色的标签，以此来控制不同批次的产品和原料。纺织女工的工资以食物支付，而其数额取决于每个女工的生产量。

（三）古希腊人的管理思想

古希腊人崇尚民主管理，他们构建了一种复杂的民主政府——城邦，城邦鼓励自由交换意见，并形成了科学的方法——被后人称为协商式管理。科学方法对管理的影响十分显著，这些方法在费雷德里克·泰勒的管理思想中得到体现。古希腊人的管理技术和才能主要有：

（1）统一节奏、愉快工作原则。希腊人早就认识到按规定的速度、应用统一的方法能使产量最大化的原则。他们用音乐规定时间、用乐器规定动作，配合音乐工作，在工作中引进节奏、标准动作和工作速度。

（2）管理普遍性原则。苏格拉底认为管理具有普遍性，他说“管理私人事务和管理公共事务仅仅是在量上的不同”。并且认为一个人不能管理他的私人事务，他肯定也不能管理公共事务，因为公共事务的管理技术和私人事务的管理技术是可以相互通用的。

（3）专业化和合理分工原则。柏拉图在《理想国》（又译《国家篇》）一书中首先提出了经济科学中的专业化或劳动分工原理。他认为，“如果一个人根据自己的天生才能，在适当的时间内不做别的工作，而只做一件事，那么他就能做得更多，更出色”。他把人分为三等：第一等人是治国贤哲，即管理国家的哲学家，他的职能是以其智慧来管理国家。第二等人是卫国的武士。这些武士则是天生有军事才能的人做辅助统治的工作。第三等人是民间艺工，它是由手工业者、农民、商人等组成。这些劳动者则是天生有体力劳动能力的人，只能从事一种适合于自己天性的手艺。

（4）提出了管理的对象、目标和中心。色诺芬的《家政论》是专门论述经济的第一部著作。这部著作对管理思想的发展具有重要的贡献。第一，首先提出了解决管理的研究对象。他认为“家政管理”研究的是主人如何管理好自己的财产。第二，首先提出了管理水平优劣的判别标准。他认为，检验管理水平高低的标准是财富是否得到增加。第三，首先认识到了管理的中心任务是加强人的管理。第四，分析了分工的重要性。认为分工可以提高产品质量。第五，认为管理是一种独特的技艺，有相同的规律。

（四）古罗马人的管理思想

美国管理学家詹姆斯·穆尼（James Mooney）说：“罗马人伟大的真正秘密是他们的组织天才。”他们利用等级原理和委派、授权办法，把罗马城扩展为一个前所未有的、组织效率极高的帝国。

（1）连续授权的组织制度。公元 284 年，戴克利即位成为罗马帝国的皇帝后，实行了一种将集权和分权很好结合起来的连续授权制度。他把整个罗马划分为 4 个大区，4 个大区又划分为 13 个省，13 个省又划分为 100 个郡。他自己兼任一个大区的领导，其他3个大区分别授权他人管辖。大区的首脑再授权给“总督”管理各个省，总督授权给“郡长”管理各郡。中央集权控制和地方分权管理的良好结合，使得罗马帝国不仅取得了统治欧洲和北非的成功，还延续了几个世纪的统治。

（2）公司形式出现。创造类似工厂的生产方式，第一个类似公司的组织以股份有限公司的形式出现，它向公众出售股票。

（3）军队实行“10人编队制”。

二、西方近代管理思想

从产业革命前后到19世纪初，是西方管理思想发展中的一个重要时期，是西方管理理论的萌芽阶段。由于资本主义社会的初步形成和产业革命的顺利进行，对管理提出了新的要求。这一时期许多著名的思想家、经济学家、工程学者对管理思想进行了积极的探索，虽然没有形成系统、完整的管理理论，但他们研究的内容，提出的思想观点无疑为后来管理理论的产生和发展奠定了基础。下面对这一时期的主要代表人物及他们的管理思想分别进行介绍：

（一）詹姆斯·斯图亚特的定额制度

詹姆斯·斯图亚特是18世纪英国重商主义后期代表之一，也是探讨资产阶级政治经济学整个体系的第一个英国学者。他提出了劳动分工的概念，论述了工人由于重复操作而获得灵巧性。他比泰罗早100多年指出了工作方法研究和刺激工资制的实质，并且制定了定额制度。他还提出了管理人员和工人之间的分工问题。关于机器在制造业中的应用问题。他指出，机器代替工人的劳动，不会使工人失业，反而会有更多的就业机会。在产业革命的早期，英国等资本主义国家的工厂中大部分实行计时工资制，在产业革命浪潮中，这种等时不等量、效率低下的单一工资制度已阻碍了企业生产力的提高。因此，工资制度、分配制度也成为早期管理思想家们研究的一个重点。斯图亚特的定额制度成为后来科学管理理论的思想基础。

（二）亚当·斯密的劳动分工理论

亚当·斯密是英国古典政治经济学体系的创始者，其管理思想主要是关于劳动组织的分工理论。亚当·斯密认为，国民财富的增加取决于两个条件：一是增加生产者的人数；二是提高劳动生产率。后者更为重要。如何提高生产率呢？他认为应该依靠分工，因为有了分工，相同数量的劳动者就能完成比过去多得多的工作量。他在《国富论》中以制针业为例说明了劳动分工给制造业带来的变化。他写道：如果一名工人没有受过专门的训练，恐怕工作一天也难制造出一枚针来。如果希望他每天制造20枚针那就更不可能了。如果把制针程序分为若干项目，每一项就都变成一门特殊的工作了。一个人担任抽线工作，另一个人专门拉直，第三个人负责剪断，第四个人进行磨尖，第五个人在另一头上打孔并磨角。这样一来，平均一个人每天可以生产48000枚针，生产效率提高的幅度是相当惊人的。在当时，斯密已经充分地认识到劳动分工和合理组织是提高生产效率的趋势。他对分工理论的系统论述，对后来的管理组织职能的提出和发展产生了深远的影响。

（三）查尔斯·巴贝奇的分工理论与报酬制度

查尔斯·巴贝奇是英国有名的数学家、发明家、现代自动计算机的创始人和科学管理的先驱。巴贝奇在斯密劳动分工理论的基础上，对劳动分工和专业化问题进行了更为系统的研究。他认为劳动分工之所以能大幅提高生产效率，有六个重要的原因：一是节省了学习所需要的时间。生产中包含的工序越多，则所需要的学习时间越长。例如，一个工人无需从事全部工序而只做其中少数工序或者一道工序，就只需要少量的学习时间。二是节省了学习中所耗费的材料。实行劳动分工后，需要学习的内容减少了，所耗费的材料也相应地减少。三是节省了从一道工序转变到另一道工序所耗费的时间。四是节省了改变工具所耗费的时间。在许多手艺中，工具常常是很精细的，需要做精细的调节。调节这些工具所占用的时间相当多，分工后就可以大大节省这些时间。五是由于经常重复同一操作，技术熟练，工作速度可以加快。六是分工后注意力集中于比较单纯的作业，能改进工具和机器，设计出更精致合用的工具和机器，从而提高劳动生产率。

巴贝奇还论述了脑力劳动和体力劳动一样可以进行分工。他将技术工作进行分类，并指出，把复杂的工作交给能力强的数学家去做，把简单的工作交给只能从事加减运算的人去做，可以大大提高整个工作的效率。

巴贝奇虽然是数学家，却没有忽视人的作用。他认为工人与工厂主之间能够存在利益的共同点，由此他竭力提倡一种工资加利润分成的报酬制度。工人可以按照他对生产率所做出的贡献，分得工厂利润的一部分。他主张工人的收入应该由三个部分组成：按工作性质所确定的固定工资；按对生产率高低来确定报酬的制度；为增进生产率提出建议而应得的奖金。按生产率高低来确定报酬的制度是巴贝奇对管理思想的一个重大贡献。

（四）罗伯特·欧文的人事制度

罗伯特·欧文是 19 世纪初英国卓越的空想社会主义者。他在苏格兰新纳拉克经营一家纺织厂，在这个工厂里，他进行了前所未有的实验，推行了许多改革办法。他改善了工厂的工作条件：把长达十几个小时的劳动日缩短为十个半小时；严禁未满 9 岁的儿童参加劳动；提高工资；免费供应膳食；建设工人住宅区，改善工作和生活条件；开设工厂商店，按成本出售给职工所需必需品；设立幼儿园和模范学校；创办互助储金会和医院，发放抚恤金等等。这些改革的目标是探索既能改善工作生活条件，又有利于工厂所有者的方法，其结果确实改善了工人的生活，也使工厂获得了优厚的利润。欧文这一系列改革的指导思想体现了他对人的因素的重视。他认为，人是环境的产物，对人的关心至少应同对无生命的机器的关心一样多。欧文的管理理论和实践突出了人的地位和作用，对后来人际关系和行为科学理论的产生和发展产生了相当大的影响。

任务三 熟悉古典管理理论

管理情景
分析2－2

听故事
悟原理
（海底捞的
员工管理）

【管理情景2－3】

电子银行系统公司的管理方法

电子银行系统公司（Electronic Banking System Inc）的业务属于一个规模不大却又发展迅速的金融服务种类——开箱处理。原先很多公司和慈善组织都是自己处理信件的，现在则把这些工作外包给像电子银行系统公司这样的公司，由他们把捐款分门别类。

电子银行系统公司生意很兴旺。办公楼里，许多女工坐在桌子旁负责拆开信封，按信的内容进行分类，并填写“控制卡”，记录拆开了多少封信、花了多长时间。从事这项工作的工人每分钟必须处理三封信。不远处，另外一些女工则在敲击键盘，其规定速度是每小时8500下。房间很安静，里面不允许交谈。窗户是封闭的，工人桌子上不允许有咖啡杯或者其他装饰性的物品。除了午饭没有其他的休息时间，在工作时间内不允许工人们喝咖啡或吃东西。

在楼上的某间办公室里，有一个电视监视器，可以通过安装在公司八个地方的摄像头对工人进行监督。工作的性质决定了必须要有的严密的监视。因为在电子银行系统公司，工人们处理着成千上万美元的支票和现金，监视器可以帮助公司制止可能的偷窃行为。对前来考察的客户，电子银行系统公司也可以向其保证公司安全保卫工作的严密性。因为如果公司没有秩序，客户就会以为公司管理混乱，生意就会泡汤。严密的观察同时也可以帮助公司对工人的生产效率进行监控把那些速度较慢的工人淘汰掉。

电子银行系统公司将所有的精力都放在提高生产力上，但这样做的结果却是很多工人有孤单和受禁的感觉。工人凯瑟琳说：“如果你头部转动，只用嘴巴窃窃私语，工人一般不会听到的。”即便这样，她还是有被隔离的感觉。午饭时间，工人们就会聚集在外面的停车场聊个不停。凯瑟琳说：“我们很多人吃不了，因为你吃得越多聊得就越少。”并且下班后有一项家务令她无法忍受。“我不愿付账单，因为我一封信也不想拆，我会让信在信箱里躺上好几天。”

请思考：电子银行系统公司采用了哪种管理理论？这种理论是由谁提出的？该理论的主要内容有哪些？

西方公认的古典管理理论包括三个部分：由美国人泰罗为首创立的科学管理理论；由法国人法约尔创立的一般管理理论；由德国人韦伯创立的行政组织理论。

一、泰罗的科学管理理论

泰罗的科学管理理论的主要内容包括以下几个方面：

1. 工作定额和工作标准。

科学管理的中心问题是提高劳动生产率。为了提高劳动生产力，需要制定工作定额，并让工人掌握标准的操作方法。为此他通过著名的铁锹试验和搬运铁块试验，进行工时和动作研究，制定出有科学依据的工人的“合理的日工作量”，即工作定额。把工人的操作分解为基本动作，测定完成这些基本动作所需的时间；选择最实用的工具、机器、确定最适合的操作程序、消除错误和不必要的动作，得出最有效的操作方法作为标准。

2. 科学培训和挑选工人。

为了提高劳动效率，必须为工作挑选第一流的工人。泰罗认为必须根据工作岗位的性质和特点，找出最适宜做这项工作的人，使工人的能力同工作相配合，培训他们成为一流的工人，让他们掌握科学的方法，激励他们尽最大努力来完成工作。例如在搬运生铁的试验中，经过选择和培训的个人，每日搬运量可以从12.5英吨提高到47.51英吨。

3. 实行有差别的计件工资制。

为了鼓励工人积极工作，完成定额，泰罗制定出一个有科学依据的劳动定额，设立了有差别的计件工资制。按照工人是否完成其定额而采取不同的工资率。对完成或超额完成工作定额的个人，以较高的工资率计件支付工资，一般为正常工资率的125%；如果完不成工作定额的个人，则按比正常工资低20%计酬。

4. 将计划职能与执行职能分开。

为了提高劳动生产率，泰罗主张将计划职能与执行职能分开。在旧的管理下，所有计划都是由工人凭经验来制定的。泰罗主张把计划职能从工人的工作中分离出来，设立专门的管理部门，从事计划、组织、指挥、控制等工作，管理人员专门从事管理工作，工人只负责作业工作。

5. 实行职能工长制。

泰罗主张实行“职能管理”，即将管理工作给予细分，使所有管理人员尽量分担较小的管理职能，如有可能一个工长只承担一项管理职能。他设置了八个职能工长，代替原来一个工长。后来的事实证明，一个工人同时接受几个职能工长的指挥，容易造成混乱。所以这种职能工长没有得到推广。但这种思想为以后的职能部门的设立和管理专业化提供了基础。

6. 在管理上实行例外原则。

泰罗指出，规模较大的企业不能只依据职能原则来组织管理，还需要运用例外原则。主张高层管理者应把例外的一般日常管理事务授权给基层管理者去处理；高层管理者主要处理重要和例外事项。

7. 强调科学管理是“一场彻底的心理革命”。

泰罗的科学管理理论影响是广泛而深远的。泰罗的科学管理理论突破了凭经验进行管理的局限性视野，提出了用科学管理逐步代替传统小作坊的经验管理，并形成了一套管理制度，开辟了管理学的新纪元。对以后的管理学的发展产生了深远的影响。

相关链接

泰罗（1856～1915）出生在美国费城一个富裕的律师家庭，中学毕业后考上哈佛大学法律系，中途患眼疾被迫辍学。1878 年进入一家钢铁厂当技工，由于工作努力，从一般工人先后提升为工长、车间主任，1884 年被提升为总工程师。泰罗的经历使他对生产现场十分熟悉，发现许多工人工作效率很低，他认为单凭经验进行管理是不科学的，必须加以改变。为此，他进行了一系列试验和革新活动，总结出一些管理原理和方法，将它们系统化，形成了科学管理理论。主要有 1895 年的《计件工资制度》、1903 年的《车间管理》、1911 年的《科学管理》。由于他的杰出贡献，被后人尊称为“科学管理之父”。1912 年，他在美国众议院特别委员会所作的证词强调指出，科学管理是一种重大的精神变革，要求工人和管理人员进行完全的精神变革，引起了很大的反响。

二、法约尔的一般管理理论

法约尔一般管理理论的主要内容包括以下几个方面：

1. 法约尔在泰罗理论基础上，补充明确了管理的概念。

法约尔通过对企业全部经营活动的分析，将管理活动从经营职能中提炼出来。他认为，企业的经营有六项不同的职能，管理只是其中之一项。这六项职能是技术职能、商业职能、财务职能、安全职能、会计职能、管理职能。在这六项基本活动中，管理处于核心地位，是企业经营活动中的一项主要活动，普遍存在于各类企业中。

2. 提出了管理活动的五大职能。

法约尔第一次对管理的一般职能作了明确的划分，第一次对管理要素进行了分析，使其形成了一个完整的管理过程。法约尔提出管理的五项基本职能，即计划、组织、指挥、协调、控制。他认为，这五项职能不是管理者个人的责任，而同企业经营的其他五大活动一样，广泛存在于管理者与组织各个成员的工作中。法约尔认为，计划是管理的首要职能；组织是指建立企业的物质结构和社会结构；指挥是对下属活动的指导，使企业人员发挥作用；协调是指企业一切员工工作都要和谐地配合，使企业的经营顺利进行；控制是指保证企业的一切活动符合所制订的计划。

3. 提出管理的十四项原则。

法约尔根据自己长期的管理经验探求确立企业良好的工作秩序的管理原则，提炼出十四项原则：

（1）劳动分工。借助分工，可以减少每个工人所需掌握的工作项目，提高工作效率。

（2）权力与责任。管理者要有指挥下级的权力，强调权力与责任要统一。有责必有权，有权必然要有责任。

（3）纪律。纪律对企业是绝对必要的，没有纪律企业就难以发展。员工必须遵守组织的规章制度，严明的纪律产生于良好的领导，管理者要以身作则，制定赏罚制度。

（4）统一指挥。组织中每个人只接受一个上级的指挥。双重指挥会造成混乱。

（5）统一领导。在同一目标的集体活动中，应当在一位管理者和一个计划的指挥下进行。

（6）个人利益服从整体利益。在一个组织里，一个人或一个部门的利益不能置于整个组织利益之上。

（7）人员报酬。对员工的劳动必须支付公平的报酬，尽可能使职工和公司都满意。

（8）集中。集中是指下级参与决策的程度。要根据组织的规模、条件及管理者的个性、道德品质以及部属人员的可靠性等因素来确定。

（9）等级链。“等级链”是指从组织最高领导到基层的各级领导人所组成的链条系列。它是一条权力线，用以贯彻执行统一命令和保证信息传递的秩序。

（10）秩序。法约尔的“秩序”是指人与物各得其所。即每件事都有人做，每个人都有合适的岗位，各尽其能。

（11）公平。公平即友好、公正和蔼对待下属。员工受到平等对待后，会以忠诚的精神努力完成他们的任务。

（12）人员稳定。成功的组织管理人员是稳定的。人员的稳定对于工作的正常进行很重要，人员一直变动，工作就会得不到好的效果。

（13）首创精神。法约尔认为要鼓励首创精神。组织要允许员工制定和实现他们的行动计划、有助于增强团结和调动他们的积极性。

（14）集体精神。集体精神是组织的重要保证。员工的团结可以使组织产生巨大的力量。

法约尔的一般管理理论和泰罗科学管理理论相比较，他的理论比较系统性和开创性，至今他的管理思想及管理原则仍然可以作为我们管理实践的指南。

相关链接

亨利·法约尔（1841～1925）是西方古典管理理论在法国的杰出代表，他所提出的一般管理理论对西方管理理论的发展有着重要的影响，是管理过程学派的创始人。

1841年法约尔出生在一个小资产阶级家庭。19岁大学毕业后被任命为科芒特里富香博的一家煤矿公司的矿井工程师，在工作中不断显露出他的管理才能。后来，当公司处于破产边缘时被任命为总经理。他长期在企业中担任管理职务，有从基层管理岗位到高层管理岗位的工作经验。他担任过法国陆军大学和海军学校的管理学教授，对法国的许多公共机构的管理作过调查和研究。因此，它的管理理论以大企业的整体作为研究对象，管理原则和方法带有普遍意义，区别于以车间、工厂为研究对象的泰罗科学管理。1916年，法约尔出版了他的代表作《工业管理和一般管理》，该书提出和全面论述了一般管理理论，为管理学的形成和发展做出了巨大的贡献。法约尔因此被誉为“经营管理理论之父”。

三、韦伯的行政组织理论

韦伯认为理想的组织形式具有如下一些特点：

1. 明确的分工。

即每个职位的权力和义务都应有明确的规定，人员按职业专业化进行分工。

2. 自上而下的等级系统。

组织内的各个职位，按照等级原则进行法定安排，形成自上而下的等级系统。

3. 人员的任用。

人员的任用要完全根据职务的要求，通过正式考试和教育训练来实行。

4. 职业管理人员。

管理人员有固定的薪金和明文规定的升迁制度，是一种职业管理人员。

5. 遵守规则和纪律。

管理人员必须严格遵守组织中规定的规则和纪律以及办事程序。

6. 组织中人员之间的关系。

组织中人员之间的关系完全以理性准则为指导，只是职位关系而不受个人情感的影响。这种公正不偏的原则，不仅适用于组织内部，而且适用于组织与外界的关系。

韦伯认为，理想的行政组织体系最符合理性原则，是达到目标、提高劳动生产率的最有效的形式。韦伯对理想官僚组织模式的描绘，为行政组织指明了一条制度化的组织准则。理想的行政组织体系在精确性、纪律性等方面都优于其他组织，所以它适用于各种管理工作和各种大型组织，如教会、国家机构，这是他在管理思想上的最大贡献，他被称为“组织理论之父”。

相关链接

马克斯·韦伯（1864～1920），是德国社会学家、经济学家和德国古典管理理论的代表人物。韦伯在管理思想上的最大贡献是提出了“理想的行政管理体系”。他的代表作有《社会组织与经济组织》，在书中他系统阐述了“理想的行政管理体系”理论。所谓理想的行政管理体系理论，是通过职务或职位而不是通过个人或世袭地位来管理，在他看来，随着社会生产力水平的不断发展，组织规模不断扩大，管理日益复杂，组织就越需要通过明确的职责分工，建立清晰的等级关系、严明的纪律和规章制度，对人员实行科学的选拔、培训、升迁，形成理想的行政组织体系。

韦伯认为任何组织都必须有某种权力作为基础，才能实现目标。韦伯认为，存在三种纯粹形态的权力：一是法定（理想）权力和权威，只有法定权力才能作为行政体系的基础，这是依靠组织内部各级领导职位所具有的正式权力建立起来的组织；二是传统的权力，这是传统惯例或世袭得来，是人们服从由传统确定、享有传统权力的领导而建立的组织；三是神秘的权力，这是非理性的，带感情色彩的，是人们服从拥有神圣品质的领导而形成的组织而不是依据规章制度。

管理情景
分析2－3

听故事
悟原理
（留个缺口让
员工去填满）

任务四　理解行为科学理论

【管理情景2－4】

管理问题分析

老王是一家冷冻食品厂厂长，该厂专门生产一种奶油特别多的冰淇淋。在过去的4年中，每年的销售量都稳步递增。但是今年的情况发生了较大的变化，到8月份，累计销量比上年同期下降17%，生产量比所计划的少15%。缺勤率比上年高20%，迟到早退现象也有所增加。老王认为这种情况的发生，很可能与管理有关，但他不能确定发生这些问题的原因，也不知道应该怎样去改变这种情境。他决定去请教管理专家。

请思考：假如你是行为管理思想的专家，该厂的问题可能会出在哪里呢？

一、人际关系学说产生的时代背景

20世纪20年代前后，以科学管理理论、一般管理理论和行政组织管理理论为代表的古典管理理论得到了广泛流传与实际运用，大幅度提高了生产效率，产生了良好的经济效益。由于古典管理理论偏重于组织内部的管理问题，把组织视为是一台机器，把人假设为“经济人”，组织的人员则是它的零部件，因而非常强调劳动分工、建立等级制度、严格规章制度等，以保证机器的运转，以及过分强调金钱对人的激励作用。因此，古典管理理论对人的因素研究很少，导致古典管理在实际运用中，也遇到许多问题。例如，泰罗的科学管理尽管强调劳资合作，实际却加重了对工人的剥削和压迫，激起工人和工会的强烈反对；有些资本家也担心采用科学管理会影响他们的权威，也反对采用科学管理。另外，西方国家经济发展的周期性危机日益加剧，也迫切需要新的管理理论解决这些问题。

相关链接

霍桑试验与人际关系学

梅奥（1880～1949），美国人，哈佛大学心理学家和管理学家。在1933年发表了《工业文明中人的问题》，该书总结了他亲自参与并指导的“霍桑试验”和其他试验的成果，阐述了人际关系学的主要思想，为提高生产效率开辟了新的途径，从而创立了人际关系理论。

1924～1932 年，美国国家研究委员会和西方电气公司合作，在芝加哥西方电气公司下属的霍桑工厂进行有关科学管理的试验，主要研究工作环境、物质条件与劳动生产率的关系，试验分四个阶段。1927 年，梅奥参加和组织了从第二个阶段以后的各项试验。

"霍桑试验"的四个阶段：

第一阶段：工场照明试验（1924～1927 年）。通过改变生产现场的照明强度，来考察对生产率的影响。这个试验得出了两条结论：工场的照明只是影响工人生产效率的一项微不足道的因素；由于牵涉因素太多，难以控制，且其中任何一个因素足以影响试验结果，故照明对产量的影响无法准确测量。

第二阶段：电话继电器装配试验（1927～1928 年）。这项试验主要是了解各种工作条件的改变对小组生产率的影响，以便能够有效地控制影响工作效率的因素。通过材料供应、工作方法、工作时间、劳动条件、工资、管理方式等因素对工作效率影响的试验，结果发现，属于工作环境、物质条件的因素对工人的生产率并无多大影响，而监督和指导方式的改变能促使工人改变工作态度，增加产量，于是决定进一步研究影响工人的工作态度的其他因素。这一阶段的试验和研究成为"霍桑试验"的重大转折点。

第三阶段：大规模的访问与调查试验（1928～1931 年）。研究人员先后对全厂员工开展了大规模的访谈，达 21000 人次。访谈结果是：影响生产率的最重要因素是工作发展起来的人际关系，而不是待遇和工作环境，任何一个人的工作效率的高低，不仅取决于他自身的情况，还与小组中的同事有关。

第四阶段：接线板接线工作室试验（1931～1932 年）。这一阶段试验的重要发现是：①大部分员工都自行限制产量。其原因是担心工厂会提高工作定额，造成一些同事失业，要保护工作速度较慢的同事。②工人对不同级别的上级持不同的态度。把小组长看作小组的成员，对于小组长以上的领导，级别越高，越受工人的尊敬，工人对他的顾忌心里也越强。③成员中存在小派系。工作室存在派系，每个派系都有自己的一套行为规范，派系成员必须遵守，否则就要受到惩罚。

通过四个阶段历时近 8 年的霍桑试验结果表明，人们的生产效率不仅要受到生理方面、物质方面等因素的影响，更重要的是受到社会环境、社会心理等方面的影响。这个结论的获得是相当有意义的，这对"科学管理"只重视物质条件，忽视社会环境、社会心理对工人的影响来说是一个重大的修正。

根据霍桑试验的结果及其研究，梅奥创立了人际关系理论，提出了与古典管理理论不同的新观点，主要归纳为以下几个方面：

（1）企业中的人是"社会人"，而不是单纯追求金钱的"经济人"。人除了物质方面的需要以外，还有社会和心理方面的需要，因此，满足人的社会和心理方面的需要所产生的工作动力，对劳动生产率提高有更大的影响。

（2）企业中除了“正式组织”之外，还存在着“非正式组织”。企业成员在工作中，会基于情感等因素而建立起“非正式组织”，这些组织有自己的规范和行为准则，并且影响成员的行为。管理者必须重视“非正式组织”的存在和作用。

（3）生产效率的提高主要取决于工人的工作态度和与他人的关系。梅奥认为，劳动生产率的高低主要取决于员工的“士气”，即工作的积极性、主动性与协助精神，而“士气”的高低，则取决于员工对社会因素，特别是人际关系的满足程度。如果在安全感、归属感、友谊、尊重等方面得到满足，员工的“士气”就越高，生产效率也就越高。所以，新型的领导要致力于员工“满足度”的提高，来提高工人的“士气”，从而达到提高效率的目的。

二、行为科学理论的发展

自从梅奥提出人际关系理论以后，西方从事这方面研究的学者大量涌现。1949 年在美国芝加哥举行的一次讨论会上，第一次提出了“行为科学”这一概念。1953 年美国福特基金会召开有关大学学者参加的一次大会上，对“行为科学”予以正式命名，并认为人际关系理论是早期的行为科学理论。行为科学理论应用于管理学，主要是对工人在生产中的行为以及这些行为产生的原因进行分析研究。它研究的内容包括人的本性和需要、行为的动机，特别是生产中的人际关系（包括领导与工人之间的关系）。行为科学理论在第二次世界大战以后的发展，主要集中在以下 4 个方面：

（1）关于人的需要和动机的理论。以马斯洛的“需要层次”理论为代表。

（2）关于管理中的“人性”的理论。以麦格雷戈的“X 理论—Y 理论”为代表。

（3）关于领导方式的理论。以布莱克和穆顿的“管理方格理论”为代表。

（4）关于企业中非正式组织以及人与人的关系的理论。以卢因的“团体力学”理论为代表。

行为科学理论的产生与发展，弥补了古典管理理论的不足，大大丰富了管理理论的内容，并在管理实践中得到广泛应用。

管理情景分析 2-4

任务五　掌握现代管理理论

听故事 悟原理（浑沌之死）

【管理情景 2-5】

管理理论能解决实际问题吗？

海伦、汉克、乔和萨利 4 人都是美国西南金属制品公司的管理人员。海伦和乔负责产品销售，汉克和萨利负责生产。他们刚参加过在大学举办的为期两天的管理培训班学习。在培训班里主要学习了权变理论、社会系统理论和一些有关职工激励方面的内容。因他们对所学的理论有不同的看法而展开了激烈的争论。

乔首先说："我认为社会系统理论对于像我们这样的公司是很有用的。例如，如果生产工人偷工减料或做手脚的话，如果原材料价格上涨的话，就会影响到我们的产品销售。系统理论中讲的环境影响与我们公司的情况很相似。我的意思是，在目前这种经济环境中，一个公司会受到环境的极大影响。在油价暴涨时期，我们当时还能控制自己的公司。现在呢？我们要想在销售方面每前进一步，都要经过艰苦的战斗。"

萨利插话说："你的意思我已经知道了。我们的确有过艰苦的时期，但是我不认为这与社会系统理论之间有什么必然的内在联系。我们曾在这种经济系统中受到过伤害。当然你可以认为这与系统理论是一致的。但是我并不认为我们就有采用社会系统理论的必要。我的意思是，如果每个东西都是一个系统的话，而所有的系统都能对某一个系统产生影响的话，我们又怎么能预见到这些影响所带来的后果呢？所以，我认为权变理论更适用于我们。如果你说事物都是相互依存的话，系统理论又能帮我们什么忙呢？"

海伦对他们这样的讨论表示有不同的看法。她说："对社会系统理论我还没有很好地考虑。但是，我认为权变理论对我们是很有用的。虽然我们以前也经常采用权变理论，但是我却没有认识到自己是在运用权变理论。例如，我有一些家庭主妇顾客，听到她们经常讨论关于孩子和如何度过周末之类的问题，从她们的谈话中我就知道她们要采购什么东西了。顾客也不希望我们'逼'他们去买他们不需要的东西。我认为，如果我们花上一两个小时与他们自由交谈的话，那肯定会扩大我们的销售量。但是，我也碰到一些截然不同的顾客，他们一定要我向他们推荐产品，要我替他们在购货中做主。因此，你们可以看到我每天都在运用权变理论来对付不同的顾客呢。为了适应形势，我经常都在改变销售方式和风格，许多销售人员都是这样做的。"

汉克显得有些激动地插话说："我不懂这些被大肆宣传的理论是什么东西。但是，关于社会系统理论和权变理论问题，我同意萨利的观点。教授们都把自己的理论吹得天花乱坠，他们的理论听起来很好！但是他们的理论却无助于我们的管理实际。对于培训班上讲的激励要素问题我也不同意。我认为，泰罗在很久以前就对激励问题有了正确的论述。要激励工人，就是要根据他们所做的工作付给他们报酬。如果工人什么也没有做，那就用不着付任何报酬。你们和我一样清楚，人们只是为钱工作，钱就是最好的激励。"

请思考：海伦、汉克、乔和萨利四个人对现代管理理论有何不同的看法？

一、现代管理理论丛林

现代管理理论一个重要特点就是"百花齐放""百家争鸣"，许多学者从不同的角度去研究管理问题，所以形成了多种管理学派。美国管理学家孔茨把管理理论的各个流派称为"管理理论丛林"，下面介绍这些主要学派及其观点。

（一）管理过程学派

这个学派是在法约尔管理思想的基础上发展起来的。其代表人物是美国的哈罗德·孔茨和西里尔·奥唐奈。这一理论的基本观点是：

（1）认为任何组织尽管它们的性质不同，不同的管理者的具体任务千差万别，但所应履行的基本管理职能是相同的，一般有计划、组织、领导、控制等管理职能。

（2）认为可以将这些职能逐一地进行分析，归纳出若干原则作为指导，以便更好地提高组织效率，实现组织目标。

（3）这个学派提供了一个分析研究管理的思想框架，主张按职能分析、研究、阐明管理理论。

（二）社会合作系统学派

这个学派认为，组织是一个社会系统，是一个人们之间存在相互关系的体系，系统中的人们会在愿望以及思想等方面形成一种合作关系。组织这个系统受社会环境的各个方面的制约，是更大社会系统的一部分。其代表人物是美国的巴纳德。他的基本观点是：

（1）组织是一个协作系统。

（2）组织存在需要明确的目标、协作意愿和意见交流 3 个基本要素。

（3）组织效率与组织效力是组织发展的两项重要原则。

（4）管理者的权威来自下级的认可。

（三）经验学派

这个学派主张从管理者的实际管理经验方面来研究管理。其代表人物是戴尔和德鲁克。这一理论的基本观点是：

（1）通过分析一大批组织或管理者成功或失败的案例，研究在类似情况下，如何采用有效的措施和方法来解决管理问题。

（2）成功组织管理者的经验是最值得借鉴和利用的。

（3）通过分析、比较和研究各种成功和失败的管理经验，就可以抽象出某些一般性的结论或原理，然后使其系统化、理论化，从而建立一套完整的理论体系。

（四）人际关系行为学派

现代人际关系行为学派是在梅奥的人际关系理论基础上发展起来的，这个学派认为，既然管理就是让别人或同别人一起去把事情办好，因此，就必须以人与人之间的关系为中心来研究管理问题。主张注重个人和人的行为动因，把人的行为动因看成为一种社会心理现象。强调研究人、尊重人，关心人，满足人的需要以调动人的积极性，并创造一种能使组织成员充分发挥力量的工作环境。这一理论的代表人物是马斯洛、赫兹伯格、布莱克和穆顿等人。现代人际关系行为学派的主要观点是：

（1）重视人在组织中的关键作用，注重探索人类行为的规律，提倡合理用人和建立良好的人际关系。

（2）强调个人目标与组织目标的一致性，调动员工的积极性必须从个人因素和组织因素两方面入手，组织目标需要包含更多的个人目标。

（3）通过改进工作设计，把员工满意于其所从事的工作作为最有效的激励因素。

（4）主张打破传统组织结构所导致的劳资双方的紧张气氛，在组织中恢复人的尊严，实行民主管理，使上下级关系由命令服从变为支持帮助，由监督变为引导，实现员工自我管理。

（五）决策理论学派

这一学派的代表人物是曾获得诺贝尔经济学奖（1978 年）的赫伯特·西蒙，其代表作是《管理决策新科学》。该学派认为，管理的关键在决策，管理必须采用一套制定决策的科学方法和程序。决策理论学派的基本观点是：

（1）管理就是决策，决策贯穿整个管理过程中，决策是管理活动成败的关键。

（2）决策要按照一定的程序和方法进行，用“令人满意”的准则取代“最佳化”准则。

（3）强调在决策中，不仅要采用定量方法、计算技术等新的科学方法，还要重视心理因素、人际关系等社会因素在决策中的作用。

（六）社会技术系统学派

这一学派主要研究科学技术对个人、对群体行为方式，以及对组织方式和管理方式的影响。特别注重于工业工程、人—机工程等方面问题的研究，其代表人物是特里斯特。社会技术系统学派的主要观点是：

（1）要解决管理问题，只分析社会合作系统是不够的，还必须分析研究技术系统（例如机器设备、生产方法）对于社会系统的影响。

（2）组织的绩效不仅取决于人们的行为态度及其相互影响，也取决于人们工作所处的技术环境。

（3）管理人员的主要任务之一就是确保社会合作系统与技术系统的相互协调。

（七）沟通（信息）中心学派

这一学派主张把管理人员看成是一个信息中心，并围绕着这一概念来形成管理理论。其代表人物有李维特、纽曼、香农和韦弗。这一学派的主要观点是：

（1）管理人员的作用就是接收信息、储存信息，以及传播信息，每一位管理人员的岗位犹如一台电话交换机。

（2）强调计算机技术在管理活动和决策中的应用，强调计算机科学同管理思想和行为的结合。

（八）数量管理学派

数量管理学派又称管理科学学派，是以泰罗的科学管理理论为基础发展起来的，该理论认为，数量管理的目的是通过把科学的原理、方法和工具应用于管理的各种活动，制定出用于管理决策的数学和统计模型，并把这些模型通过电子计算机应用于管理，降低不确定性，以便投入的资源发挥最大的效用，得到最大的经济效果。从20世纪50年代起，“管理科学”理论的研究和应用发展很快。但由于这一理论本身是一门运用数学方法进行计算分析的科学，而要把管理中与决策有关的各种复杂因素全部数量化，是不可能也是不现实的，很难想象各种数学模型能够对一切管理决策提供完整的基础，所以许多管理的决策是不能仅仅依靠数学模型加以处理的，特别是很多社会现象和人的行为是难以计量的。因此管理科学理论的运用也只是决策过程的一个方面，它还必须与其他方面结合才能提供比较完整的情况和做出比较正确的判断，才能在管理中做到科学的决策。

（九）权变理论学派

这一学派认为在管理中没有普通实用的“最好”管理理论和方法，要根据组织所处的内外环境随机应变。其代表人物有英国的伍德沃德和美国的卢桑斯。权变理论学派的主要观点是：

（1）组织及成员行为的复杂性，加上组织所处环境的多变性，使得普遍适用的有效管理方法，实质上是不可能存在的。

（2）没有一种理论和一种方法适用于所有情况，那么就应该根据具体情况来选用合适的管理方法。

（3）需要进行大量的调查研究，然后将组织的情况进行分类，建立不同的管理模式和管理方案，组织根据特定情况和条件进行选用。

（十）企业文化学派

企业文化是20世纪80年代以来企业管理科学理论丛林中分化出来的一个新理论。企业文化理论的发展发源于美国，企业文化的实践首先在日本。二战后，西方管理理论界出现了一种非理性主义倾向和重视企业文化的思潮。非理性主义倾向最核心的内容就是强调企业文化建设，以重视和倡导企业文化为主要特征。企业文化是企业在长期的生产经营和管理活动中创造的具有本企业特色的精神文化和物质文化。它包括三个部分：①企业精神。即企业文化核心，如价值观、理想、信仰等。②制度文化。即企业的行为准则。③物质文化。即企业文化的外围，如产品质量、厂容厂貌等。

二、现代管理理论的特点

现代管理理论有着极为丰富的内容，各学派理论虽然各有所长，各有不同，但不难寻找其共性。现代管理理论的共性实质上就是现代管理理论的特点，大致可以概括为以下几个观点：

（一）系统观点

现代管理理论吸收了系统论的一些基本内容，将系统论的方法融入其理论体系中。认为一切社会组织及其管理都可以看成是一个系统，其内部又可以划分为若干个子系统。组织这个系统是处在一个更大的环境系统组织之中的。根据系统管理观点，在管理时需要树立以下三种观念：

（1）全局观念。依照系统整体性的特点，在处理子系统与系统之间的关系时，必须坚持全局观念，局部利益服从整体利益，局部优化服从整体优化。

（2）协作观念。依照系统相关性的特点，在处理子系统相互之间的关系时，必须坚持协作观念，做好分工与协作。

（3）动态适应观念。依照系统开放性的特点，在处理系统与外界环境的关系时，必须坚持动态适应观念，即组织应及时和更多地了解所处的环境情况，选择和采用与之相适应的管理模式和方法，并随着环境的变化而变化。

（二）人本观点

早期的人际关系理论最先提出，管理要以人为中心，全面提高员工需求的满足程度；后期的行为科学理论包括对人性、激励、领导方式、非正式组织的研究都是围绕人来进行的，都是为了满足员工需求、充分调动员工的积极性。现代管理理论的“以人为本”这一理念，是将人视为组织的“立业之本”和“管理根基”，并且在现代组织管理中得到了充分的体现。例如，西方许多国家企业普遍推行民主管理，重视非正式组织的作用，不少的企业明确提出了要构建“以人为本”的组织文化。

（三）权变观点

这一观点认为，不存在无条件适用于一切组织的最好的管理方法，强调在管理中要根据组织所处的内外环境的变化而随机应变，针对不同的具体条件，探索与采用不同的、最适宜的管理方案、模式和方法。按照权变观点，要求管理者不能将管理原理教条化，也不能机械照搬其他组织的管理做法，而是需要加强调查研究，掌握充分而准确的实际信息，然后通过分析，选择适当的理论和方法，做出合理的决策。由于实际情况是不断变化的，调查研究需要经常化、制度化，在决策执行过程中还要善于按照新情况做出新决策。过去成功的经验也不一定适合现在的实际，还需要具体分析。

（四）创新观点

创新是社会、经济、科学和文化发展的强大动力。组织作为现代社会的组成单元，需要不断地更新自己的观念、结构、制度、产品、技术等，才能求得生存与发展。因此，现代管理理论强调管理就意味着创新，组织不能满足现状，利用一切机会进行变革和创新，使组织更加适应社会发展变化的需要。有些管理学者甚至提出创新就是管理的一项职能。

管理情景分析 2－5

测一测心有底

现代管理理论虽然有很多种流派，观点众多，但上述四个观点是最集中、最突出的观点，弄清楚这些主流观点，有助于掌握现代管理理论的核心和精髓。

管理情景讨论和能力训练一

项目工作任务书

项目名称	选择有效管理方法
项目负责人	
项目组成员	
项目情景	在一次管理经验交流会上，有两个工厂的厂长分别介绍了各自对如何进行有效管理的看法和做法。 A 厂长认为，只有实行严格的管理，采用某些命令式、强制性手段，才能保证实现企业目标。因此，A 厂长制定了严格的规章制度和岗位责任制；建立了严密的控制体系；注重岗位培训；实行计件工资制等。员工们都非常注重遵守劳动纪律和规章制度，努力工作以完成任务，工厂发展迅速。 B 厂长则认为，企业管理的资产是员工，只有员工们都把企业当成自己的家，都把个人的命运与企业的命运紧密联系在一起，才能发挥他们的力量为企业服务。因此，B 厂管理者在执行管理的决策、组织、领导、控制等职能时，充分提高透明度，在需要参与时，与职工商量解决；平时十分注重对员工需求的分析，有针对性地给员工提供学习、娱乐的机会和条件；每月的黑板上公布当月过生日的员工姓名，祝他们生日快乐；如果哪位员工生儿育女，厂里会派专车接送，厂长亲自送上贺礼。员工们都普遍把企业当作自己的家，全心全意为企业服务，工厂日益兴旺发达。
项目目标	掌握选择有效管理方法的技能。
项目工作内容和方法	1. 组建项目团队，团队成员独立阅读分析管理情景资料，思考 A 厂长和 B 厂长的管理观点及其运用的管理理论； 2. 确定两个团队成员分别扮演 A 厂长和 B 厂长，团队成员共同分析、讨论 A 厂长和 B 厂长的观点和做法； 3. 撰写项目训练报告，报告内容重点说明 A 厂长和 B 厂长的观点和做法分别反映了什么管理理论？你们认为哪种理论更有效？为什么？
学习目标	通过训练加深对典型管理理论的理解，并能分析与选择有效的管理方法。
学习提示	运用科学管理理论和行为科学理论分析、讨论 A 厂长和 B 厂长的观点和做法。
说明	

项目活动计划与评价表

<table>
<tr><td colspan="4">项目名称</td><td colspan="6"></td></tr>
<tr><td colspan="4">项目负责人</td><td colspan="6"></td></tr>
<tr><td colspan="4">项目组成员</td><td colspan="6"></td></tr>
<tr><td colspan="4">项目实施时间</td><td colspan="6"></td></tr>
<tr><td rowspan="5">项目计划与成果</td><td colspan="3">项目实施计划</td><td colspan="6">包括（但不限于）：计划目标、实现计划目标的要素、计划进度。</td></tr>
<tr><td colspan="3">工作方案</td><td colspan="6">包括（但不限于）：工作流程、阶段任务、工作思路、工作方法措施。</td></tr>
<tr><td colspan="3">项目成果</td><td colspan="6"></td></tr>
<tr><td colspan="3">收获与建议</td><td colspan="6"></td></tr>
<tr><td colspan="3">说明</td><td colspan="6"></td></tr>
<tr><td rowspan="6">工作评价</td><td colspan="3" rowspan="2">团队及成员</td><td rowspan="2">团队</td><td colspan="5">成　员</td></tr>
<tr><td>1.</td><td>2.</td><td>3.</td><td>4.</td><td>5.</td></tr>
<tr><td rowspan="4">评语与成绩</td><td rowspan="2">团队评价</td><td>评价</td><td></td><td></td><td></td><td></td><td></td><td></td></tr>
<tr><td>成绩</td><td></td><td></td><td></td><td></td><td></td><td></td></tr>
<tr><td rowspan="2">教师评价</td><td>综合评价</td><td></td><td></td><td></td><td></td><td></td><td></td></tr>
<tr><td>成绩</td><td></td><td></td><td></td><td></td><td></td><td></td></tr>
</table>

管理情景讨论和能力训练二

项目工作任务书

项目名称	寻找企业管理问题解决方案
项目负责人	
项目组成员	
项目情景	刘波是一位冷冻食品企业的总经理，该企业专门生产一种奶油特别多的冰激凌。在过去的5年中，每年销售量都稳步递增。但是，今年的销售情况却发生了较大的变化，到8月份，累计销售量比上年同期下降17%，生产量比原计划减少15%，缺勤率比上年高20%，迟到早退现象也有所增加。刘波认为这种现象的发生，可能与企业的经营管理有关，但不能确定具体的问题症结及原因，他决定去请教一位管理专家，听取他们的意见和建议。
项目目标	分析刘波担任总经理的冷冻食品企业的管理问题。
项目工作内容和方法	1. 组建项目团队，团队成员独立阅读分析管理情景资料，思考刘波担任总经理的冷冻食品企业存在的管理问题； 2. 团队成员分析、讨论企业管理中遇到的问题； 3. 撰写项目训练报告，分析该企业管理上存在的问题，向刘波提出改进经营管理的意见和建议。
学习目标	通过训练加深对管理理论的理解并能够运用相应的管理理论诊断企业存在的管理问题，提出完善建议和意见。
学习提示	运用科学管理理论和行为科学理论分析，讨论该厂管理问题。
说明	

项目活动计划与评价表

<table>
<tr><td colspan="4">项目名称</td><td colspan="6"></td></tr>
<tr><td colspan="4">项目负责人</td><td colspan="6"></td></tr>
<tr><td colspan="4">项目组成员</td><td colspan="6"></td></tr>
<tr><td colspan="4">项目实施时间</td><td colspan="6"></td></tr>
<tr><td rowspan="5">项目计划与成果</td><td colspan="3">项目实施计划</td><td colspan="6">包括（但不限于）：计划目标、实现计划目标的要素、计划进度。</td></tr>
<tr><td colspan="3">工作方案</td><td colspan="6">包括（但不限于）：工作流程、阶段任务、工作思路、工作方法和措施。</td></tr>
<tr><td colspan="3">项目成果</td><td colspan="6"></td></tr>
<tr><td colspan="3">收获与建议</td><td colspan="6"></td></tr>
<tr><td colspan="3">说明</td><td colspan="6"></td></tr>
<tr><td rowspan="6">工作评价</td><td colspan="3" rowspan="2">团队及成员</td><td rowspan="2">团队</td><td colspan="5">成　员</td></tr>
<tr><td>1.</td><td>2.</td><td>3.</td><td>4.</td><td>5.</td></tr>
<tr><td rowspan="4">评语与成绩</td><td rowspan="2">团队评价</td><td>评价</td><td></td><td></td><td></td><td></td><td></td><td></td></tr>
<tr><td>成绩</td><td></td><td></td><td></td><td></td><td></td><td></td></tr>
<tr><td rowspan="2">教师评价</td><td>综合评价</td><td></td><td></td><td></td><td></td><td></td><td></td></tr>
<tr><td>成绩</td><td></td><td></td><td></td><td></td><td></td><td></td></tr>
</table>

案例分析

案例一　高效的联合邮包服务公司①

资料：

联合邮包服务公司（UPS）雇用了15万员工，平均每天将900万个包裹发送到美国各地和180个国家。为了实现他们的宗旨——“在邮运业中办理最快捷的运送”，UPS的管理者通过系统地培训他们的员工，使他们以尽可能高的效率从事工作。让我们以送货司机的工作为例，介绍一下他们的管理风格。

UPS的工程师们对每一位司机的行驶路线都进行了时间研究，并对每种送货、暂停和取货活动都设立了标准。这些工程师们记录了红灯、通行、按门铃、穿过院子、上楼梯、中间休息和喝咖啡的时间，甚至上厕所的时间，将这些数据输入计算机中，从而给出每一位司机每天工作的详细时间标准。为了完成每天取送130件包裹的目标，司机们必须严格遵循工程师设定的程序。

这种刻板的时间表是不是看起来有点繁琐？也许是，它真能带来高效率吗？毫无疑问！生产率专家公认，UPS是世界上效率最高的公司之一。联邦捷运公司平均每人每天取送不超过80件包裹，而UPS却是130件。在提高效率方面的不懈努力，对UPS的净利润产生了积极的影响。

问题：

1. 联合邮包服务公司是如何实现高效率工作的？
2. 员工严格按照标准进行工作会不会影响工作情绪？
3. 你认为科学管理在现代社会中还具有实践的价值吗？

提示：

请根据此案例，学习思考科学管理理论等相关知识。

案例分析
参考答案

案例二　西南航空公司②

资料：

美国西南航空公司成立于20世纪70年代初，当时不过是仅有三架飞机的地方性小公司，在几十年的发展历程中，成为全球低成本运营的行业标杆，它从成立第二年起，实现了连续45年盈利的业绩，这在全球航空公司中绝无仅有。哪怕是在航油大幅上涨的情况下，或是“9·11”恐怖袭击发生后美国航空业哀鸿遍野的2001年，或是金融危机下美国航空业大幅亏损的2009年，西南航空都以其稳健而经典的廉价航空模式保持了盈利。同时无论是航班准点起降还是行李遗失率和旅客抱怨申诉情况的评比结果，其服

---

① 王毅捷．管理学案例100［M］．上海：上海交通大学出版社，2003.

② 改编自新浪网，https：//finance. sina. com. cn/roll/2019－12－18/doc－iihnzhfz6722296. shtml.

务质量均居行业领先地位，成为世界上最安全、最受吹捧仿效的航空公司，被誉为“世界航空业最伟大的典范”。

西南航空飞行员每月平均飞行70小时、年薪10万美元，而其他公司的飞行员则是每月平均飞行50小时，年薪20万美元。工作量如此大，薪水又不比其他同业公司高，为什么员工对公司的归属感和热爱几乎到了“癫狂”的程度呢?这必须从西南航空“以人为本”的人力资源管理理念和经营战略思想中去寻找答案。

在西南航空公司，员工拥有三个基本的工作价值观：第一，工作是愉快的。第二，工作很重要。第三，工作有成就感。这种工作价值观的形成是由“以人为本”的人力资源管理系统和企业文化塑造的。基于对每个员工的尊重，为了强调、崇尚和发扬团队合作精神，西南航空从未动过裁员的念头，对于员工基于好意而无心犯下的过失也绝不采取任何特别的惩罚措施。

问题：

1. 美国西南航空公司员工为什么对本公司的热爱几乎到了“癫狂”的程度呢?
2. 美国西南航空公司倡导了哪些工作价值观?
3. 怎样理解管理“以人为本”这一管理理念?

案例分析
参考答案

提示：

请依据此案例，学习思考行为科学理论和人本管理观点等知识。

案例三　春兰集团①

资料：

在我国相当数量的国有企业面临困境的情况下，地处苏北泰州的春兰集团却超常规地飞速发展，创造了中国企业发展史上一个奇迹。1985年时，公司仅仅拥有总资产1379万元，净资产465万元，库存积压严重，流动资金靠银行贷款周转；到1996年时，公司资产跃升到近100亿元，净资产40亿元，年均增速达到85%和76%。这家企业之所以能够获得如此高速的发展，关键在于有一个德才兼备、勇于创新、敢于开拓、善于率领广大员工共闯市场的带头人陶建幸同志。他顺应市场经济改革的要求，坚持以经济效益为中心，在外抓市场的同时，苦练内功，狠抓科学管理，使春兰公司的发展犹如芝麻开花节节高。春兰集团的发展，从陶建幸任原泰州冷气设备厂厂长开始，经历了高速发展、超常规发展两个阶段，现正向国际化大集团发展。就企业管理角度而言，从强化基础管理、建立健全规章制度做起，结合企业改制，逐步推进管理科学化、现代化。第一，从1986～1990年，强化基础管理，建立健全规章制度。1985年，陶建幸上任时，企业管理混乱，纪律松散，库存积压严重。从1986年开始，他一手抓产品结构调整，推动企业技术进步；一手抓内部管理，使企业逐步从管理无序、发展缓慢的状态步入高速发展的快车道。在这一阶段，春兰主要抓了

① 案例引用自道客巴巴，https：//www.doc88.com/p－58966655724.html? r＝1.

三件事：(1) 强化基础管理，制定了一套较完整的规章制度，如《生产管理条例》《职工奖惩条例》《厂长工作细则》《职工考勤制度》等，以此来规范全厂职工的行为。陶建幸以身作则，严守厂规厂纪，并要求各级管理人员带头执行。为了保证规章制度的落实，公司设立监察室、工厂设立监察组，专司监督检查之责，依章办事，违者必究。(2) 强化生产经营管理运行机制，推行一长三师事业部制，明确各层次、各部门的职责范围。其中，决策权归于厂长和工厂管理委员会；管理权归于总经济师、总工程师、总会计师和厂长助理，以及有关职能部门；实施权归于工厂下属的各事业部。由于权责分明，分工得当，各司其职，保证了工厂决策不折不扣的实施，大大提高了工作效率。(3) 强化竞争机制，推行三项制度改革，把竞争和激励引入到人事、用工和分配等各项活动中，较好地解决了干好干坏一个样的"大锅饭"问题。第二，从 1991 年开始推进企业管理科学化、现代化。1990 年，春兰集团胜利完成了自己的第一个四年规划，企业处处生机盎然。从 1991 年开始，他们借中央领导到企业视察的东风，上规模、上水平，大力推进企业管理科学化、现代化。从 1990 年到 1996 年的这几年间，春兰人在推进企业管理现代化中主要抓了如下几项管理：(1) 加强质量管理，全面推行 ISO9000 质量管理和质量保证体系标准。主要措施包括：严抓生产现场质量控制，实行质量外延管理；严格考核，实行招聘制，考核合格者上岗；开展全面的售后服务，提高售后服务质量，等等。为适应市场需要，保证生产现场质量，春兰全面推行设备定置管理，实施"不落地"生产。他们把生产现场合理划分为生产、储存、流转、安全通道等几个区域，严格分区管理，使物流畅通，大大提高了生产效率。(2) 探索"以人为本"的管理。在以严格的规章制度来规范人的行为的同时，春兰也非常重视员工素质的提高、员工积极性和创造性的发挥。首先，结合人事、用工和分配等三项制度改革，继续强化竞争机制和激励机制，激发工作热情和干劲。全体干部实施聘任制，竞争上岗；销售人员按销售额提成；报酬与贡献紧密挂钩，真正体现多劳多得。其次，加强员工培训工作，不断提高员工素质。自 1988 年以来，公司先后投入 3000 多万元举办各类培训班 100 多项、210 期，职工实际操作技能普遍提高 1 ~2 个等级，高学历人才占企业职工总数的比例，从 6% 提高到 1996 年时的 20%。为了进一步做好培训工作，公司还成立了春兰大学，在加强与科研院所、高校合作的基础上，保证了不同层次的人都能接受到新知识、新技能的培训。此外，陶建幸还十分关心职工生活、职工健康，以热诚来温暖人，正因为如此，尽管春兰的制度非常严格，但人们都感觉不到压抑，而团结、奉献、务实、拼搏的风气基本形成。(3) 推行扁平化管理。集团公司总部为决策层，不设部、处一级的管理层。投资决策权、资金营运权、重要的人事决策归集团总部，而日常管理权则下放给各事业部或子公司。这样做，不仅确保了生产经营效率的提高，也保证了资本运营的正确与企业资产规模的扩张。(4) 科学运筹，降低产品成本。在市场经济下，谁能牵紧提高经济效益的牛鼻子——多方降低成本——谁就能够赢得胜利。春兰人主要从以下方面来抓降低成本：第一，通过抓产品、工艺改进，优化产品设计；第二，通过采用看板管理、库存控制、ABC 分类管理等现代管理方法，推进物资管理科学化和物耗成本的降低；第三，优化技改资金和基建资金投入，实现规模经济。目前，春兰公司正结合实施新的战略规划，推进企业国际化，建立现代企业制度，把企业管理推进到一个新的阶段，实现管理的现代化、科学化。

问题：

1. 春兰集团在两个发展阶段，其管理思想有没有变化?
2. 你认为春兰集团的管理经验超出了泰罗等人的古典管理理论了吗?

提示：

请带着此案例，学习思考管理思想等相关知识。

案例分析
参考答案

项目三

教学课件

课程思政

培养决策和计划能力

目标描述

知识目标：本项目介绍管理的首要职能——计划职能。通过本项目学习，能够定义计划工作、预测、决策和目标的含义及环境分类和决策类型；理解计划工作程序，预测、决策步骤；掌握环境分析、预测、决策和编制计划的基本方法。

技能目标：通过本项目学习和训练，应具有预测、决策和制定计划的基本能力；能够编制计划书；具备运用和实施目标管理的基本能力，如尝试为自己的大学阶段学习设立切实可行的目标，并保证落实和实现。

工作任务分解（WBS）（见图3-1）

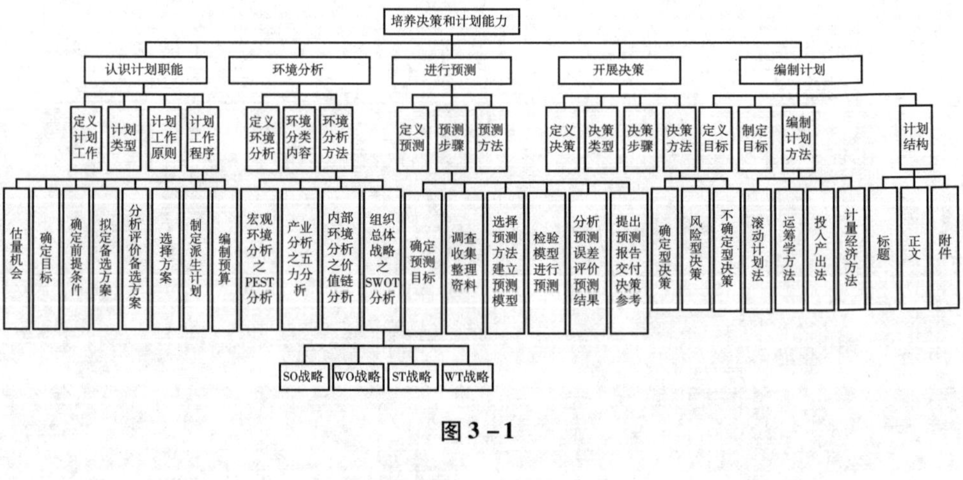

图3-1

听故事
悟原理
（金子与大蒜）

任务一 认识计划职能

【管理情景3-1】

10分钟提高效率

某钢铁公司总裁舒瓦普向一位效率专家利请教："如何更好地执行计划?" 利声称可以给舒瓦普一样东西，在10分钟内能把他公司业绩提高50%。接着，利递给舒瓦普一张白纸，说："请在这张纸上写下你明天要做的6件最重要的事。" 舒瓦普用了约5分钟时间写完。利接着说："现在用数字标明每件事情对于你和公司的重要性次序。" 舒瓦普又花了约5分钟做完。利说："好了，现在这张纸就是我要给你的。明天早上第一件事是把纸条拿出来，做第一项最重要的。不看其他的，只做第一项，直到完成为止。然后用同样办法对待第2项、第3项……直到下班为止。即使只做完一件事，那也不要紧，因为你总在做最重要的事。你可以试着每天这样做，直到你相信这个方法有价值时，请将你认为的价值给我寄支票。"

一个月后，舒瓦普给利寄去一张2.5万美元的支票，并在他的员工中普及这种方法。5年后，当年这个不为人知的小钢铁公司成为世界最大的钢铁公司之一。

请思考：

1. 为什么总裁舒瓦普有计划却难以执行？效率专家利的方法的关键在哪里？

2. 效率专家利认为"即使只做完一件事，那也不要紧，因为你总在做最重要的事"。你认为制订计划仅仅做最重要的事够吗？

3. 效率专家利执行计划的方法使这个不为人知的小钢铁公司成为世界最大钢铁公司之一。为什么计划能有这么大的作用？

一、定义计划工作

计划是管理的首要职能，是任何一个组织实现其目标不可缺少的一项重要的管理工作。计划工作有广义和狭义之分。广义的计划工作是指制订计划、执行计划和检查计划这三项工作过程。狭义的计划工作就是指制订计划，即根据组织内部和外部的实际情况，权衡客观需要和主观可能，通过科学地预测，提出在未来一定时间内组织所要达到的目标以及实现目标的措施和方法。

计划工作可以概括为：做什么（What）、为什么做（Why）、何时做（When）、何地做（Where）、何人做（Who），以及如何做（How），以上这六个方面，也就是通常所说的5W1H。它们的具体含义是：

（1）"做什么"。就是需要明确组织的使命、战略、目标以及行动方案的具体任务和要求，明确一个时期的中心任务和工作重点。例如，一个企业在未来5年要达到什么样的战略目标？企业年度生产计划的任务主要是确定生产哪些产品？生产多少？

（2）“为什么做”。就是要论证组织的使命、战略、目标和行动方案的可能性和可行性，也就是说要提供制订计划的依据。管理人员对组织的宗旨、目标和战略了解得越清楚，认识得越深刻，就越有助于他们在计划工作中发挥主动性和创造性，以保证计划目标及行动方案的切实可行。

（3）“何时做”。就是规定计划中各项工作的开始时间、工作进度和完成时间。以便管理人员对计划目标进行有效的控制，从时间上保证目标的实现。

（4）“何地做”。就是规定计划的实施地点、设施等物质条件。管理人员通过了解计划实施的环境条件和限制因素，以便从空间上保证目标的实现。

（5）“谁去做”。计划不仅要明确规定目标、任务、地点和进度，还应规定由哪个部门、哪个人负责，从人员上保证目标的实现。例如，开发一种新产品，要经过产品设计、样机试制、小批试制和正式投产几个阶段。在计划中要明确规定每个阶段由哪个部门，哪个人负主要责任，哪些部门协助，各阶段由哪些部门和哪些人员参加鉴定和审核等。

（6）“怎么做”。就是制定实现计划的措施和方法，以及相应的政策和规则，对人力、物力、财力等资源进行综合平衡以及合理分配和集中使用，对各种派生计划进行综合平衡等。

相关链接

计划工作的重要性

管理者为什么要制订计划？这是因为计划可以给组织指明方向，减少变化的冲击，使浪费和冗余减至最少，以及设立标准有利于控制。因此，计划工作对于组织具有十分重要的意义。具体来讲，计划工作的重要意义主要表现在以下几个方面：

1. 弥补不确定性和变化带来的问题。

任何一个组织的活动都会受到其外部和内部条件的影响和制约，而未来外部和内部条件的不确定性和变化决定了计划工作的必要性。管理者在制订计划时，需要对外部和内部条件进行周密细致的调查研究，对未来有关因素进行准确地预测，并制定相应的补救措施和随时检查计划的落实情况，遇到问题则需要重新制订相应的计划措施。因此，计划可以增强管理的预见性，可以防患于未然，规避风险，较少损失。

2. 有利于管理人员把注意力集中于目标。

每个计划及其派生出来的计划，都是管理者对组织的活动进行的科学的筹划和周密的安排，目的在于促使一个部门或组织的目标得以实现。计划是实施管理活动的依据。有了计划就可以将员工的思想和行动统一到既定的目标上，从而对准所要实现的目标去设法取得一种始终如一的、协调的工作步骤和组织结构，使计划按部就班地顺利进行，最终实现目标。

3. 有利于更经济地进行管理。

为了促进组织目标的实现，计划需要对组织的各项活动进行周密的安排，精心的设计，选择最优化的决策和行动方案，从而实现对各种生产要素的合理分配，使人力、物力、财力紧密结合，取得更大的经济效益。所以，计划工作能细致地组织经营活动，它是有效的、经济的组织经营管理活动的工具。

4. 有利于控制。

计划和控制有密切的关系，计划是控制的标准和依据，控制是计划目标实现的保证。未经计划的活动是无法控制的，控制活动就是通过纠正脱离计划的偏差使活动保持既定的方向。管理者如果没有计划确定的目标作为控制标准，就无法检查其下级完成工作的情况；如果没有计划作为标准，就无法测定控制活动。没有计划，就没有控制。

二、计划的类型及表现形式

计划是组织对未来活动的安排，任何一个组织都需要通过制订各种形式的计划来确定组织的未来，解决未来会面临的各种问题，所以计划的种类很多，可以按照不同的标志进行分类。表 3 –1 列出了计划分类标准及计划类型。

表 3 –1　　计划的类型

分类标准	类　型
时间长短	短期计划、中期计划和长期计划
职能空间	生产计划、销售计划、财务计划和人力资源计划等业务计划
内容	综合计划与专业计划
性质	战略性计划和战术性计划
明确性	具体性计划和指导性计划
层次	使命、目标、战略、政策、程序、规则、方案和预算等

相关链接

按计划时间划分

计划按时间跨度可以分为长期计划、中期计划、短期计划。长期计划通常是规定组织较长时期的发展目标、发展方向及发展途径。短期计划通常是指年度计划，是根据中长期计划规定的目标和当年的实际情况，对计划年度各项活动所做出的具体安排。中期计划则是介乎长期、短期计划之间。上述三种计划，相互衔接，反映事物发展在时间上的连续性。计划期的时间长短是一个相对的概念。

按职能空间划分

计划按组织职能可以划分为销售计划、生产计划、供应计划、财务计划、人力资源计划等业务计划。这些职能计划通常是由组织相应的职能部门编制和执行的计划。这种划分是与企业组织中按职能划分管理部门的组织结构体系相适应的。

按计划内容划分

计划按内容所涉及的范围可分为专项计划和综合计划。专项计划又称专题计划，是指为完成某一特定任务而拟定的计划，例如基本建设计划、新产品试制计划。综合计划是指对组织活动所做出的整体安排。综合计划与专项计划之间的关系是整体与局部的关系。专项计划是综合计划中某些重要项目的特殊安排，专项计划必须以综合计划为指导，避免与综合计划相脱节。

按计划性质划分

计划按性质划分为战略性计划和战术性计划。战略性计划涉及组织未来较长时期和全局性问题。战术性计划涉及的时间较短，解决的是局部问题。战术性计划是战略性计划的具体执行计划。

按计划明确性程度划分

计划按明确性程度划分为具体性计划和指导性计划。具体性计划有明确规定的目标，不存在模棱两可，没有容易引起误解的问题。指导性计划只规定出一般的方针和工作重点，并不把管理者限定在具体目标上，或者是特定的行动方案上。

按计划层次划分

计划按层次划分为使命、目标、战略、政策、程序、规则、规划和预算。见图 3－2。

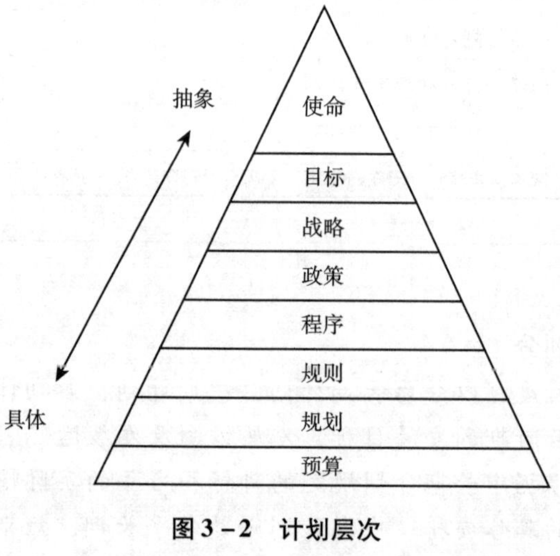

图 3－2 计划层次

（1）使命。任何组织都有明确的使命，这是社会对组织的基本要求。使命的实质就是明确组织是干什么的，应该干什么。

(2) 目标。目标是组织一切活动的出发点和归宿点。它具体规定了组织及其各个部门的活动在一定时期要达到的具体成果。组织应有自己的整体目标，组织内各部门和每个成员也应有目标，由此构成组织的目标体系。

(3) 战略。战略是为组织实现全局、长远目标所选择的发展方向、所确定的行动方针，以及资源分配方案的一个总纲。战略是要指明方向、重点和资源分配的优先次序。

(4) 政策。政策是组织在决策时或处理问题时用来制定和沟通思想与行动方针的明文规定。

(5) 程序。它是一种通用的、详细指出必须如何处理未来行动的方法步骤，规定未来为达到某一目标所需行动的先后次序。

(6) 规则。它是对具体场合和具体情况下，允许或不允许采取某种特定行动的规定。

(7) 规划。规划是为了实施既定方针所必须的目标、政策、程序、规则、任务分配、执行步骤、使用的资源以及其他要素的复合体。

(8) 预算。预算是用数字来表示所期望的结果，可以说是一种“数字化”的计划。由于它是以数字形式出现，可以使计划变得更加明确、清晰。

三、计划工作的原则

计划工作的原则是指编制计划所必须遵循的准则。遵循这些有效的计划工作的原则，有利于提高计划职能的工作成效和计划工作的可靠性，以达到组织开展计划职能的目的。计划工作的原则确定了计划工作的时限、计划工作的内容、执行计划的过程以及其他相关的内容。

（一）综合平衡的原则

该原则有两层含义：第一，计划工作与组织层次、组织部门的协调。计划工作应该有利于整体目标的实现，因此，它要使组织中各个部门、各个环节的目标服从于组织的整体目标，使各部门、各环节计划的执行能保证组织整体计划的落实。第二，短期计划与长期计划的协调。“长计划，短安排”，以保证组织目标的实现和长期稳定的发展。

（二）限定因素原则

限定因素也称战略因素，是指妨碍目标得以实现的决定性因素。管理者越能清楚地了解、认识并解决对实现预期目标起限定或关键作用的因素，就越能准确和明确地选择最有利于目标实现的方案。

因此，计划的制定既要考虑全局，又要分清主次轻重，突出重点、保证重点，着力解决影响全局的问题。

（三）承诺原则

承诺原则（也称投入原则）是指合理的计划工作需要确定一个未来的时限，这个时限长度是通过一系列的措施来实现决策中所承担的任务所必需的时间。选择多种合理的计划时限的标准就是承诺原则。计划期限不是千篇一律的，必须依据实现目标的具体资源条件来加以确定，合理的计划期限长度是完成决策规定的未来任务所必需的时间。

（四）灵活性原则

灵活性原则就是要提高计划对未来环境变化的适应能力。计划工作应该要有适度的灵活性，即：当出现意外情况时，有能力改变方向而不需要花太多的纠错成本。计划中的灵活性越大，由意外事件引起损失的危险就越小，但管理者必须对使计划具有灵活性所需的费用与将来承担的任务所含有的风险加以权衡，既要使所制订的计划本身具有弹性，同时又必须将为了使计划富有弹性而花的费用控制在一定限度内。灵活性原则的贯彻使计划具有改变方向的能力。灵活性是计划工作的最重要原则。

（五）改变航道的原则

改变航道就是在计划的执行过程中根据实际情况修正调整计划，也就是说，管理人员要管理计划，不能被计划管理，要根据情况变化不断完善计划。

（六）可考核性原则

计划工作必须始终坚持以目标为导向。目标应具体、可测量、可考核，作为在计划执行过程和评价过程的标准和尺度。

四、计划工作的程序

虽然组织的计划有各种类型，内容差异也很大，但科学地编制计划所遵循的步骤具有普遍性。管理者在编制任何计划时，一般按照估量机会、制定目标、确定计划工作的前提、制订备选方案、分析评价备选方案、选择方案、制订派生计划，以及编制预算等步骤进行（如图 3 – 3 所示）。

（一）估量机会

估量机会就是组织根据一定时期所面临的外部和内部环境，对可能存在的机会做出现实的判断。这项工作要在计划工作开始之前就着手进行，它虽然不是计划的一个组成部分，但却是计划工作的真正起点。管理者应该对未来可能出现变化和预示的机会和威胁进行初步分析；分析自身的长处和短处以及组织的期望，了解自身能力所在；列举主要的不确定因素，分析其发生的可能性和影响程度。一个组织存在的机会往往是扬长避短，趋利避害的结果。

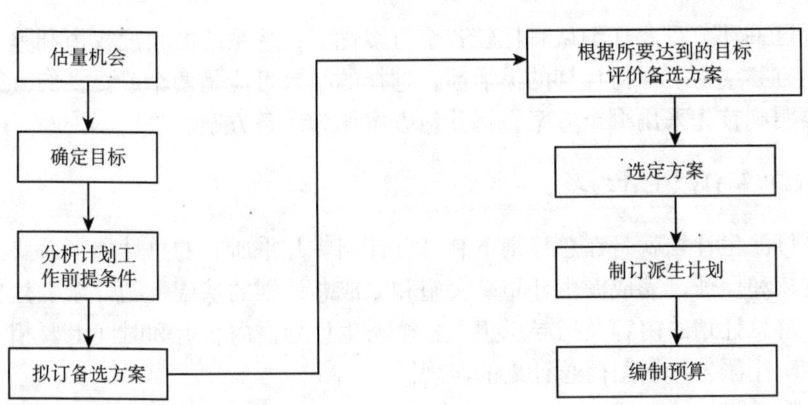

图3-3　计划工作的程序

（二）确定目标

确定目标就是组织规定一定时期工作预期的结果，它是建立在估量机会的基础上。组织目标一旦确定，需要将目标在空间和时间上进行分解，并进一步明确要达到目标，要做哪些工作，重点在哪里，如何运用战略、政策、规则、程序、预算等计划形式去完成计划工作任务。

（三）确定前提条件

确定前提条件就是确定整个计划活动所处的未来环境。计划是对未来条件的一种“假设”，这种“假设”能够在多大程度上贴近现实，取决于对它将来所处的环境和状态的预测能够在多大程度上贴近现实，也就是取决于确定前提条件这一工作的质量。对计划工作的前提条件了解得愈细愈透彻，越有利于计划目标的实现。

（四）确定备选方案

确定备选方案就是为计划目标寻求可供选择的行动方案。实现一个计划目标往往同时有几个可供选择的方案，管理者要做的工作是将可供选择的方案的数量逐步减少，以便可以分析出最有希望的方案。这需要集思广益，拓展思路，因为有些方案不是马上看得清楚的。

（五）评价备选方案

评价备选方案就是按照计划前提和目标来权衡各种因素，对各个备选方案进行分析评价。对备选方案的评价应该逐一分析每一个方案的制约因素或不确定因素；方案比较时，既要考虑量化指标的比较，也要考虑定性指标的比较；需要运用综合效益观念来评价方案。

（六）选择方案

选择方案就是在方案评价的基础上，选择未来行动的方案。这是计划的关键环节，这一环节需要仔细认真比较各个方案优劣，从系统的角度权衡利弊，筛选出优化方案。为了保持计划的灵活性，选择的结果可能是两个或更多的方案，并且还要明确首先采用哪个方案，将其他方案作为后备方案。

（七）制订派生计划

制订派生计划就是在总计划下制订分计划。几乎所有的总计划都需要派生计划的支持和保证，完成派生计划是实施和完成总计划的基础。制订派生计划时应注意了解总计划的内容及指导思想；各个派生计划在内容上和时间上要相互协调平衡，防止派生计划阻碍总计划的实现。

（八）编制预算

管理情景分析3－1

编制预算就是将各类计划数字化后并进行汇总。计划转化为预算后，就可以实现组织资源的合理配置，才能衡量计划工作的进度，以及评估计划执行和完成的情况，也使控制有了明确的数量标准。

任务二　环境分析

听故事悟原理（雄鹰学飞）

【管理情景3－2】

Swan公司自行车市场计划与决策①

Swan于1895年在芝加哥创办了Swan自行车公司，后来成长为世界最大的自行车制造商。在20世纪60年代，Swan公司占有美国自行车市场25%的份额，不过，过去是过去，现在是现在。

小Swan是创始人的长孙，1979年他接过公司的控制权，那时，问题已经出现，而糟糕的计划和决策又使已有的问题雪上加霜。

在20世纪70年代，Swan公司不断投资于它强大的零售分销网络和品牌，以便主宰10档变速车市场。但是进入80年代，市场转移了，山地车取代了10档变速车成为销量最大的车型，而且轻型的、高技术的、外国生产的自行车在成年的自行车爱好者中日益普及。Swan公司错过了这两次市场转型的机会。它对市场的变化反应太慢，管理当局专注于削减成本而不是创新。结果，Swan公司的市场份额开始迅速的被更富有远见的自行车制造商夺走，这些制造商销售的品牌有特莱克、坎农戴尔、巨人和钻石。

或许，Swan公司最大的错误是没有把握住自行车是一种全球产品，公司迟迟未能开发海外市场和利用国外的生产条件。一直拖到70年代末，Swan公司才开始加入国外竞争，把大量的自行车转移到日本进行生产，但到那时，不断扩张的中国台湾地区的自行车工业已经在价

① 引自广开网络教育平台案例库，https://course.ougd.cn/mod/book/tool/print/index.php?id=491759#ch116984.

格上击败了日本生产厂家。作为对付这种竞争的一种策略，Swan 公司开始少量进口中国台湾地区制造的巨人牌自行车，然后贴上 Swan 商标在美国市场上出售。

1981 年，当 Swan 公司设在芝加哥的主要工厂的工人举行罢工时，公司采取了也许是最愚蠢的行动。管理者不是与工人谈判解决问题，而是关闭了工厂，将工程师和设备迁往中国台湾地区的巨人公司自行车工厂。作为与巨人公司合伙关系的一部分，Swan 公司将所有的一切，包括技术、工程、生产能力都交给了巨人公司，这正是巨人公司要成为占统治地位的自行车制造商所求之不得的。作为交换条件，Swan 公司进口和在美国市场上以 Swan 商标经销巨人公司制造的自行车。正如一家美国竞争者所言："Swan 将特许权盛在银盘上奉送给巨人公司。"

到 1984 年，巨人公司每年交付给 Swan 公司 70 万辆自行车，以 Swan 商标销售，占 Swan 公司销售额的 90%。几年后，巨人公司利用从 Swan 公司那里获得的知识产权，在美国市场上建立了他们自己的商标。

到 1992 年，巨人公司和中国大陆的自行车公司，已经在世界市场上占据了统治地位。巨人公司销售的每 10 辆自行车中就有 7 辆是以自己的商标出售的，而 Swan 公司怎么样了？当它的市场份额 1992 年 10 月跌到 5% 时，公司申请破产。

请思考：

1. 按上述影响计划的权变性因素，公司在 20 世纪 60 ~ 80 年代的计划应该是怎样的？
2. 应当制订怎样的长期计划来挽救该公司？

任何组织都存在于不同的环境之中，在一个特定的环境中发挥其功能，环境与组织之间相互影响、相互作用。环境分析的目的主要是寻找与环境相匹配的组织发展战略。

一、定义环境的含义

"环境"一词在当代运用得极其广泛，其内涵也非常丰富，以至于人们在使用坏境概念时必须在其前面冠以定语才得以理解，例如地理环境、语言环境、社会环境等。

这里主要讨论管理环境，它是指存在于社会组织内部与外部的影响管理实施和管理功效的各种力量、条件和因素的总和。一个有效的组织必须适应环境，融入环境，不适应环境变化往往是组织失败的主要原因之一，环境对组织及其管理来说是极其重要的。因此，任何一个组织要在特定的环境中生存和发展，要取得管理的成效，就必须熟悉、了解其所处的环境，及时掌握环境变化，并根据环境变化不断调整管理的目标、方向、手段和方法。

二、管理环境的分类

所有的组织工作都是在一定的环境中活动的，受到两种环境的影响：外部环境和内部环境。

本部分内容已在项目一之任务三做了阐述，在此不再赘述。

相关链接

组织的外部环境

组织外部环境包括一般环境和具体环境两类。

一般环境也就是组织活动所处的大环境，主要由政治法律、社会文化、经济、技术、自然等因素构成。一般环境对处在该环境中的所有相关组织都要产生影响，而且通常不会因组织使命不同而有多大差异。

1. 政治法律环境。

政治法律环境包括一个国家的社会制度，执政党的性质，政府的方针、政策、法令等。不同的国家有着不同的社会制度，不同的社会制度对组织活动有着不同的限制和要求。即使社会制度不变的同一个国家，在不同时期，由于执政党的不同，其政府的方针特点、政策倾向对组织活动的态度和影响也是不断变化的。对于这些变化，组织可能无法预测，但当变化产生后，它们对组织活动可能产生何种影响，组织则是可以分析的。组织必须通过政治法律环境研究，了解国家和政府目前禁止组织干什么、允许组织干什么、鼓励组织干什么，从而使组织活动符合社会利益，受到政府的保护和支持。

2. 社会文化环境。

社会文化环境包括一个国家或地区的居民教育程度、文化水平、宗教信仰、风俗习惯、审美观念、价值观念等。文化水平会影响居民的需求层次；宗教信仰和风俗习惯会禁止或抵制某些活动的进行；价值观念会影响居民对组织目标、组织活动以及组织存在的态度；审美观念则会影响人们对组织活动内容、活动方式以及活动成果的态度。因此，一个组织必须使其经营适应所在国家的社会文化环境。也就是说，组织提供的产品和服务以及它们的内部政策都必须随着社会文化环境的变化做相应的改变。

3. 经济环境。

经济环境是影响组织特别是作为经济组织的企业活动的重要环境因素，主要包括宏观和微观两个方面的内容。宏观经济环境主要指一个国家的人口数量及其增长趋势，国民收入、国民生产总值及其变化情况以及通过这些指标能够反映国民经济发展水平和发展速度。人口众多既为企业经营提供了丰富的劳动力资源，决定了总的市场规模庞大，又可能因其基本生活需求难以充分满足，从而构成经济发展的障碍。经济背景的繁荣显然为企业等经济组织的发展提供了机会，而宏观经济的衰退则可能给所有经济组织带来生存的困难。微观经济环境主要指企业所在地区或所需服务地区的消费者的收入水平、消费偏好、储蓄情况、就业程度等因素，这些因素直接决定着企业目前及未来的市场大小。

4. 技术环境。

任何组织的活动都需要利用一定的物质条件，这些物质条件反映着一定的技术水平，社会的技术进步会影响技术水平的先进程度，从而影响利用这些条件的组织活动的效率。例如，技术领先的医院、大学、机场、警察局，甚至军事组织，比那些没有采用先进技术的同类组织具有更强的竞争力。

技术环境对企业的影响就更为明显了。企业生产经营过程是一定的劳动者借助一定的劳动条件生产和销售一定产品的过程。不同的产品代表着不同的技术水平，对劳动者和劳动条件有着不同的技术要求。技术进步了，可能使企业产品被新技术的产品替代，可能使生产设施和工艺方法显得落后，可能使生产作业人员的操作技能和知识结构不再符合要求。因此，企业必须关注技术环境的变化并及时采取应对措施。研究技术环境，除了要考察与所处领域的活动直接相关的技术手段的发展变化外，还应及时了解国家对科技开发的投资的支持重点，该领域技术发展动态和研究开发费用总额，技术转移和技术商品化速度，专利及其保护情况等等。

5. 自然环境。

地理位置是制约组织活动特别是企业经营的一个重要因素，当国家在经济发展的某个时期对某些地区采取倾斜政策时尤其如此。比如，目前我国沿海地区的开放政策吸引了大批外资，促进了投资环境的改善，给原已处在这些地区的各类组织提供了充分的发展机会。此外，企业是否靠近原料产地或产品销售市场，也会影响到资源获取的难易和交通运输成本等。

气候条件及其变化亦然。气候趋暖或者趋寒会影响空调生产厂家的生产或者服装行业的销售，而四季如春、气候温和则会鼓励人们远足郊外，从而为与旅游或郊游有关的产品制造提供机会。

资源状况则与地理位置有着密切的关系。资源特别是稀缺资源的蕴藏不仅是国家或地区发展的基础，而且为所在地区经济组织的发展提供了机会。没有地下蕴藏着的石油，许多中东国家难以在沙漠中建造绿洲。我国许多农村地区乡镇企业的发展，在初期也正是靠优越的地理位置及资源开采而逐渐积累资金的。资源的分布通常影响着工业的布局，从而可能对一个地区经营哪种产业起决定作用。

不同的组织面临着不同的具体环境。而对绝大多数企业而言，其具体环境的最关键部分就是企业投入竞争的一个或几个产业。而一个产业内部的竞争状态取决于五种基本竞争作用力：现有企业间的竞争、潜在的参加竞争者、替代品制造商、原材料供应者以及产品用户。换句话说，这五种因素构成了企业的具体环境。

组织的内部环境

内部环境由组织内部的物质环境和文化环境构成。

组织的内部物质环境主要指人力资源、物力资源以及财力资源环境。

1. 人力资源。

根据不同的标准可以将人力资源划分成不同类型。比如企业人力资源根据他们所从事的工作性质的不同，可分为生产工人、技术工人和管理人员三类。人力资源研究就是要分析这些不同类型的人员的数量、素质和使用情况。比如，对企业生产工人研究，就是要了解他们的数量，分析其技术、文化水平是否符合企业生产现状和发展的要求，近期内有无增减的可能，能否对他们组织技术培训，企业是否根据生产工人的特点，分配了适当的工作，进行了合理的利用等；对技术人员的研究就是要弄清企业有多少技术骨干，他们的技术水平、知识结构如何，是否做到了人尽其才，使他们充分发挥了作用；对管理人员的研究，就是要分析企业管理干部的配备情况，这支队伍的素质如何，能力结构、知识结构、年龄结构、专业结构是否合理，是否具有足够的管理现代工业生产的经验和能力，能否通过培训提高他们的管理素质等等。

2. 物力资源。

这是狭义的内部物质环境的构成内容。物力资源研究，就是要分析在组织活动中需要运用的物质条件的拥有数量和利用程度。比如，要分析企业拥有多少设备和厂房，它们与目前的技术发展水平是否相适应，企业是否应对其进行更新改造，机器设备和厂房的利用状况如何，企业能否采取措施提高其利用率等等。

3. 财力资源。

财力资源是一种能够获取和改善组织其他资源的资源，因此可以认为它是最能反映组织活动条件的一项综合因素。财力资源研究就是要分析组织资金拥有情况（资金的总数量），构成情况（自有资金与债务资金的比重），筹措渠道（金融市场或商业银行），利用情况（组织是否把有限的资金使用在最需要的地方），分析组织是否有足够的财力资源去组织新业务的拓展，原有活动条件和手段的改造，在资金利用上是否还有潜力可挖等等。

组织的内部文化环境也就是组织文化，是组织在长期的实践活动中所形成的并且为组织成员普遍认可和遵循的具有本组织特色的价值观念、团体意识、工作作风，行为规范和思维方式的总和。具体地说：组织文化是指组织全体成员共同接受的价值观念、行为准则、团队意识、思维方式、工作作风、心理预期和团体归属感等群体意识的总称。

组织文化结构大致可分为三个层次，即物质层、制度层和精神层。

（1）物质层。物质层是组织创造的物质文化，是组织文化的外在显现，也就是表层文化，是可见之于行、闻之于声的文化形象，如厂貌、厂旗、组织标志、组织环境、设施设备等。

(2) 制度层。是居于表层与深层之间的那部分文化，如各种规章制度、道德规范、组织机构等。

(3) 精神层。是组织的精神文化，是指积淀于组织及其员工心灵中的意识形态，是组织成员共同遵守的信念、价值观、行为准则等。

组织的三个层次中，最为重要的是精神层。这三个层次是紧密联系的，物质层是组织的外在表现和物质基础，制度层影响和规范着物质层及精神层的建设，精神层是组织文化的核心。

三、组织与环境的关系

这里主要指组织与外部环境的关系。组织与外部环境间的关系表现为两个方面。

（一）环境对组织的作用

1. 社会环境对组织的决定性作用。

外部环境是组织存在的前提，组织是一个与外界保持密切联系的开放系统，是从属于社会大系统的一个子系统，它需要与外界环境不断地进行各种资源和信息的交换，其运行和发展不可避免地受到种种环境力量的影响，外部环境是组织生存和发展的物质条件的综合体，管理的成功与失败取决于管理的外部环境。

2. 社会环境对组织的制约作用。

制约作用，主要是指社会外部环境作为外在条件对组织生存发展的限制与约束。在市场经济条件下，国家主要是通过法律手段和经济手段限制和制约组织的活动。

3. 社会环境对组织的影响作用。

影响作用，主要是指某一事物行为对他事物或周围的人或社会行为的波及作用。如习俗观念，不同的民族文化或同一文化区域人们的不同观念，都会对组织活动产生重要影响。

（二）组织对环境的适应

组织对环境的适应，主要是指组织对其社会环境的觉察和反应。

组织适应外部环境有两种基本的形态：一是消极、被动的适应；二是积极、主动的适应。任何组织要想达到自己既定的目标，都必须采取积极的态度，积极主动地适应环境的变化，才能在激烈的市场竞争中取胜。组织可以反作用于环境，甚至可以影响环境。

四、定义环境分析

环境分析是指通过对企业采取各种方法，对自身所处的内外环境进行充分认识和评价，以便发现市场机会和威胁，确定企业自身的优势和劣势，从而为战略管理过程提供指导的一系列活动。

环境分析一般包括外部环境分析和内部环境分析两个部分。

外部环境分析包括一般环境分析和具体环境分析，分析的目的是要寻找出组织活动的机会的威胁，以便抓住机会，促进发展，规避威胁，降低风险。

内部环境分析包括对组织文化（组织内部气氛）和组织经营条件（组织实力）进行分析，目的是发现组织的优势和劣势，以便发挥优势，铲除劣势，提升组织竞争力。

五、环境分析内容

（一）外部环境分析

1. 宏观环境分析。

分析政治、经济、社会、技术等因素对组织的影响，判断组织所处的背景，所面临的状况。

2. 具体环境分析（产业分析）。

分析市场与用户、供应商、竞争者、人力资源供应者、政府机构等外部因素对组织战略选择的影响。

（二）内部环境分析

内部环境分析主要是分析组织的文化、资源、能力等，判断组织的发展优势和劣势。

六、环境分析方法

（一）宏观环境分析方法

宏观环境分析通常采用 PEST 分析。P 是政治（Politics），E 是经济（Economy），S 是社会（Society），T 是技术（Technology）。

P——政治法律环境。主要分析政治制度与体制，政局，政府的态度以及法律、法规对组织活动的影响。

E——经济环境。主要通过 GDP、利率水平、财政货币政策、通货膨胀、失业率水平、居民可支配收入水平、汇率、能源供给成本、市场机制、市场需求等因素判断组织发展面临的机遇和威胁。

S——社会文化环境。主要分析人口环境和文化背景等因素对组织活动的影响。

T——技术环境。主要分析与组织的市场相关的新发明、新技术、新工艺、新材料的发展趋势和应用背景及对组织发展的影响。

（二）产业分析方法

产业分析通常采用波特的五力分析方法。通过分析竞争的 5 种主要力量，判断组织在行业中的竞争力，5 种主要力量指供应商的讨价还价能力，购买者的讨价还价能力，潜在进入者的威胁，替代品的威胁，以及来自目前在同一行业的公司间的竞争。对五力进行分析通常使用波特的五力模型如图 3－4 所示。

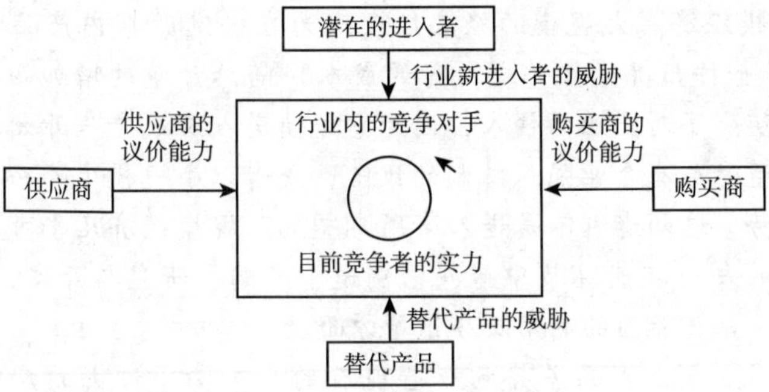

图 3－4　五力模型

相关链接

企业的具体环境直接影响着企业的活动。因此，企业要想提高竞争能力，必须从以下五个方面跟踪分析其具体环境的变化。

1. 现有竞争对手研究。

现有竞争对手的研究主要包括以下内容。

（1）基本情况的研究。对竞争者基本情况进行分析包括竞争对手的数量有多少？分布在什么地方？规模、资金、技术力量如何？以及对自己构成的威胁。还必须对同类厂商的竞争实力及其变化情况进行分析和判断。反映竞争对手经济实力的指标主要有三类：销售增长率、市场占有率、产品获利能力。

（2）主要竞争对手的研究。分析主要竞争对手，主要应分析其对本企业构成威胁的原因，是技术力量雄厚还是规模大？是销售增长率快还是市场占有率高、产品获利能力强？主要竞争对手研究是找出主要竞争对手实力的决定因素，可帮助企业制定相应的竞争策略。

（3）竞争对手的发展方向。竞争对手的发展方向分析包括市场发展动向和产品发展动向，对竞争者战略的分析。要收集有关资料，密切注视竞争者的发展方向，分析竞争对手可能开辟哪些新产品、新市场，从而帮助企业争取时间优势，在市场竞争中占据主动地位。在对竞争者的经营战略进行分析和判断竞争者的发展动向时，要分析退出某一些产品的难易程度。主要有下列因素：资产的专用性、退出成本的高低、心理因素和政府的限制。

2. 潜在竞争对手研究。

一种产品的开发成功，会引来许多企业的加入。这些新进入者既可以给行业注入新的活力，促进市场竞争，也会给原有厂家造成压力，威胁它们的市场地位。新厂家进入行业的可能性大小，既取决于由行业特点决定的进入难易程度，又取决于现有企业可能作出的反应。原有企业可能采取的反击措施，迫使那些对某种产品的生产跃跃欲试的企业不得不认真思考、慎重决策。进入某个行业的难易程度通常受到下列因素的影响。

(1) 规模经济。大规模的经济性表现为在一定时期内产品的单位成本（或者说生产一件产品的操作或运行的成本）随总产量的增加而降低。规模经济的存在阻碍了对产业的侵入，因为它迫使进入者或者一开始就以大规模生产并承担遭受原有企业强烈抵制的风险，或者以小规模生产而接受产品成本方面的劣势，这两者都不是进入者所期望的。规模经济几乎可以表现在一个企业经营的每一职能环节中，包括制造、采购、研究与开发、市场营销、售后服务网、销售能力的利用及分销等方面。

(2) 产品差别。产品差异意味着现有的公司由于过去的广告、顾客服务、产品特色或由于第一个进入该产业而获得商标信誉及顾客忠诚度上的优势。产品差异建立了进入壁垒，它迫使进入者耗费大量资金消除原有的顾客忠诚。这种努力通常带来初始阶段的亏损，并且常常要经历一个延续阶段。这样建立一个品牌的投资带有特殊的风险，因为如果进入失败，他们就会血本无归。产品差异在如下产业可能成为最重要的进入壁垒：婴儿保健产品、化妆品、投资银行及公共会计行业。对于酿酒业来说，产品的差异性与生产、市场营销和分销的规模经济相结合可以构成很高的壁垒。

(3) 在位优势。指原有厂家相对于新进入者而言所具有的综合优势。这种优势表现在多个方面。比如，原有厂家已经拥有某种专利或保密的方法来保持独享性的产品专有知识或设计特性，从而可以限制他人生产相关产品；原有企业已经拥有一批熟练的工人和管理人员从而具有劳动成本优势；原有企业已经建立了自己的进货渠道甚至封锁了最优资源来源，从而不仅可以保证自己扩大生产的需要，甚至可以控制整个行业的原材料供应，限制新厂家的进入；原有企业已经建立的分销网络对新竞争者进入销售渠道也可能形成某种障碍，新进入者必须通过压价、协同分担广告费用等方法促使分销渠道接受其产品。这些方法的采用均降低了利润。例如，食品制造商必须说服零售商在竞争十分激烈的超级市场货架上留出一席之地摆放新食品，为此，他们要对零售商承诺进行促销并做出强劲的销售努力或采取其他方法。

3. 替代品生产厂家分析。

广义地看，一个产业的所有公司都与生产替代产品的产业竞争。替代品设置了产业中公司可谋取利润的定价上限，从而限制了一个产业的潜在收益。替代品在价格或性能上越有吸引力，原有产业利润的上限就压得越低。

识别替代产品也就是去寻找那些能够实现本产业产品同种功能的其他产品。有时做到这一点可能很不容易，可能需要分析者去分析与该产业看来相去甚远的业务。

针锋相对地顶住替代品往往需要全产业的集体行动。例如，一个公司大作广告可能还不足以支撑该产业顶住替代产品，但全产业从业公司都持续地注重于广告活动则很可能强有力地改善产业的整体处境。在改良产品质量、创新营销手段、提供更大的产品供货能力等方面，全产业从业公司的集体反应也都有类似情况。

应当引起极大重视的替代品是这样一些产品：第一，它们具有改善产品价格及性能，从而排挤原产业产品的趋势；第二，这些替代产品是由赢利很高的产业生产的，在这种情况下，如果它们产业中某些发展变化加剧了那里的竞争，从而引起产品价格下跌或其性能改善，会使替代产品立即脱颖而出。

分析这类情形对于决定是试图战略性地压制对手，还是将替代品作为战略计划中的一个必定包括的关键力量将是十分重要的。例如，电子警报系统在保安部门中成为一种潜在的替代者，而且这些电子报警系统只会变得越来越重要。因为劳动力密集的保安服务面临不可避免的成本升高，同时电子系统还可以改善性能而且降低成本。因此，保安部门的适当反应或许应当是将保安人员与电子系统结合使用，即将保安人员重新界定为熟练的电子系统操作人员，而不是试图把电子系统排挤掉。

4. 用户研究。

用户在两方面影响着行业内企业的经营。其一，用户对产品的总需求决定着行业的潜力，从而影响行业内所有企业的发展边界。其二，不同用户的讨价还价能力会诱发企业之间的价格竞争，从而影响企业的获利能力。用户研究也因此而包括两个方面的内容：用户的需求（潜力）研究以及用户的讨价还价能力研究。

（1）需求研究。①总需求研究。包括对以下问题的分析：市场容量有多大？总需求中有支付能力的需求有多大？暂时没有支付能力的潜在需求有多少？②需求结构研究。需要回答的问题是：需求的类别和构成情况如何？用户属于何种类型，是机关团体，还是个人？主要分布在哪些地区？各地区比重如何？③用户购买力研究。需要分析以下问题：用户的购买力水平如何？购买力是怎样变化的？有哪些因素影响购买力的变化？这些因素木身是如何变化的？通过分析影响因素的变化，可以预测购买力的变化，从而预测市场需求的变化。

（2）用户的价格谈判能力研究。用户的产业竞争手段是压低价格、要求较高的质量或索取更多的服务项目，并且从竞争者彼此对立的状态中获利。所有这些都是以产业利润作为代价的。而用户的这种价格谈判能力是众多因素综合作用的结果。这些因素主要有：①购买量的大小。如果用户的购买量占企业销售额的很大一部分，他们就会意识到自己对企业的重要性。再有，如果产业以固定成本高为其特点，如玉米加工及大量生产的化工品，从而使保持生产能力的充分使用更加重要，则大批量购买者就会拥有较强的价格谈判能力。同时，如果用户对这种产品的购买量在自己的总采购量乃至总采购成本中占有较大比重，则他必然会积极利用这种谈判能力，努力以较优惠的价格采购货物。②企业产品的性质。如果企业提供的是一种标准的或非差异性产品，用户可以很方便地找到其他可供选择的供应商，就会在购买中具有较强的价格谈判能力，如铝制品业。③用户后向一体化的可能性。后向一体化是指企业将其经营范围扩展到原材料、半成品或零部件的生产。如果用户是生产性企业，购买企业产品的目的在于再加工或与其他零部件组合，而又具备自制的能力，则会经常以此为手段迫使供应者压价。例如，通用汽车公司和福特汽车公司通常以“自己生产”这一筹码作为讲价手段而著称，他们实际采取的措施是：对某一零部件，厂内生产一些满足部分需要，其余的从外部供应商处购买。由于厂内生产一部分零件而使其具有详尽的成本资料，对于谈判极有帮助。④企业产品在用户产品形成中的重要性。如果企业产品是用户自己加工制造的产品的主要构成部分，或对用户产品的质量或功能形成有重大影响，则用户可能对价格不甚敏感，这时他关注的首先是企业产品质量及其可靠性。如油田设备（油田设备故障可能导致巨大损失）和电子医疗和测试仪器的封装（封装的质量极大地影响用户对所封装的仪器质量的印象）。相反，如企业产品在用户产品形成中没有重要影响，用户在采购时则会努力寻求价格优惠。

5. 供应商研究。

企业生产所需的许多生产要素是从外部获取的。提供这些生产要素的经济组织，类似于用户的作用，也在两个方面制约着企业的经营：其一，这些经济组织能否根据企业的要求按时、按量、按质地提供所需生产要素影响着企业生产规模的维持和扩大；其二，这些组织提供货物时所要求的价格决定着企业的生产成本，影响着企业的利润水平。所以，供应商的研究也包括两个方面的内容：供应商的供货能力或企业寻找其他供货渠道的可能性以及供应商的价格谈判能力。这两个方面是相互联系的，综合起来看，需要分析以下因素。

（1）是否存在其他货源。企业如果长期仅从单一渠道进货，则其生产和发展必然在很大程度上受制于后者。因此，应分析与其他供货商建立关系的可能性，以分散进货，或在必要时启用后备进货渠道，这样便可在一定程度上遏制供应商提高价格的倾向。

（2）供应商所处行业的集中程度。如果该行业集中度较高，由一家或少数几家集中控制，而与此对应购买此种货物的客户数量众多，力量分散，则该行业供应商将拥有较强的价格谈判（甚至是决定）能力。

（3）寻找替代品的可能性。如果行业集中程度较高，分散进货的可能性也较小，则应寻找替代品。如果替代品不易找到，那么供应商的价格谈判能力将是很强的。

（4）企业后向一体化的可能性。如果供应商垄断了供货渠道，替代品又不存在，而企业对这种货物需求量又很大，则应考虑自己掌握或自己加工制作的可能性。这种可能性如果不存在，或者企业对这种货物的需求量不大，那么，企业只能对价格谈判能力较强的供应商俯首称臣。

（三）内部环境分析方法

内部环境分析通常采用价值链分析法，它是由美国哈佛商学院教授迈克尔·波特提出来的，是一种寻求确定企业竞争优势的工具。即运用系统性方法来考察企业各项活动和相互关系，从而找寻具有竞争优势的资源。

价值链是组织一系列的价值增值活动所组成的链条。波特将组织的价值活动分为两类：基本活动和辅助活动。

基本活动主要有采购、生产、储运、营销、服务等功能或活动，是对创造价值直接作出贡献的活动。辅助活动也称支持活动，主要有技术研发、人力资源管理、财务管理等功能或活动，是为创造价值作出间接贡献的活动。

价值链分析，就是对组织活动的领域和环节进行深入的分析，包括对每项价值活动进行分析及对价值活动之间的联系进行分析。通过分析找出优势和劣势，制定增加价值的相应措施并加以实施，以提高组织的竞争力。

图 3－5、图 3－6 是典型的价值链。

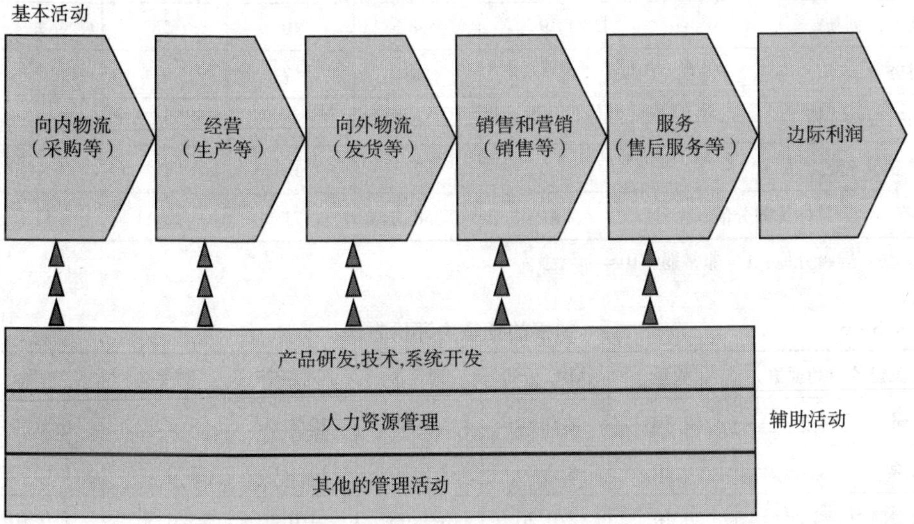

图 3－5　一条典型的企业价值链

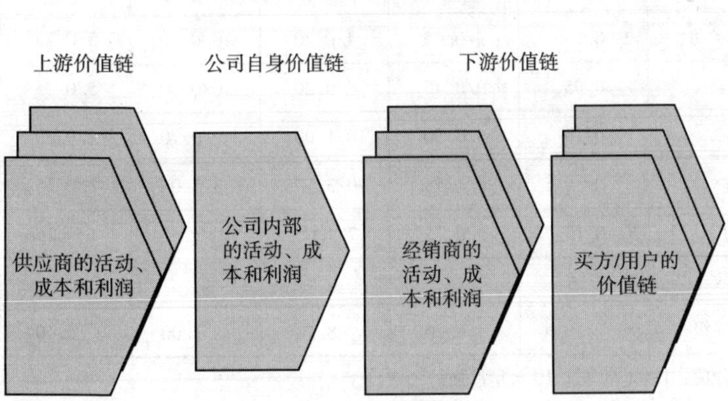

图 3－6　价值链系统

评价组织相对于竞争对手的竞争优势的步骤和方法是：（1）列出行业的主要成功因素以及衡量竞争优势的因素；（2）利用等级1－10（1弱，10强）给每个组织及其竞争对手的每种因素进行评分；（3）决定使用加权或非加权评分系统；（4）总结各种分值，得到各个竞争对手的总体竞争实力；（5）判断企业是否具有竞争优势。

表3－2、表3－3分别为不考虑权重和考虑权重的竞争能力评分表。

表3－2　　非加权的竞争能力评价方法

关键成功因素或竞争力度量指标	ABC公司	对手1	对手2	对手3	对手4
质量/产品业绩	8	5	10	1	6
品牌/形象	8	7	10	1	6
制造能力	2	10	4	5	1
技术技能	10	1	7	3	8
经销商网络	9	4	10	5	1
新产品创新	9	4	10	5	1
财务资源	5	10	7	3	1
相对成本地位	5	10	3	1	4
顾客服务能力	5	7	10	1	4
总体优势分值	61	58	71	25	32

注：等级分值：1＝非常弱；10＝非常强。

表3－3　　加权的竞争力评价方法

关键的成功要素	权重	ABC公司	对手1	对手2	对手3	对手4
质量/产品性能	0.10	8/0.80	5/0.50	10/1.00	1/0.10	6/0.60
品牌	0.10	8/0.80	7/0.70	10/1.00	1/0.10	6/0.60
制造能力	0.10	2/0.20	10/1.00	4/0.40	5/0.50	1/0.10
技术技能	0.05	10/0.50	1/0.05	7/0.35	3/0.15	8/0.40
经销商网络	0.05	9/0.45	4/0.20	10/0.50	5/0.25	1/0.05
新产品创新	0.05	9/0.45	4/0.20	10/0.50	5/0.25	1/0.05
财务资源	0.10	5/0.50	10/1.00	7/0.70	3/0.30	1/0.10
相对成本地位	0.35	5/1.75	10/3.50	3/1.05	1/0.35	4/1.40
顾客服务能力	0.15	5/0.75	7/1.05	10/1.50	1/0.15	4/1.60
权重总数	1.00					
整体优势等级		6.20	8.20	7.00	2.10	2.90

注：等级分值：1＝非常弱；10＝非常强。

（四）组织总体战略分析法

组织总体战略分析通常采用 SWOT 分析法。

1. SWOT 分析法的含义。

SWOT 分析法是将对组织内部和外部条件各方面内容进行综合和概括，进而分析组织的优势与劣势、面临的机会和威胁，从而根据组织内部资源、外部环境将选择组织的发展战略的一种方法。具体表示内容如下：

S——Strength（优势）：是指一个组织超越其竞争对手的能力，或者指组织所特有的能提高竞争力的东西。例如，当两个企业处在同一市场或者说它们都有能力向同一顾客群体提供产品和服务时，如果其中一个企业有更高的赢利率或赢利潜力，那么，我们就认为这个企业比另外一个企业更具有竞争优势。

W——Weakness（劣势）：是指某种组织缺少或做得不好的东西，或指某种会使组织处于不利状况的条件。

O——Opportunity（机会）：是指外部环境中对组织有利的趋势。

T——Threats（威胁）：是指外部环境中对组织不利的趋势。

2. SWOT 分析法的步骤。

第一，分析因素——列出组织的优势和劣势，机会与威胁。

运用各种方法，分析出组织所处的各种环境因素，包括外部环境因素和内部能力因素。外部环境因素包括机会因素和威胁因素。内部环境因素包括优势因素和劣势因素。在调查分析这些因素时，不仅要考虑组织的历史与现状，而且更要考虑组织未来的发展。

优势（S）与劣势（W）主要分析组织自身的实力及其与竞争对手的比较，而机会（O）和威胁（T）则将注意力放在外部环境的变化及对企业可能受到的影响上。

一般地，组织可能的机会与威胁、优势与劣势因素如表 3－4 所示。

表 3－4　组织因素分析

可能的优势	可能的劣势	潜在的机会	潜在的威胁
有力的战略 雄厚的财务条件 良好的品牌形象/商誉 市场领导者 专有性技术 成本优势 营销能力强 产品创新技能 良好的顾客服务 良好的产品质量 联盟或合资企业	战略方向模糊 过时的设备 财务状况恶化 成本过高 缺少某些关键技能或能力 利润水平低 内部经营问题 研究开发不足 产品线狭窄 营销能力不足	客户群的扩大趋势或产品细分市场 技能技术向新产品新业务转移，为更大客户群服务 前向或后向整合 市场进入壁垒降低 获得购并竞争对手的能力 市场需求增长强劲，可快速扩张 出现向其他地理区域扩张，扩大市场份额的机会	出现将进入市场的强大的新竞争对手 替代品抢占公司销售额 主要产品市场增长率下降 汇率和外贸政策的不利变动 人口特征，社会消费方式的不利变动 客户或供应商的谈判能力提高 市场需求减少 容易受到经济萧条和业务周期的冲击

第二，构造矩阵——优势、劣势与机会、威胁相组合，形成 SO、ST、WO、WT 策略。

将调查分析得出的各种因素根据轻重缓急或影响程度等排序，构造 SWOT 矩阵，并将结果绘制成 SWOT 分析图（见图 3－7）。在这个过程中，要将那些对组织发展有直接的、重要的、大量的、迫切的、久远的影响因素优先排列出来，而将那些间接的、次要的、少许的、不急的、短暂的影响因素排在后面。

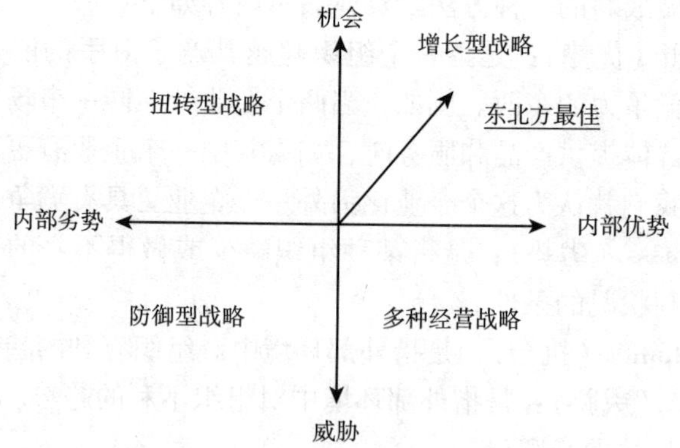

图 3－7 SWOT 分析图

第三，制订计划——对 SO、ST、WO、WT 策略进行甄别和选择，确定组织目前应该采取的具体战略与策略。

在完成环境因素分析和 SWOT 矩阵的构造之后，便可以制订相应的行动计划了。制订计划的基本思路是：发挥优势因素，克服弱点因素，利用机会因素，化解威胁因素；考虑过去，立足当前，着眼未来。运用系统分析的方法，将排列与考虑的各种因素相互联系并加以组合，得出一系列企业未来发展的可选择对策。

3. 选择组织发展战略。

主要有四种战略可供组织选择：

优势——机会（SO）战略，即增长型战略，是一种发展企业内部优势与利用外部机会的战略，是一种理想的战略模式。当组织具有特定方面的优势，而外部环境又为发挥这种优势提供有利机会时，可以采取该战略。例如良好的产品市场前景、供应商规模扩大和竞争对手有财务危机等外部条件，配以公司市场份额提高等内在优势可成为组织收购竞争对手、扩大生产规模的有利条件。

劣势——机会（WO）战略，即扭转型战略，是利用外部机会来弥补内部弱点，使组织改劣势而获取优势的战略。存在外部机会，但由于组织存在一些内部弱点而妨碍其利用机会，可采取措施先克服这些弱点。

优势——威胁（ST）战略，即多种经营战略，是指组织利用自身优势，回避或减轻外部威胁所造成的影响。如竞争对手利用新技术大幅度降低成本，给公司很大成本压力；同时材料供应紧张，其价格可能上涨；消费者要求大幅度提高产品质量；公司还要支付高额环保成本等等，但若公司拥有充足的现金、熟练的技术工人和较强的产品开发能力，便可利用这些优势开发新工艺，简化生产工艺过程，提高原材料利用率，从而降低材料消耗和生产成本。另外，开发新技术产品也是公司可选择的战略。新技术、新材料和新工艺的开发与应用是最具潜力的成本降低措施，同时它可提高产品质量，从而回避外部威胁影响。

劣势——威胁（WT）战略，即防御型战略，是一种旨在减少内部弱点，回避外部环境威胁的防御性战略。当组织存在内忧外患，面临生存危机时，首先应通过紧缩开支、降低成本、缩小经营规模等措施改变劣势；然后，应完善管理制度，提高管理水平，重新审视市场，寻找新的发展机会；在时机成熟时，推出新产品，改善企业形象，为彻底摆脱困境作好资源和财务上的安排。

管理情景分析3－2

任务三　进行预测

听故事悟原理（拍头决策）

【管理情景3－3】

是什么导致了泛美航空公司的失败呢？[①]

泛美航空公司曾经是美国一家航线最长、历史最久的航空企业巨头：在50多年的发展过程中，泛美从一家全美第三大航空公司、职工人数多达3万余人、拥有130多架各种型号飞机、航线遍布50多个国家的航母级大型航空企业，但是，在20世纪90年代泛美航空公司却落败到一蹶不振，最后竟然以宣布破产倒闭而告终。

泛美航空公司的落败，是从选择飞机机型上开始的。

早在20世纪70年代，泛美航空公司就着手淘汰陈旧又耗油量大的波音707客机，而在当时，市场上并没有与波音707的载客量及续航能力等指标相当的机种。泛美的决策者们没有征询专家的意见，客观上做了一些粗略比较后，就选择了一家公司的L1105—500型飞机。然而，随后的事实表明，这是一个错误。该类飞机由于油耗大，单位飞行成本高，使泛美的竞争力大打折扣。而后不久，美国那家生产商便停止了这种飞机的生产，于是Ll105—500型飞机的维修又成问题，只能在几年之后再次遭淘汰。

为了争夺国内航线，泛美又开始了新一轮的“大采购”，这次购入的是欧洲“空中客车”A300型飞机，同时还交换了一批不同型号的飞机。这下可犯了行业大忌，因为繁杂的机种给航空人员的培训、机械故障的排除、平日的维修、机场的管理等都造成了很大压力，无形中增加了公司的支出。

更为严重的还是美国国内航空禁令的解除，使得更多其他航空公司有机会在美国国内航空市场上一展身手。此时的泛美航空公司，早已失去了与对手竞争的能力，高成本经营使其不堪重负，而大量职员所享受的高薪与福利，愈发让泛美航空公司感到腹背受敌。

之后的又一次误飞事件，彻底地粉碎了泛美航空公司想要重振雄风的梦想。1994年，泛美航空公司无奈宣告破产。

请思考：泛美航空公司倒闭的主要原因及教训。

---

① 改编自百度百科，https://baike.baidu.com/item/泛美航空公司/65578?fr=aladdin.

一、定义预测

预测是人们借助于对过去和现状的分析研究，探究未来的状况，从而对未来的、不确定的事件做出预计和推测的活动过程。预测是一个完整的管理活动过程，其结果是在对所预测的事件进行一系列科学的分析后做出的。这一系列科学的分析包括：预测目标的确定、预测信息资料的收集、预测方法的选择和应用、预测模型的选定及估计、预测结果的评价等一整套过程。

相关链接

预测的作用

预测是人类社会经济发展的产物，是对现代经济活动进行有效管理不可缺少的手段，它的主要作用有：

1. 为计划和决策工作提供可靠信息及科学依据。

通过预测不仅可以揭示组织未来发展变化的趋势，还可对组织发展出现的种种情况，包括有利方面和不利方面，成功的机会和失败的风险，进行全面系统的分析和预见，从而为组织决策和制订计划提供科学依据。

2. 有利于提高组织的竞争力和应变能力。

科学的预测可以在环境发生变化前，预见到环境将朝着什么方向变化，预先做好应变准备，从而提高组织的竞争力和应变能力。

二、预测的步骤

1. 提出预测的课题，确定预测目标。

按照组织计划需要提出预测的课题，规定目标、任务和对象，提出基本假设，确定研究方法、结构和组织工作。

2. 调查、收集和整理资料。

根据问题的性质和预测目标的要求，收集有关预测对象的历史的和目前的资料（包括统计资料、调查报告等）。资料的收集工作必须有目的地进行，对收集到的历史统计数据要进行认真的过滤与分析。

3. 选择预测方法，建立预测模型。

在占有资料的基础上，进一步选择适当的预测方法和建立数学模型。这是预测准确与否的关键步骤。对定性预测方法或定量预测方法的选择应根据掌握资料的情况而定。当掌握资料不够完备、准确程度较低时，可采用定性预测方法；当掌握的资料比较齐全、准确程度较高时，可采用定量预测方法，运用一定的数学模型进行定量分析研究。为充分考虑定性因素的影响，在定量预测基础上要进行定性分析，经过调整才能定案。

4. 检验模型，进行预测。

模型建立之后必须经过检验才能用于预测。不同类型的模型检验的方法、标准不同。一般的，评价模型优劣的基本原则有：理论上合理、统计可靠性高、预测能力强、简单适用。

5. 分析预测误差，评价预测结果。

即分析预测值偏离实际值的程度及其产生的原因。对于定量预测，如果预测误差未超出允许的范围，即认为模型的预测功效合乎要求，否则，就需要查找原因，对模型进行修正和调整。

6. 提出预测报告交付决策。

最后，以预测报告的形式将预测评论会议确认可以采纳的预测结果提交给决策者，其中应当说明假设前提、所用方法和预测结果合理性判断的依据等。

三、预测的方法

（一）定性预测方法

1. 集合意见法。

又称集体经验判断法，它是利用集体的经验、智慧，通过思考分析，判断综合，对事物未来的发展变化趋势作出估计。采用集合意见法进行预测，一般步骤如下：

（1）预测组织者向参加预测的有关人员提出预测项目和预测期限的要求，并尽可能提供有关背景资料。

（2）预测人员根据预测要求及掌握的背景资料，凭个人经验和分析判断能力，提出各自的预测方案。

（3）预测组织者综合各专家的意见，得出预测数值。预测数值一般是采用平均数或加权平均数法确定。

2. 专家会议法。

专家会议法的原理与集合意见法基本相似，所不同的是集合意见法专家通常是背靠背独立进行预测，专家会议法是被邀请的专家可以在会上面对面进行讨论、交流各自的意见，它是预测组织者邀请有关方面的专家，通过开会的形式，让每一位专家对预测对象做出分析判断，并在这些分析判断的基础上，综合专家们的意见，对预测对象未来状况做出最后的预测结论。

专家会议预测法包括以下 3 种形式：

（1）头脑风暴法。将有关专家召集到一起，向他们提出要预测的题目，让他们通过讨论作出判断。通过有关专家之间的信息交流，引起思维共振，产生组合效应，从而引起创造性思维，得出预测结果。

（2）交锋式会议法。与会专家围绕一个主题各自发表意见，并进行充分讨论，最后达成共识，取得比较一致的预测结论。

（3）混合式会议法。将会议分为两个阶段，第一个阶段是非交锋式会议产生各种思路和预测方案，第二个阶段是交锋式会议。对上一阶段提出的各种设想进行质疑和讨论，也可提出新的设想，相互不断启发，最后取得一致的预测结论。混合式会议是上述两种方法的综合与改进。

3. 德尔菲法。

德尔菲法又称背对背法，它按照规定的步骤，采用互相不见面的反复函询的方式，征询专家小组成员的意见，经过几轮反复征询和反馈后，使各种不同意见渐趋一致，经过汇总或用数理统计方法进行收敛，得出一个比较统一的预测结果，供决策者参考。德尔菲（Delphi）是神话传说中古希腊的一个地方名，传说是个神谕之地，城中有座阿波罗神殿能准确地预卜未来，故借用其名。德尔菲法的步骤如下：

（1）拟定意见征询表。

（2）选择专家。专家人数一般以 10～20 人为宜。

（3）采用匿名方式进行函询和反馈。

（4）分析整理后再进行函询和反馈。

（5）运用数理统计方法进行收敛处理，得出预测结论。

4. 用户意见法。

这是预测人员通过对用户进行调查和征求意见来进行预测的方法。如出版社出版某种新书之前，先要通过对各地新华书店的预订销售量调查或发出新书征订通知单，根据反馈信息做出需要量的预测，用以确定出版册数。

（二）定量预测方法

1. 时间序列分析法。

时间序列是指各种经济指标的统计数据，按时间先后顺序排列而成的数列。时间序列分析法，就是将影响计划制定的统一变数的一组观察值，按时间顺序加以排列，构成时间序列，然后运用一定的数学方法使其向外延伸，预计事物未来的发展变化趋势。常见的时间序列分析方法有算术平均法、加权平均法和移动平均法。计算方法为：

设有 n 个观察期的观察值 X_1，X_2，…，X_n，则以这些观察值的平均数作为预测值 $\overline{X}$，分别用不同的方法计算如下：

（1）算术平均法的计算。

$$\overline{X} = \sum_{i=1}^{n} X_i$$

算术平均法适用于预测对象没有显著的长期趋势和季节变动的情况。

（2）加权平均法的计算。

$$\overline{X} = \frac{\sum_{i=1}^{n} W_i X_i}{\sum_{i=1}^{n} W_i}$$

加权平均法赋予不同的观察值不同的权数。

例如，已知某公司近三年利润分别为35万元、32万元、38万元，试预测今年的利润额。

当运用算术平均法时，预测值为 $\overline{X}$

$$\overline{X}=\frac{35+32+38}{3}=35\text{（万元）}$$

当运用加权平均法，设前1~3年利润分别赋予权数为0.25，0.35，0.40。

则预测值为 $\overline{X}$

$$\overline{X}=\frac{35\times0.25+32\times0.35+38\times0.40}{0.25+0.35+0.40}=35.15\text{（万元）}$$

（3）移动平均法。假设有 n 个观察值组成的时间序列 $X_1,X_2,\cdots,X_n$，其中 X_t 为 t 期的数据（$t=1,2,\cdots,n$），选择连续的 N 个观察期，（$N<n$，又称为跨越期）数据，计算移动平均数 M_t。

$$M_t=1/N(X_t+X_{t-1}+\cdots+X_{t-N+1})$$

在移动平均法中，如果逐期地按连续的 N 个关系数据计算移动平均数，则这些移动平均数就组成了一个新的时间序列。新的时间序列能较好地修允原时间序列中的不规则变动和季节变动，修允效果受观察期和跨越期的大小的影响。常用的有一次移动平均法和二次移动平均法。

例如，某企业2006~2012年某产品的销售收入如表3-5所示，试用一次移动平均法预测该产品2013年的销售收入。

表3-5　　某企业2006~2012年某产品销售收入

年份	销售收入（万元）	$N=3$ 移动平均数 M_t	$N=5$ 移动平均数 M_t
2006	776.6	—	—
2007	874.5	—	—
2008	1121.1	924.1	—
2009	1103.3	1033.0	—
2010	1085.2	1103.2	992.1
2011	1089.5	1092.7	1054.7
2012	1124.0	1099.6	1104.6

根据表3-5计算：当设 $N=3$ 和 $N=5$ 时，一次移动算术平均数的2013年预测值分别为1099.6万元和1104.6万元。

2. 因果分析法。

因果分析预测方法是根据事物之间的因果关系对变量的未来变化进行预测的方法。关于因果关系的预测，可以从定量和定性两个方面进行分析，这里介绍定量分析法。一般来说，定量的因果分析预测法比起一般的时间序列分析法来说，描述的结果更精细一些。

回归分析就是从事物变化的因果关系出发进行预测的一种方法。回归分析的基本步骤如下：第一步，绘制散点图，判断变量之间是否存在有相关关系；第二步，确定因变量与自变量；第三步，建立回归预测模型；第四步，对回归预测模型进行评价；第五步，利用回归模型进行预测，分析评价预测值。

回归分析根据自变量的多少分为一元回归分析与多元回归分析，下面介绍一元回归分析。

设已知 n 对数据 $(X_1,Y_1),(X_2,Y_2),\cdots,(X_n,Y_n)$，假设 x，y 之间存在线性关系，设线性函数为：$y = a + bx$，则利用上面 n 对数据可以计算出：

$$b = \frac{n\sum xy - \sum x\sum y}{n\sum x^2 - \left(\sum x\right)^2} = \frac{\sum xy - n\bar{x}\bar{y}}{\sum x^2 - n\bar{x}^2}$$

$$a = \bar{y} - b\bar{x}$$

那么，我们就可以利用函数 $\hat{y} = a + bx$ 来预测未来的 $\hat{y}$ 值。

例如：假定我们要预测居民未来的总消费支出，消费支出与收入有很强的相关关系，而收入的数据比较容易获取，因此，如果能取得消费与收入之间函数关系的具体关系式，将有助于消费的预测。要求出两者之间的函数关系，需要一些有关收入与消费的已知数据，根据市场调查数据，如表 3－6 所示，请预测当月收入为 4000 元时月人均消费为多少？

表 3－6　某地区城镇家庭月人均收入与月人均消费的有关数据　单位：元

月人均收入 x_i	月人均消费 y_i
890	789
1167	968
1287	1108
1480	1275
1859	1487
2065	1665

把表 3－6 中的数据画在坐标图上，如图 3－8 所示。

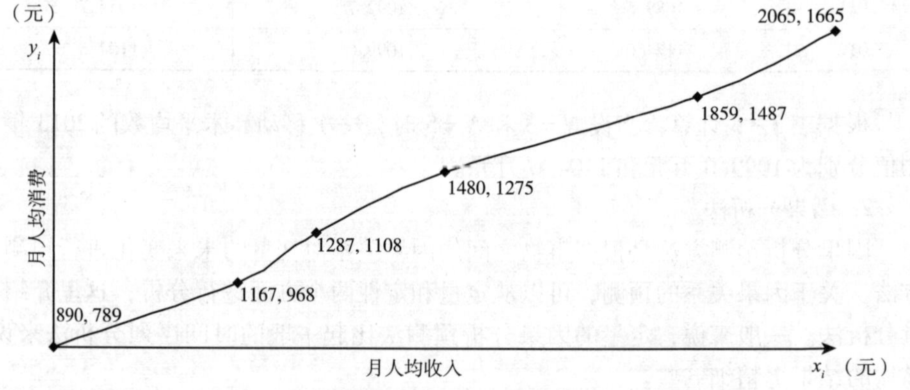

图 3－8　某地区城镇家庭月人均消费与月人均收入

从图 3－8 可以看出，月人均消费 y_i 与月人均收入 x_i 之间确实存在线性关系，因此，可以设两者之间的函数关系为：$y = a + bx$。根据表 3－6 数据，可以计算出一元线性回归参数计算如表 3－7 所示。

表 3－7　　**一元线性回归参数计算表**　　单位：元

月人均收入 x_i	月人均消费 y_i	x_iy_i	x_i^2
890	789	702210	792100
1167	968	1129656	1361889
1287	1108	1425996	1656369
1480	1275	1887000	2190400
1859	1487	2764333	3455881
2065	1665	3438225	4264225
合计　8748	7292	11354712	13720864
平均　1458	1215	—	—

由此可以计算出：

$$b = \frac{n\sum xy - \sum x \sum y}{n\sum x^2 - (\sum x)^2} = \frac{\sum xy - n\bar{x}\bar{y}}{\sum x^2 - n\bar{x}^2}$$

$$= \frac{11354712 - 6 \times 1458 \times 1215}{13720864 - 6 \times 1458 \times 1458} = 0.7482$$

$$a = \bar{y} - b\bar{x} = 1215 - 0.7482 \times 1458 = 124.1244$$

一元回归模型为：

$$y = a + bx = 124.1244 + 0.7482 \times 4000 = 3116.9244 \text{（元）}$$

当月收入为 4000 元时月人均消费为 3116.9244 元。

管理情景
分析 3－3

任务四　开展决策

【管理情景 3－4】

王厂长的会议

王厂长是佳迪饮料厂的厂长，回顾 8 年的创业历程真可谓是艰苦创业、勇于探索的过程。全厂上下齐心合力，同心同德，共献计策为饮料厂的发展立下了不可磨灭的汗马功劳。但最令全厂上下佩服的还数 4 年前王厂长决定购买二手设备（国外淘汰生产设备）的举措。饮料厂也因此挤入国内同行业强手之林，令同类企业刮目相看。今天王厂长又通知各部门主管及负责人晚上 8 点在厂部会议室开会。部门领导们都清楚地记得 4 年前在同一时间、同一地点召开会议王厂长作出了购买进口二手设备这一关键性的决定。在他们看来，又有一项新举措即将出台。

听故事
悟原理
（林肯独断）

晚上8点会议准时召开，王厂长庄重地讲道：“我有一个新的想法，我将大家召集到这里是想听听大家的意见或看法。我们厂比起4年前已经发展了很多，可是，比起国外同类行业的生产技术、生产设备来，还差得很远。我想，我们不能满足于现状，我们应该力争世界一流水平。当然，我们的技术、我们的人员等诸多条件还差得很远，但是我想为了达到这一目标，我们必须从硬件条件入手，即引进世界一流的先进设备，这样一来，就会带动我们的人员、带动我们的技术等等一起前进。我想这也并非不可能，4年前我们不就是这样做的吗？现在厂的规模扩大了，厂内外事务也相应地增多了，大家都是各部门的领导及主要负责人，我想听听大家的意见，然后再做决定。”

会场一片肃静，大家都清楚记得，4年前王厂长宣布他引进二手设备的决定时，有近70%成员反对，即使后来王厂长谈了他近3个月对市场、政策、全厂技术人员、工厂资金等等厂内外环境的一系列调查研究结果后，仍有半数以上人持反对意见，10%的人持保留态度。因为当时很多厂家引进设备后，由于不配套和技术难以达到等因素，均使高价引进设备成了一堆闲置的废铁。但是王厂长在这种情况下仍采取了引进二手设备的做法。事实表明这一举措使佳迪饮料厂摆脱了企业由于当时设备落后、资金短缺所陷入的困境。二手设备那时价格已经很低，但在我国尚未被淘汰。因此，佳迪厂也由此走上了发展的道路。

王厂长见大家心有余悸的样子，便说道：“大家不必顾虑，今天这一项决定完全由大家决定，我想这也是民主决策的体现，如果大部分人同意，我们就宣布实施这一决定；如果大部分人反对的话，我们就取消这一决定。现在大家举手表决吧。”

于是会场上有近70%人投了赞成票。

请思考：

1. 王厂长的两次决策过程合理吗？为什么？
2. 如果你是王厂长，在两次决策过程中应做哪些工作？
3. 影响决策的主要因素是什么？

决策是管理的本质，管理的各项职能——计划、组织、领导、控制都离不开决策。

一、定义决策

“决”在汉语中的意思是决定、决断、断定、选择，“策”的意思是对策、策略、计谋、主意。所以从字面上理解决策，就是决定对策、断定策略、选择计谋、决定主意的意思。决策是管理活动的重要组成部分，它贯穿于管理者的所有活动过程，在计划、组织、领导、控制等管理职能中都存在决策问题。在管理学中，决策有广义和狭义之分。从广义上看，决策是指人们为了实现特定的目标，在占有大量调研预测资料的基础上，运用科学的理论和方法，充分发挥人的智慧，系统地分析主客观条件，围绕既定目标拟定各种实施预选方案，并从若干个有价值的目标方案中选择和实施一个最佳的执行方案的一项活动。决策的广义上解释是把决策理解为一个过程。从狭义上看，决策就是在几种行动方案中作出选择。如我们常说的“拍板”。其实，判断、选择或拍板仅仅是决策全过程中的一个环节，如果没有拍板前的许多活动，拍板必然会成为主观武断的行为，决策也难免要出乱子。在管理学中，人们通常从广义的角度理解决策的含义。简单的说，决策是管理者识别并解决问题以及利用机会的过程。它包含五层意思。即，决策的主体是管理者；决策的本质是一个过程，这一过程由多个步骤组成；决策的目的是解决问题或利用机会；决策需要在两个以上的方案中作出选择；决策是针对现在或未来作出的。

相关链接

决策在管理中的地位和作用

在现代管理活动中，决策具有相当重要的地位和作用。

1. 决策是管理的核心内容和基础。

从一定意义上讲，管理的四大职能都是围绕着决策而展开的。不论是管理活动中的计划制订、组织实施，还是管理活动中的用人和监督都离不开决策。而且管理活动中的每一个具体环节都还有具体的决策问题。可以说，决策贯穿于管理过程的始终，存在于一切管理领域。决策是计划工作的中心，而计划又是组织、人员配备、领导与指导、控制、协调等工作的基础。因而，可以说决策是管理的基础。

2. 决策是影响管理绩效的重要因素。

决策选择的行动方案的优劣直接影响到管理目标的实现速度、程度和质量，直接影响到管理的效率。方案选择得当，就会取得投入小、收益大的效果，从而提高管理的效率；否则，就会降低管理的效率，甚至带来重大的损失。因而，决策是影响管理绩效的重要因素。

3. 决策是管理者的最重要职责。

不论管理者在组织中的地位如何，决策都是他们的主要职责。而且，管理者的地位越高，其做出决策的作用和影响也越大。管理者面对各种尖锐的挑战和激烈的社会竞争，要高瞻远瞩，审时度势，统观全局，及时做出反应和决断。可以说，管理者每天都要采取许多行动，每天都要做出许多决策，决策便成为管理者的最重要职责。

二、决策的类型

不同的分类方法，具有不同的决策类型。

1. 按决策的作用分类。

按决策的作用可以把决策分为战略决策、管理决策和业务决策。

(1) 战略决策。是关系到组织的生存与发展，是关于组织全局性、长期性的目标和方针等方面重大问题的决策。

作出战略决策的管理者通常是董事会、CEO 和总经理。

（2）管理决策。又称战术决策，是为保证企业总体战略目标的实现而解决局部问题的重要决策，其主要内容为组织内部人、财、物的分配、协调和控制等。

管理决策属于管理者日常决策，通常由事业部经理、分公司经理和部门经理等中层管理人员作出。

（3）业务决策。又称执行决策，是指日常工作中为提高效率根据战略决策和管理决策而做出的决策。

作出执行决策的通常是事业部门、分公司、部门的基层管理人员。

2. 按决策的性质分类。

按决策的性质可以把决策分为程序化决策和非程序化决策。

（1）程序化决策。就是那些带有常规性、反复性的例行决策，可以制定出一套例行程序来处理的决策。作出程序化决策的通常是基层管理人员。

（2）非程序化决策。指偶然发生的或首次出现而又较为重要的非重复性决策。非程序化决策通常由高层管理者作出。

程序化决策和非程序化决策很难绝对分清楚，它们之间没有明显的分界线，非程序化决策也可以成为程序化决策。

3. 按决策问题的条件分类。

按决策问题的条件可以把决策分为确定型决策、风险型决策和不确定型决策。

（1）确定型决策。指在稳定（可控）条件下进行的决策。

（2）风险型决策。也称随机决策，在这类决策中，自然状态不止一种，决策者不能知道哪种自然状态会发生，但能知道有多少种自然状态以及每种自然状态发生的概率。

（3）不确定型决策。指在不稳定条件下进行的决策。在不确定型决策中，决策者可能不知道有多少种自然状态，即便知道，也不能知道每种自然状态发生的概率。

4. 按决策目标数量的多少分类。

按决策目标数量的多少，可将决策划分为单目标决策和多目标决策。

（1）单目标决策。指决策的目标只有一个的决策。

（2）多目标决策。指决策的目标有两个或两个以上的决策。

5. 按决策的量化程度分类。

按决策的量化程度分类，可将决策划分为定量决策和定性决策。

（1）定量决策。指决策目标与决策变量等可以用数量来表示的决策。定量决策要求有一定的量化指标，一般能够用数学的方法寻求答案。

（2）定性决策。指决策目标与决策变量等不能用数量来表示的决策。这类决策一般难以用数学方法来解决，而主要依靠决策者的经验和分析判断能力。

在进行决策时，一般将定性决策与定量决策结合起来进行，定性决策确定性质、方向、阶段等，定量决策决定时间、程度。

此外，从决策的主体看，可把决策分为集体决策与个人决策。集体决策是指多个人一起作出的决策，个人决策则是指单个人作出的决策。

从决策的起点看，可把决策分为初始决策与追踪决策。初始决策是零起点决策，它是在有关活动尚未进行从而环境未受到影响的情况下进行的。随着初始决策的实施，组织环境发生变化，这种情况下所进行的决策就是追踪决策。因此，追踪决策是非零起点决策。

按决策的依据分为经验决策与科学决策。经验决策的依据是过去出现的事将会重复出现，因而经验决策只适用于日常的一些事务上。科学决策侧重于实验和分析研究，在此基础上进行决策。

三、决策的步骤

决策是一个提出问题、分析问题、找出解决问题方案的完整的动态过程。必须遵循科学的决策程序，才能做出正确的决策。决策程序一般包括八个基本步骤：

1. 提出问题，分析问题，确定决策层次。

发现问题、提出问题是决策工作的出发点，是领导者的重要职责。问题就是现实与期望之间的差距，期望也就是组织的目标。因此，领导者应该根据组织既定的目标，积极地搜集和整理情报并发现差距，确认问题。然后围绕发现的问题展开决策。在一个具有两个或两个以上的层次的组织中，仅仅将问题提出来是不够的，还必须在提出问题的基础上对众多的问题进行分析，以明确各个问题的性质，确定这些问题是涉及组织全局的战略性问题，还是只涉及局部的程序性问题。明确问题的性质是为了确定解决问题的决策层次，避免高层决策者被众多的一般性问题所缠绕而影响对重大问题的决策。

2. 确定决策标准。

决策标准既是制定决策方案的依据，又是执行决策，评价决策执行效果的准则。决策标准也就是决策必须达到的水平，即目标。决策标准首先必须正确，这是决策正确的航标，其次就是水平必须合理、可行。

经济组织一般是以经济效益为最基本的决策标准。如利润、成本、投资回收期等。

在决策过程中，决策者要使用预定的决策标准来衡量每个项目的每种方案的预期与决策标准的差异，并对各种方案进行排序。

3. 调研预测。

进行决策，必须开展广泛的调研。首先要摸清情况，收集资料，为决策提供准确可靠的基础数据。其次，必须对收集到的信息，进行分析、处理和使用。最后，要根据收集到的资料和信息进行预测。科学的预测是决策的前提。

4. 制订备选方案。

实现同一个决策目标的方式或途径可能是多种多样的，这就要求对多种途径和方式进行比较和选择，所以在调研预测的基础上，就要根据调研预测得到的相关的数据和资料在可以允许的程度内，将所有可能的备选方案都制订出来，各个备选方案尽可能建立在客观科学的基础上，减少主观假设性。

5. 评选、确定最优方案。

制订出各种可行方案之后，接着就是进行评估，选择一个最有助于实现目标的方案。首先要建立各方案的物理模型或数学模型，并要求得各模型的解，对其结果进行评估。其次，采用现代化的分析、评估、预测方法，对各种比较方案进行综合评价，并将各种比较方案按优先顺序排列，提出取舍意见，送交最高决策机构。最后选出最优的方案。

6. 组织决策实施。

决策的目的是实施决策，以解决最初提出的问题。不能付诸实施的决策只能是水中之月，镜中之花。因此，决策者必须将组织决策实施的工作当作一个重要的环节来抓。

决策的实施首先要有广大组织成员的积极参与，因此，应争取让更多的成员参与决策，了解决策，以便更好地实施决策。

7. 信息反馈和决策的修订、补充。

在决策实施过程中，决策人应及时了解，掌握决策实施的各种信息，及时发现各种新问题，并对原来的决策进行必要的修订、补充或完善，使之不断地适应变化了的新形势和新条件。

8. 总结经验，吸取教训，改进决策。

一项决策实施之后，对某实施的过程和情况进行总结、回顾，既可以明确功过，确定奖惩，还可以使自身的决策水平得到进一步的提高。通过总结决策经验，往往可以发现一些决策最初看起来是正确的，但在实施之后却并不令人满意；如某些决策短期效益可能十分显著，而长期效益却很差，这些都是通过对决策实施的结果进行总结所得到的经验。

四、决策的方法

决策的方法有两大类：定性决策方法（主观决策方法）和定量决策方法（计量决策方法）。常见的定性决策方法有头脑风暴法、德尔菲法、专家会议法等，这些方法基本都已在任务三中作了介绍，不再重复。

定量决策方法，也称计量决策方法，决策的“硬技术”，是建立在数学工具基础上的决策方法，其核心是把决策的变量与变量、变量与目标之间的关系用数学式表示出来（即建立数学模型），然后根据决策条件，通过计算求得答案。这种方法可以适用于决策过程中的任何一步，特别适用于方案的比较和评价。在决策时要运用复杂程度不同的数学工具。

定量决策方法包括确定型决策方法、不确定型决策方法和风险型决策方法。

（一）确定型决策方法

确定型决策法是决策人对未来的情况已有完整、可靠的资料，不存在不确定因素的决策。

常用的确定型决策方法有：盈亏平衡点法、现值分析法、投资内部收益率法、线性规划法等。这里主要介绍盈亏平衡点法。

1. 盈亏平衡点法的含义。

盈亏平衡点法又称保本分析法、收支平衡分析法、损益临界分析法。它是根据项目正常生产年份的产量、成本、产品销售价格和税金等数据，计算分析产量、成本和盈利三者之间的关系，确定销售总收入等于生产总成本时盈亏平衡点的一种方法。

2. 盈亏平衡分析模型。

盈亏平衡分析所涉及的关键变量有 4 个，即产销量、产品单价、成本和税收。其中成本又分为固定成本和变动成本。这 4 个变量的关系如下：

销售成本 = 固定成本总额 + 产销量 × 产品单位变动成本
= 固定成本总额 + 变动成本总额
销售税金 = 销售收入 × 税率 = 销售量 × 产品单价 × 税率
销售净收入 = 产(销)量 ×(产品单价 − 单位产品税金)

根据以上变量之间的关系可以用代数法进行盈亏平衡分析。

据假设条件可知：

$$S = Q \times (P - T)$$
$$C = F + VQ$$

式中：S 为年销售净收入；C 为年生产总成本；Q 为年产品产量；P 为单位产品销售价格；F 为年固定成本；V 为单位可变成本；T 为单位产品税金。

按照收支平衡的定义，S 应该等于 C：

$$S = C \text{ 或 } Q \times (P - T) = F + VQ$$
$$\text{得}: Q = \frac{F}{P - V - T}$$

据以上基本公式，可得出用各种不同参数表示的盈亏平衡点：

（1）以产（销）量表示的盈亏平衡点 BEP_Q。

$$BEP_Q = \frac{F}{P - V - T}$$

以产（销）量表示的盈亏平衡点，表明企业不发生亏损时所必须达到的最低限度的产品产（销）量。BEP_Q 值越小，组织的获利能力越强。要使项目获得较小的 BEP_Q 值，就必须降低固定成本，降低单位产品可变成本、单位产品税金或相应提高销售单价。

（2）以生产能力利用率表示的盈亏平衡点 BEP_R。

$$BEP_R = \frac{F}{P - V - T} \Big/ Q \times 100\% = \frac{F}{(P - V - T) \times Q} \times 100\%$$

以生产能力表示的盈亏平衡点，表明项目不亏损时必须达到的最低限度的生产能力。如果组织具有较小的 BEP_R 值，说明企业达到较低生产能力利用率即可保本。

（3）以销售单价表示的盈亏平衡点 BEP_P。

$$BEP_P = \frac{F + QV}{Q} + T$$

用销售单价表示的盈亏平衡点，表明企业不发生亏损时，所必须达到的最低销售价格。只有当销售价格与产品单位成本相等时，项目才能处于盈亏平衡水平上。这一参数直接与产品单位成本有关，较低的产品单位成本，可以使组织拥有较大的产品定价空间。

（4）以销售收入表示的盈亏平衡点 BEP_S。

$$BEP_S = \frac{F}{P - V - T} \times P$$

以销售收入表示的盈亏平衡点，表明项目不发生亏损时，所必须实现的最低销售收入。只有当销售收入与总成本费用相等时，项目才能处于盈亏平衡水平。这一参数与产品生产成本有关，即生产成本较低时，组织获取销售收入的能力越强。

3. 盈亏平衡点法的运用。

某企业年产 2.3 万吨 N 产品，年生产总成本 23815 万元，其中固定成本为 5587 万元，单位可变成本为 7925.22 元，销售单价为每吨 15400 元，单位销售税金 1169.13 元。则：

（1）以产量表示的盈亏平衡点 BEP_Q。

$$BEP_Q = \frac{5587}{15400 - 7925.22 - 1169.13} = 0.89 \text{（万吨）}$$

计算结果表明，该企业年产量只要能达到 0.89 万吨就可以保本，保本点低，企业的获利能力强。

（2）以生产能力利用率表示的盈亏平衡点 BEP_R。

$$BEP_R = \frac{5587}{(15400 - 7925.22 - 1169.13) \times 2.3} \times 100\% = 39\%$$

计算结果表明，该企业只要达到设计能力的 39% 就可以保本，可见，企业的获利空间较大。

（3）以销售单价表示的盈亏平衡点 BEP_P。

$$BEP_P = \frac{5587 + 7925.22 \times 2.3}{2.3} + 1169.13 = 11523.48 \text{（元）}$$

计算结果表明，使企业保本的单位产品销售最低价格为 11523.48 元。

（4）以销售收入表示的盈亏平衡点 BEP_S。

$$BEP_S = \frac{5587}{15400 - 7925.22 - 1169.13} \times 15400 = 13706 \text{（万元）}$$

计算表明，该企业销售收入只要达到 13706 万元就可以保本。

相关链接

作为确定型决策问题，必须具备以下四个条件：(1) 存在着决策人希望达到的一个明确的目标；(2) 存在着比较肯定的自然状态；(3) 存在着可供决策人选择的两个或两个以上的决策方案；(4) 各个方案的损益是可以计算出来的。

（二）风险型决策方法

风险型决策也叫统计型决策、随机型决策，是指已知决策方案所需的条件，但每一方案的执行都有可能出现不同后果，多种后果的出现有一定的概率，即存在着“风险”，所以称为风险型决策。

风险型决策的评价方法也很多，这里主要介绍决策树法。

1. 决策树法的含义。

决策树法是把方案的一系列因素按它们的相互关系用树状结构（见图3－9）表示出来，再按一定程序进行优选和决策的技术方法。

2. 决策树法的优点。

（1）便于有次序、有步骤、直观而又周密地考虑问题；

（2）便于集体讨论和决策；

（3）便于处理复杂问题的决策。

3. 决策树图及符号说明。

决策树图形见图3－9，图中各符号的含义如下。

□——决策点。从它引出的分枝为策略方案分枝，分枝数反映可能的策略方案数。

○——策略方案节点，节点上方注有该策略方案的期望值。从它引出的分枝为概率分枝，每个分枝上注明自然状态及其出现的概率，分枝数反映可能的自然状态数。

△——事件节点，又称“末梢”。它的旁边注有每一策略方案在相应状态下的损益值。

图3－9　决策树图形

4. 决策树的计算和决策。

从右向左依次进行计算，在策略方案节点上计算该方案的期望值，在决策点上比较各策略方案的期望值并进行决策。

5. 运用决策树法进行决策的步骤。

（1）绘制决策树图；

（2）预计可能事件（可能出现的自然状态）及其发生的概率；

（3）计算各策略方案的损益期望值；

（4）比较各策略方案的损益期望值，进行择优决策。若决策目标是效益，应取期望值大的方案；若决策目标是费用或损失，应取期望值小的方案。

6. 决策树法的运用。

某企业在下年度有甲、乙两种产品方案可供选择，每种方案都面临滞销、一般和畅销三种市场状态，各种状态的概率和销售收入如表 3－8 所示。

表 3－8　　决策方案情况

项目	市场状态		
	滞销	一般	畅销
概率	0.2	0.3	0.5
甲方案收入（亿元）	20	70	100
乙方案收入（亿元）	10	50	160

试用决策树法选择最佳方案。

首先，依据已知条件，绘制决策树图形如图 3－10 所示。

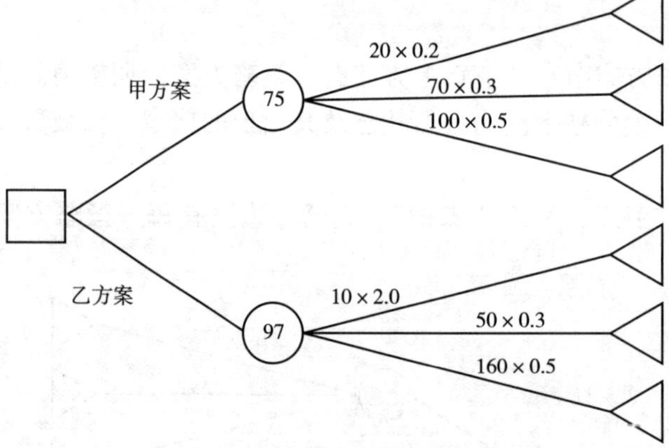

图 3－10　决策树图形

其次，判断甲、乙方案出现的自然状态及其发生的概率；

再次，计算甲、乙方案的损益期望值；

甲方案的期望销售收入 $=20\times0.2+70\times0.3+100\times0.5=75$（亿元）

乙方案的期望销售收入 $=10\times0.2+50\times0.3+160\times0.5=97$（亿元）

最后，比较甲、乙方案的销售收入期望值，并进行择优决策。本案例乙方案的销售收入期望值大于甲方案的销售收入期望值，所以选择乙方案。

相关链接

风险型决策必须具备的条件是：（1）存在着决策者企望达到的目标；（2）有两个以上方案可供决策者选择；（3）存在着不以决策人的意志为转移的几种自然状态；（4）各种自然状态出现的概率已知或可估计出来；（5）不同行动方案在不同自然状态下的损益值可以估算出来。

（三）不确定型决策方法

不确定型决策指各种可行方案发生的后果是未知的，决策时无统计概率可依据的决策问题。

与风险型决策问题相比，该类决策缺少第 4 个条件。即各种自然状态出现的概率已知或可估计出来。在不确定型决策中，各种自然状态出现的概率是未知或无法估计出来的。

我们看到，在风险型决策方法中，计算期望值的前提是能够判断各种状况出现的概率。如果出现的概率不清楚，就需要用不确定型方法，这主要有三种，即冒险法、保守法和折中法。采用何种方法取决于决策者对待风险的态度。

1. 冒险法（大中取大法）。

这是一种乐观的方法，它基于对未来前景的乐观估计，不放弃任何一个获得最好结果的机会，愿意承担风险以争取最大收益。在方案取舍时，首先，取各方案在各种状态下的最大损益值（即最有利的状态发生），然后，在各方案的最大损益值中取最大者对应的方案。

例如，某企业计划开发新产品，有三种设计方案可供选择。不同设计方案制造成本、产品性能各不相同，在不同的市场状态下的损益值也不同。有关资料如表 3－9 所示。

表 3－9　　决策方案情况

市场状态	畅销	一般	滞销	max
方案 A 损益值	70	40	10	70
方案 B 损益值	90	30	0	90
方案 C 损益值	100	30	－10	100

注：max{70,90,100} =100，选择方案 C。

2. 保守法（小中取大法）。

这是一种悲观的方法，在方案取舍时，首先，取各方案在各种状态下的最小损益值（即最不利的状态发生），然后，在各方案的最小损益值中取最大者对应的方案。

例如，同样的事例，用保守法决策如表 3－10 所示。

表 3－10　　决策方案情况

市场状态	畅销	一般	滞销	min
方案 A 损益值	70	40	10	70
方案 B 损益值	90	30	0	0
方案 C 损益值	100	30	－10	100

注：min{10,0,－10}＝10，选择方案 A。

3. 折中法。

保守法和冒险法都是以各方案不同状态下的最大或最小极端值为标准。但多数场合下决策者既非完全的保守者，也非极端冒险者，而是介于两个极端的某一位置寻找决策方案，即折中法。方法如下：首先，找出各方案在所有状态下的最大值和最小值；其次，根据自己的冒险偏好程度，给定最大值一个乐观系数 a（0＜a＜1），那么，最小值系数就是 1－a；再次，用给定的系数和对应的各方案最大值和最小值计算各方案的加权平均值；最后，加权平均值的最大值对应的方案就是最佳方案。如表 3－11 所示。

假设上例：取 a＝0.7

则最大系数为 0.7，最小系数为 0.3。

各方案的加权平均值为：

方案 A：$70\times0.7+10\times0.3=52$

方案 B：$90\times0.7+0\times0.3=63$

方案 C：$100\times0.7+(-10)\times0.3=67$

表 3－11　　决策方案情况

市场状态	畅销	一般	滞销	max	min	加权平均数
方案 A 损益值	70	40	10	70	10	52
方案 B 损益值	90	30	0	90	0	63
方案 C 损益值	100	30	－10	100	－10	67

注：方案 C 的加权平均值是 67，为最大，选择方案 C。

管理情景
分析 3－4

任务五　编制计划

听故事
悟原理
（隆中对）

【管理情景 3－5】

王健应该怎么做？

王健是一家民营企业的计划部经理，他主要负责工作计划的编制和监督执行。每年的年底是王健最痛苦的时候，这时他不仅要准备向老板汇报当年的计划完成情况，还要牵头组织下一年度工作计划的编制工作。为此，他几乎每天都要向各部门要数据、催进度，对于实在拖拉的部门，他还不惜动用罚款等措施。最后好不容易各部门的工作计划上报完毕，可等到王健汇总时，结果却往往会使他变得很沮丧：其中有些部门的计划纯粹是在不切实际地喊口号、唱高调，有些部门则是想通过工作计划来争资源，有些部门的工作计划则根本没有给出任何约束性指标……

然而王健还是得依据这些来自各部门的“原始资料”完成他下一年度的计划编制工作。从前些年公司的业绩看，这样编制出来的计划可以说是一纸空文，计划数据与实际数据相差太大。

王健常常会听到这样的抱怨：我们连公司下一步要往哪里走都搞不清定计划啊。王健作为部门经理，觉得自己有责任把这些意见反馈给老板，看到老板忙碌的身影时，都是话刚到嘴边又咽了下去。

又该编制下一年度的工作计划了，王健再次感到了一股无形的压力，但这次他不想再走老路子了，为公司的前途着想，他决定要和老板沟通一下，谈谈公司的未来。

请思考：王健应该向老板反映何种意见？为什么？

一、目标与目标体系

任何一个组织都应该有自己的目标，目标是每一个组织及其成员在一定时期内一切活动和行为的出发点和归宿点。计划工作的首要任务是确定目标。

（一）定义目标

目标是组织目的或旨宗的具体化，是一个组织努力希望在一定时期内要达到的预期成果。

目标不仅是一个组织的基本特征，还表明一个组织存在的意义。尽管不同的组织目标各异，但有一点是共同的，那就是追求效率。也就是要以最少的资源投入来实现最大的产出，如果一个组织不能做到这一点，也就丧失了自己存在的价值。

组织制定出了明确的目标，就规划了人力、物力、财力这些资源的使用方向，以保证最大限度地实现目标。由此可见，制定目标在计划工作中具有非常重要的意义。

（二）目标的性质

一般来说，目标具有以下属性：

1. 目标的结构性。

组织一般分为若干管理层次及若干管理部门，这就要求为每个层次、部门设立目标。

组织目标体系构成包括纵向结构和横向结构。组织目标纵向结构上，存在着不同管理层次之间的目标衔接问题，包括组织的总目标、中层目标和基层目标。纵向结构是一种由上至下的层层分解关系，也是由下至上的层层保证关系

（见图 3－11）。

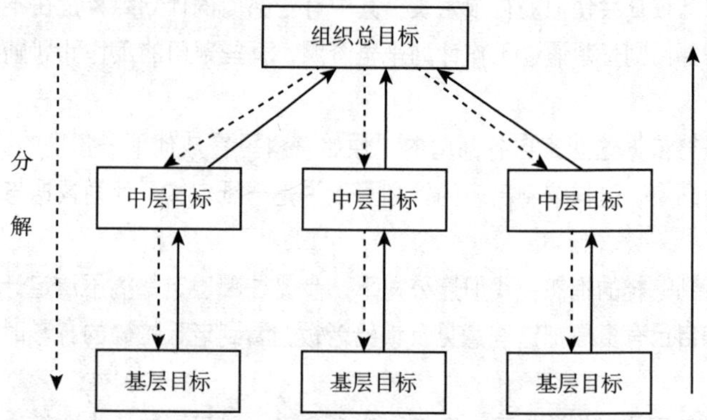

图 3－11　目标体系

从组织目标横向结构上看，在同一管理层次各个部门之间，也有目标协调与组合问题。目标的这一属性要求管理者需要将组织总目标加以分解落实，并注意同一层次目标之间的协调，目标体系自始至终把最大限度地实现总目标放在首位。

2. 目标的时间性。

这一属性表明实现目标的时间有长有短。一般来说，目标分为短期目标、中期目标、长期目标。一般来说，只有优先确定长期目标之后，才能确定中、短期目标，以利于组织的长期、持续、协调发展。

3. 目标的多样性。

任何一个组织在同一时期有多重任务，所以要实现的目标有多种多样，目标的多样性要求管理者应该从组织的不同角度和不同的方面设计目标，并注意协调和平衡这些目标。

4. 目标的次序性。

目标的多样性，就产生了目标的优先次序问题。应该根据组织的总目标，结合各目标之间的内在联系，区分轻重缓急，科学合理地加以排列。任何组织用以实现目标的资源都是有限的，组织必须以合理的方法来分配其有限的资源，以保证目标的有效实现。

5. 目标的可考核性。

目标可以是定量的，也可以是定性的。定量的目标考核最容易，要求管理者，只要有可能，就要制定明确的、可考核的日标。

（三）目标的制定

目标制定是计划的一项重要工作，也是一项困难、复杂的工作，制定目标必须树立系统思想，遵循一定的原则，要有可靠的依据，按照科学的程序进行。

1. 制定目标的原则。

（1）关键性原则。目标的制定要突出组织在一定时期关系全局的重要问题和关键问题，以便明确工作重点。目标的制定不要罗列过多的目标和主次不分。

（2）可行性原则。目标的制定要充分考虑主客观条件，要有很强的操作性和可行性。一个切实可行的目标，会对员工产生激励的作用，促使员工积极和努力地去实现目标。

（3）定量化原则。目标的制定要尽可能数量化，量化的目标让员工对目标的内容更清楚和明白。同时，目标量化以后，具有良好的可比性，以便检查和评价目标的实现程度。

（4）一致性原则。目标的制定要使总体目标、部门目标、具体目标保持协调一致，形成完整的体系，不可相互矛盾和脱节。

（5）灵活性原则。目标的制定要留有余地，并根据组织内外环境的变化，保持对目标的及时修改和调整。

2. 制定目标的依据。

（1）从本组织的使命和宗旨出发，这是制定目标的最基本依据。

（2）依据上一个计划期未实现目标的问题及出现的新问题来确定目标。

（3）依据对组织外部环境的适应来确定目标。

（4）依据上级部门提出的要求、部署或社会形势要求制定目标。

（5）依据与国内外先进水平比较的差距来制定目标。

3. 制定目标的程序。

制定目标的基本程序可以分为由上而下、由下而上、上下结合等几种方式。规模较小，业务简单的组织一般采用由上而下的方式；规模较大，业务复杂的组织一般采用由下而上的方式；但大多数组织在多数情况下，会采用上下结合、几上几下的方式。

二、编制计划的方法

计划制订的质量好坏和效率高低在很大程度上取决于采用的方法。制订计划的方法很多，下面简要介绍几种常用的方法。

（一）滚动计划法

滚动计划法的基本原理是将短期计划、中期计划和长期计划有机地结合起来，根据近期计划的执行情况和环境变化情况，定期修订未来计划。由于在计划工作中很难准确地预测未来，而且计划期限越长，不确定性程度就越大。如果仍然按原来制订的计划执行，可能会导致重大的损失。滚动计划法则可以避免由于不确定性可能带来的不良结果。

滚动计划法的具体做法是：在计划制订时，同时制订未来若干期计划，但计划内容应该是近细远粗，即近期计划内容尽可能详尽，远期计划的内容则粗略；在计划期的第一阶段结束时，根据这个阶段计划执行情况和组织内外部环境变化的情况，对原计划进行修订，并将整个计划向前滚动一个阶段；以后根据同样的原则逐期滚动。滚动计划法的原理和做法见图 3－12。

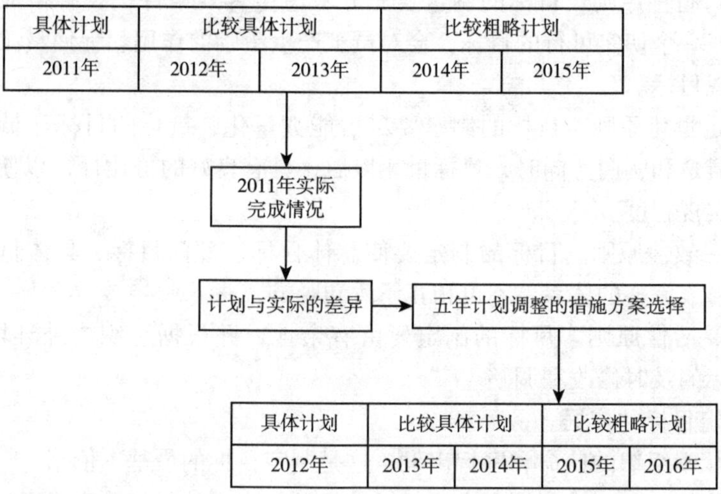

图 3－12　滚动计划法示意

相关链接

滚动计划法的优点是：（1）适用性强，可应用于任何类型的计划。（2）由于相对缩短了计划时期，未来确定性程度得到提高，保证了计划的质量。（3）使短期计划、中期计划和长期计划相互衔接，能根据环境变化及时地进行调节，使各期计划基本保持一致。（4）大大增强了计划的弹性，从而提高了组织的应变能力。

滚动计划法的缺点是：计划编制工作量比较大。

（二）运筹学方法

运筹学方法被广泛应用于解决有限资源如何充分利用，以便更好地实现既定目标的问题。它的基本原理是：在组织资源已定的情况下，为了实现一定的目标，通过建立和运用数学模型，统筹安排整个活动所有环节之间的关系，实现组织资源最经济、最有效地利用，以产生最大的经济效果。

运筹学方法的具体做法是：（1）根据问题的性质建立相应的数学模型，同时界定主要变量和问题的范围。为了简化问题和突出重点影响因素，需要做出各种假设。（2）根据模型中变量和结果之间的关系，建立目标函数作为比较结果的工具。（3）确定目标函数中各参数的具体数值。（4）进行求解，即找出目标函数的最大值或最小值，以此得到模型的最优解，即解决问题的最优方案。

（三）投入产出方法

投入产出方法是对物质生产部门之间或产品之间的数量依存关系，进行科学分析，并对再生产进行综合平衡的一种方法，它以最终产品为经济活动的目标，从整个经济系统出发确定达到平衡的条件。这种方法被企业等经济组织应用于生产计划及其他计划的制定。它的基本原理是：任何系统的经济活动都包括投入和产出两大部分，投入是指在生产活动中的消耗，产出是指生产活动的结果，在生产活动中投入与产出具有一定的数量关系。投入产出方法就是利用这种数量关系建立投入产出表，根据投入产出表对投入与产出的关系进行科学分析，再用分析的结果来编制计划并进行综合平衡。投入产出表的基本形式和内容见表 3－12。

投入产出方法的优点是：(1) 通过投入与产出的数量分析，可以确定企业等经济组织内部各部门之间的各种比例关系，处理好各部门之间的利益关系。(2) 通过投入与产出的数量分析，可以预测某项措施实施后所产生的效果。(3) 可以从整个系统的角度编制中期计划或长期计划，容易做好综合平衡。

表 3－12　　投入产出表

<table>
<tr><td colspan="3" rowspan="3"></td><td colspan="8">产品的分配去向（产出）</td><td rowspan="3">总产品</td></tr>
<tr><td colspan="5">中间产品</td><td colspan="3">最终产品</td></tr>
<tr><td>部门1</td><td>部门2</td><td>……</td><td>部门n</td><td>合计</td><td>累积</td><td>消费</td><td>合计</td></tr>
<tr><td rowspan="9">产品的消耗来源（投入）</td><td rowspan="5">物质消耗</td><td>部门1</td><td colspan="5" rowspan="5">Ⅰ</td><td colspan="3" rowspan="5">Ⅱ</td><td rowspan="9"></td></tr>
<tr><td>部门2</td></tr>
<tr><td>……</td></tr>
<tr><td>部门n</td></tr>
<tr><td>合计</td></tr>
<tr><td rowspan="4">净产值</td><td>劳动报酬</td><td colspan="5" rowspan="4">Ⅲ</td><td colspan="3" rowspan="4">Ⅳ</td></tr>
<tr><td>纯收入</td></tr>
<tr><td>合计</td></tr>
<tr><td>产值</td></tr>
<tr><td></td><td colspan="2">总产值</td><td colspan="5"></td><td colspan="3"></td><td></td></tr>
</table>

（四）计量经济学方法

计量经济学方法是运用数学和统计的方法来描述和分析各种经济关系的一种计划方法。这种方法被企业等经济组织的管理者用来调节经济活动，加强市场预测，以及合理安排生产计划等方面。它的基本原理是：以经济学中关于经济关系的学说为依据，运用数学和统计方法根据实际统计资料，对经济关系进行计量，然后将计量的结果和实际情况加以对照，以帮助管理者对计划方案进行分析和评价。

计量经济学方法的具体做法是：（1）因素分析。即按照问题的实际情况分析影响它的因素种类、因素之间的相互关系，以及各因素对问题的影响程度。（2）建立模型。根据分析的结果，把影响问题的主要因素列为自变量，把所有次要因素用一个随机误差项表示，而把问题本身作为因变量，建立起含有一些未知参数的数学模型。（3）参数估计。用计量经济方法，利用统计资料确定参数，进而计算相关系数，以检查自变量对因变量的影响程度，此外还要对参数进行理论检验和统计检验，并分析这两项检验结果的原因，不断修改模型，直到模型达到满意为止。（4）实际应用。计量经济学模型主要有三种用途，一是经济预测，即预测因变量在将来的数值；二是评价方案，即对各个备选方案进行分析评价，以确定满意方案；三是结构分析，即利用模型对经济系统进行深入的结构分析。运用计量经济学方法建立的数学模型在上述这三个方面的应用，都会在计划工作中涉及，从而使计划工作更加完善和科学。

以上各种方法往往不是孤立使用，而是可以多种方法联合运用的。

三、计划书的结构和写法

计划编制结果通常形成计划书，计划书一般包括标题、正文、附件 3 部分内容。其具体写法如下：

（一）标题

一般包含计划单位的名称、计划时限、计划内容摘要、计划名称。如，《××公司 2013 年生产计划》，所制订计划如还需要讨论定稿或经上级批准，就应在标题的后面或下面用括号加注“草案”或“初稿”或“讨论稿”等字样。

（二）正文

前言。对基本情况的分析，对计划的概括说明，说明制订计划的依据、条件。

事项。是计划的主体，包括目标、措施、要求二项内容，这些被称为计划的三要素。

目标回答“做什么”的问题，可以是总体目标，也可以是具体任务或指标。

措施回答“如何做”的问题，包括组织分工、进程安排、物质保证、方式方法等。

要求回答“做得怎样”“如何做完”之类的问题，主要是质量、数量、时间上的要求。

（三）附件

主要包括计划指标体系，计划进度表和其他相关的资料。

管理情景
分析 3－5

管理情景讨论和能力训练一

测一测
心有底

项目工作任务书

项目名称	策划迎新晚会
项目负责人	
项目组成员	
项目情景	江洲经贸职业学院是一个充满生机和活力的集体，每逢重大的节日如元旦、五四青年节、国庆节等都要举行大型的庆祝活动。今年学院又迎来了 2000 名新同学。根据学院工作安排，团委准备在新生军训结束后，举办一场全院性的迎新晚会，小刘是院学生会文艺部部长，团委书记王老师把策划迎新晚会的工作交给小刘，小刘既兴奋又紧张，这是他第一次担任大型活动项目的策划任务，接受任务后，他立即召集学生会文艺部的部分成员共同商讨活动方案。
项目目标	提出学院迎新晚会活动方案
项目工作内容和方法	1. 思考：如何策划迎新晚会。 2. 分析：准备采取怎样的迎新活动方案。 3. 说明：这些方案是怎么确定的？ 4. 决策：你最终将采取什么方案？你为什么选定这个方案？
学习目标	通过策划班级活动方案，加深对管理决策方法与程序的理解
学习提示	1. 独立思考策划迎新晚会活动方案需考虑的因素和初步的活动方案？ 2. 团队成员讨论、交流活动方案。 3. 撰写迎新活动方案。
说明	

项目活动计划与评价表

<table>
<tr><td colspan="4">项目名称</td><td colspan="6"></td></tr>
<tr><td colspan="4">项目负责人</td><td colspan="6"></td></tr>
<tr><td colspan="4">项目组成员</td><td colspan="6"></td></tr>
<tr><td colspan="4">项目实施时间</td><td colspan="6"></td></tr>
<tr><td rowspan="5">项目计划与成果</td><td colspan="3">项目实施计划</td><td colspan="6">包括（但不限于）：计划目标、实现计划目标的要素、计划进度。</td></tr>
<tr><td colspan="3">工作方案</td><td colspan="6">包括（但不限于）：工作流程、阶段任务、工作思路、工作方法措施。</td></tr>
<tr><td colspan="3">项目成果</td><td colspan="6"></td></tr>
<tr><td colspan="3">收获与建议</td><td colspan="6"></td></tr>
<tr><td colspan="3">说明</td><td colspan="6"></td></tr>
<tr><td rowspan="6">工作评价</td><td colspan="3" rowspan="2">团队及成员</td><td rowspan="2">团队</td><td colspan="5">成　员</td></tr>
<tr><td>1.</td><td>2.</td><td>3.</td><td>4.</td><td>5.</td></tr>
<tr><td rowspan="4">评语与成绩</td><td rowspan="2">团队评价</td><td>评价</td><td></td><td></td><td></td><td></td><td></td><td></td></tr>
<tr><td>成绩</td><td></td><td></td><td></td><td></td><td></td><td></td></tr>
<tr><td rowspan="2">教师评价</td><td>综合评价</td><td></td><td></td><td></td><td></td><td></td><td></td></tr>
<tr><td>成绩</td><td></td><td></td><td></td><td></td><td></td><td></td></tr>
</table>

管理情景讨论和能力训练二

项目工作任务书

项目名称	规划职业生涯
项目负责人	
项目组成员	
项目情景	经过努力，小林今年顺利进入大学学习，报到当天晚上，班主任组织召开班会，班会主要做三件事情：一是同学们自我介绍，相互认识；二是班主任布置开学第一周的工作；三是班主任要求每位同学要制定一份职业生涯规划，一周内完成。
项目目标	制定个人的职业生涯规划
项目工作内容和方法	1. 调查并预测：在毕业之后，你将面临什么样的外部机遇和威胁？你将在哪些方面最好地发挥你的竞争力？在你将来的工作中可能会出现什么障碍？ 2. 思考：你的使命是什么？你准备从事什么行业？你为别人创造的价值是什么？ 3. 分析：作为一个员工或自主创业，你的优势和弱点是什么？你的核心技能和竞争力是什么？ 4. 决策：你喜欢在哪个行业从事5年或10年甚至更长的时间？你对事业的前景是怎么看的？ 5. 计划：你需要采取什么行动来达成你的事业目标？ 6. 控制：你如何知道你的技能正在顺利地发展？你如何定期检查你的事业进程？
学习目标	通过规划个人的职业生涯，加深对管理的计划职能的理解，培养计划管理的能力。
学习提示	1. 列出你毕业之后将遇到的机会和威胁，你的竞争优势，你可能遇到的问题？ 2. 列出你的优点和缺点？你的核心技能和竞争力？ 3. 说明你大学毕业后准备从事什么样的工作？你能为社会提供什么？希望从社会得到什么？ 4. 列出你的职业倾向和人生目标？ 5. 说说你将采取哪些措施使你的人生目标得以实现？
说明	

项目活动计划与评价表

<table>
<tr><td colspan="4">项目名称</td><td colspan="6"></td></tr>
<tr><td colspan="4">项目负责人</td><td colspan="6"></td></tr>
<tr><td colspan="4">项目组成员</td><td colspan="6"></td></tr>
<tr><td colspan="4">项目实施时间</td><td colspan="6"></td></tr>
<tr><td rowspan="6">项目计划与成果</td><td colspan="3">项目实施计划</td><td colspan="6">包括（但不限于）：计划目标、实现计划目标的要素、计划进度。</td></tr>
<tr><td colspan="3">工作方案</td><td colspan="6">包括（但不限于）：工作流程、阶段任务、工作思路、工作方法措施。</td></tr>
<tr><td colspan="3">项目成果</td><td colspan="6"></td></tr>
<tr><td colspan="3">收获与建议</td><td colspan="6"></td></tr>
<tr><td colspan="3">说明</td><td colspan="6"></td></tr>
<tr><td colspan="3"></td><td colspan="6"></td></tr>
<tr><td rowspan="6">工作评价</td><td colspan="3" rowspan="2">团队及成员</td><td rowspan="2">团队</td><td colspan="5">成　员</td></tr>
<tr><td>1.</td><td>2.</td><td>3.</td><td>4.</td><td>5.</td></tr>
<tr><td rowspan="4">评语与成绩</td><td rowspan="2">团队评价</td><td>评价</td><td></td><td></td><td></td><td></td><td></td><td></td></tr>
<tr><td>成绩</td><td></td><td></td><td></td><td></td><td></td><td></td></tr>
<tr><td rowspan="2">教师评价</td><td>综合评价</td><td></td><td></td><td></td><td></td><td></td><td></td></tr>
<tr><td>成绩</td><td></td><td></td><td></td><td></td><td></td><td></td></tr>
</table>

管理情景讨论和能力训练三

项目工作任务书

项目名称	制订一份工作计划
项目负责人	
项目组成员	
项目情景	小林进入大学后，为自己制定了一份职业生涯规划。为确保规定目标顺利实现，他每学期都制订工作和学习计划，并努力完成计划。
项目目标	为自己制订一份学期工作计划
项目工作内容和方法	1. 决策：结合职业生涯规划，本学期你需要完成哪些工作？ 2. 计划：你计划采取何种措施确保计划工作顺利完成？ 3. 思考：遇到没有预计的问题出现，你将如何处理？
学习目标	通过制订学期工作计划，加深对管理的计划职能的理解，培养制订计划的能力。
学习提示	1. 列出本学期你要做的主要工作。 2. 说明你将采取哪些措施使计划得以实施并取得较好的效果？ 3. 说明当遇到没有预计的问题出现时，你将如何处理？
说明	

项目活动计划与评价表

<table>
<tr><td colspan="2">项目名称</td><td colspan="6"></td></tr>
<tr><td colspan="2">项目负责人</td><td colspan="6"></td></tr>
<tr><td colspan="2">项目组成员</td><td colspan="6"></td></tr>
<tr><td colspan="2">项目实施时间</td><td colspan="6"></td></tr>
<tr><td rowspan="5">项目计划与成果</td><td>项目实施计划</td><td colspan="6">包括（但不限于）：计划目标、实现计划目标的要素、计划进度。</td></tr>
<tr><td>工作方案</td><td colspan="6">包括（但不限于）：工作流程、阶段任务、工作思路、工作方法措施。</td></tr>
<tr><td>项目成果</td><td colspan="6"></td></tr>
<tr><td>收获与建议</td><td colspan="6"></td></tr>
<tr><td>说明</td><td colspan="6"></td></tr>
<tr><td rowspan="6">工作评价</td><td colspan="3" rowspan="2">团队及成员</td><td rowspan="2">团队</td><td colspan="5">成　员</td></tr>
<tr><td>1.</td><td>2.</td><td>3.</td><td>4.</td><td>5.</td></tr>
<tr><td rowspan="4">评语与成绩</td><td rowspan="2">团队评价</td><td>评价</td><td></td><td></td><td></td><td></td><td></td><td></td></tr>
<tr><td>成绩</td><td></td><td></td><td></td><td></td><td></td><td></td></tr>
<tr><td rowspan="2">教师评价</td><td>综合评价</td><td></td><td></td><td></td><td></td><td></td><td></td></tr>
<tr><td>成绩</td><td></td><td></td><td></td><td></td><td></td><td></td></tr>
</table>

案例分析

案例一　哈默的大批酒桶[1]

资料：

1931 年，哈默从苏联回到美国。这时，富兰克林·罗斯福即将登上美国总统的宝座。罗斯福提出解决美国经济危机的“新政”，但因“新政”尚未得势。所以很多企业家对“新政”持怀疑态度，在经营决策中举棋不定。

而哈默通过深入研究当时国内的政治形势，认定罗斯福会掌握美国政权。一旦罗斯福得势，1920 年公布的“禁酒令”就会被废除。哈默顺着这条思路想下去：到那时，威士忌和啤酒的生产量会十分惊人。市场上将需要大量的酒桶用以装酒。酒桶并非一般木板可以制作，非用经过特殊处理的白橡木不可。他在苏联生活多年，知道那里有白橡木板出口，于是，他又去苏联，凭着他的老关系，订购了几船白橡木板运到美国。他还在纽约码头附近设立了一间临时的酒桶加工厂，作为应急的储备。

后来，他又在新泽西州的米尔敦建造了一个现代化的酒桶加工厂，取名哈默酒桶厂。可贵的是，当哈默做这些事时“禁酒令”尚未解除。当哈默的酒桶源源不断地从生产线上滚出来时，“禁酒令”被解除了。人们对威士忌和啤酒的需求急剧上升，各酒厂的生产量随之直线上升，成问题的是需要大批酒桶，哈默已经给他们准备好了。生产酒类的厂家有许多，而大规模生产酒桶的工厂“只此一家，别无分店”，所以哈默制造酒桶获得的盈利超过了酒厂。

问题：

请分析哈默成功的原因是什么？

提示：

请运用预测的概念、作用、类型及方法分析此案例。

案例分析
参考答案

案例二　阿迪达斯与耐克[2]

资料：

如果你是一名长跑爱好者，那么在 20 世纪 60 年代和 70 年代初，你只有一种合适的鞋可供选择：阿迪达斯（Adidas）。阿迪达斯是德国的一家公司，是为竞技运动员生产轻型跑鞋的先驱。在 1976 年的蒙特利尔奥运会上，田径赛中有 82% 的获奖者穿的是阿迪达斯牌运动鞋。

阿迪达斯的优势在于创新。它使用新的材料和技术来生产更结实和更轻便的鞋。它采用袋鼠皮绷紧鞋边。四钉跑鞋和径赛鞋采用的是尼龙鞋底和可更换鞋

① 引用自《现代市场营销学》，企业营销环境—道客巴巴，http：//www. doc88. com/p－495332063219. html.

② 引用自管理学案例，http：//www. 360doc. com/content/13/0626/12/12495271_295622206. shtml.

钉。高质量、创新性和产品多样化，使阿迪达斯在 20 世纪 60 年代和 70 年代初支配了这一领域的国际竞争。

20 世纪 70 年代，蓬勃兴起的健康运动使阿迪达斯公司感到吃惊。一瞬间千百万以前不喜欢运动的人们对体育锻炼产生了兴趣。成长最快的健康运动细分市场是慢跑。到 1980 年约 3000 万美国人加入了慢跑运动，还有 1000 万人是为了休闲而穿跑鞋。尽管如此，为了保护其在竞技市场中的统治地位，阿迪达斯并没有大规模地进入慢跑市场。

20 世纪 70 年代陆续出现了一大批竞争者，如美洲狮（Puma）、布鲁克斯（Brmks）、新布兰斯（NewBallance）和虎牌（Tiger）。但有一家公司比其余更富有进取性和创新性，那就是耐克（Nike）。由前俄勒冈大学的一位长跑运动员创办的耐克公司，在 1972 年俄勒冈的尤金举行的奥林匹克选拔赛中首次亮相。穿阿迪达斯鞋的参赛者在那次比赛中占据了前三名，第四名至第七名则由穿着新耐克鞋的马拉松运动员获得。

耐克的大突破出自 1975 年的“夹心饼干鞋底”方案。它的鞋底上的橡胶钉比市场上出售的其他鞋更富有弹性。夹心饼干鞋底的流行及旅游鞋市场的快速膨胀，使耐克公司 1976 年的销售额达到 1400 万美元。而它在 1972 年仅为 200 万美元，自此耐克公司的销售额飞速上涨。今天，耐克公司的年销售额超过了 35 亿美元，并成为行业的领导者，占有运动鞋市场 26% 的份额。

耐克公司的成功源于它强调的两点：（1）研究和技术改进；（2）风格式样的多样化。公司有将近 100 名雇员从事研究和开发工作。它的一些研究和开发活动包括：人体运动高速摄影分析，对 300 个运动员进行的试穿测验，以及对新的和改进的鞋及材料的不断的试验和研究。

在营销中，耐克公司为消费者提供了最大范围的选择。它吸引了各种各样的运动员，并向消费者传递出最完美的旅游鞋制造商形象。到 20 世纪 80 年代初，慢跑运动达到高峰时，阿迪达斯已成了市场中的“落伍者”。竞争对手推出了更多的创新产品，更多的品种，并且成功地扩展到了其他运动市场。例如，耐克公司的产品已经统治了篮球和年轻人市场，运动鞋已进入了时装时代。到 20 世纪 90 年代初，阿迪达斯的市场份额降到了可怜的 4%。

问题：

1. 耐克公司的管理当局制定了什么决策使它如此成功？

2. 到 20 世纪 90 年代初，阿迪达斯的不良决策如何导致了市场份额的极大减少？这些决策怎么使得阿迪达斯的市场份额在 90 年代初降到了可怜的地步？不确定性在其中扮演了什么角色？

案例分析
参考答案

案例三 拟定可考核的目标①

资料：

中兴集团公司是一家拥有 20 家分公司的大型集团企业，参与 6 个行业的经

① 案例引用自豆丁网，https：//www. docin. com/p－365581412. html.

营。集团公司对分公司的管理方式是独立经营，集中核算。一位分公司的总经理最近听了关于目标管理的讲座，激发了他的热情，增强了他关于目标管理确实有效的想法。他最后决定，在下一次职能部门会议上介绍这个概念并且看看它能做些什么。在会议上，他详细叙述了这种方法的理论发展情况，列举了在这个分公司使用这种方法的好处，并且要求他的下属人员考虑他的建议。并不像每个人所想象的那样简单，在会议上，中层经理们的提议提出了好几个问题。财务主任要求知道，“你是否有集团公司总裁分配给你的明年分公司的目标？”分公司经理回答说：“我没有，但我一直在等待总裁办公室告诉我，他们期望我们做什么，可他们好像与此事无关一样。”生产经理问道：“那么分公司要做什么呢？”“我打算列出我对分公司的期望，”这位分公司的总经理进一步说，“关于目标没有什么神秘的，我打算明年的销售额达到5000万元，税后利润率达到8%，投资收益率为15%，一项正在进行的项目建设在6月30日能投产。我以后还会列出一些明确的指标，如选拔我们分公司未来的主管人员，今年年底前完成我们的新产品开发工作，以及保持员工流动率在15%以下等等。”总经理越说越兴奋。中层经理们对自己的领导人经过考虑提出的这些可考核的目标，以及如此明确和自信地来陈诉这些目标感到惊讶，一时不知怎么说好。“下个月，我要求你们每个人把这些目标转换成你们自己部门可考核的目标。不用说，这些目标对财务、营销、生产、工程和人事将是不同的。但是，我希望把你们的数字加起来就实现了公司的目标。”

问题：

1. 分公司没有得到集团公司的目标时，分公司总经理能够拟订可考核的目标吗？分公司总经理制定的这些目标会得到下属的认可吗？

2. 对于分公司来说，要制定可行的目标，需要集团提供什么信息和帮助？

3. 这位分公司总经理设置目标的方法是否合理？如果不合理，你会怎么做？

提示：

请带着此案例，学习思考目标管理的原理、工作程序和目标管理的作用等知识。

案例分析
参考答案

项目四

教学课件

课程思政

培养组织与人事能力

目标描述

知识目标：本项目介绍管理的组织职能。通过学习，应能够定义组织工作、组织结构设计和人力资源管理；理解组织职能的基本程序，组织设计部门化和层级化，组织结构形式，组织职权，组织变革；熟悉人力资源管理原则和内容。

技能目标：通过本项目学习和训练，能够运用组织职能的相关知识，清楚组织在什么情况下应该采用什么样的组织结构，熟悉部门划分、组织层级设计、职权划分的方法，清楚员工招聘、培训和考核的程序和方法。

工作任务分解（WBS）（见图4－1）

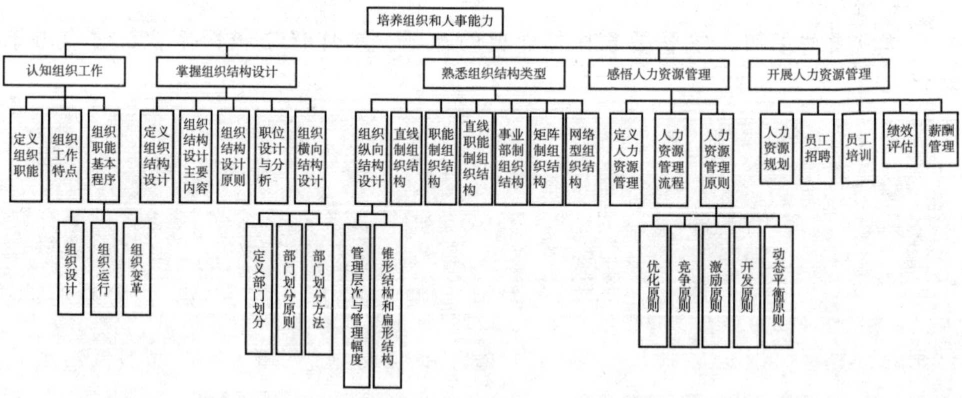

图4－1

任务一　认知组织工作

听故事
悟原理
（马穆鲁克骑兵与法国骑兵）

【管理情景 4－1】

诺曼底战役

1944 年 6 月 6 日凌晨，在法国的诺曼底，沉寂的天空突然被震耳欲聋的马达轰鸣声划破。大批飞机轮番轰炸、扫射，几万名伞兵从天而降，向地面的据点和阵地发起猛攻。与此同时，海面上出现了数以千计的舰艇。舰艇迅速靠岸，在炮火的掩护下，无数步兵、坦克、装甲车潮水般地涌上海岸……这就是第二次世界大战时，欧洲盟军为开辟消灭德国法西斯的第二战场发动的著名的诺曼底登陆战役。这次战役，动员了来自美国、英国、法国和加拿大等国的 287 万名军人（海军、陆军、空军都有），15000 余架各式飞机，6000 多艘各类舰艇，全部集合在英国择时一起出动，各国军队一律听从盟军最高指挥部的统一部署，打破了国与国之间的界限，也打破了三军司令各自为政的惯例，此次战役盟军取得了胜利。

请思考：规模庞大的诺曼底战役给我们什么样的启示?

一、定义组织职能

组织是管理的一项重要职能。组织职能是指为有效实现组织目标，建立组织结构，配备人员，使组织高效率协调运行的一系列活动。它是维持与变革组织结构、并使组织发挥作用、完成组织目标的过程。这个过程一般包括以下步骤：

（1）确定组织目标。

（2）对目标进行分解，拟定派生目标。

（3）确认为实现目标所必需的各项业务工作并加以分类。

（4）根据可利用的人力、物力及利用它们的最好方法来划分各种工作，由此形成部门。

（5）将进行业务活动所必需的职权授予各部门的负责人，由此形成职务说明书，规定该职务的职责和权限。

（6）通过职权关系和信息系统，把各部门的业务活动上下左右紧密地联系起来。通过组织系统图，来达到对组织的整体认识。

（7）研究组织结构的协调与变革。从纵横两个方面对组织结构进行协调和整合，使组织成为一个精干高效的有机整体，当组织内外部环境发生变化时，要进行组织变革，使其适应环境的变化。

二、组织工作的特点

管理者履行管理的组织职能，也就是组织工作，组织工作一般具有以下特点：

（1）组织工作是一个过程。组织工作是根据组织的目标，考虑组织内外部环境来建立和协调组织结构的过程。

（2）组织工作是动态的。组织工作不可能是一劳永逸的。组织内外部环境的变化，都要求对组织结构进行调整以适应变化。

（3）组织工作要充分考虑非正式组织的影响。由于非正式组织对组织的目标有影响，组织工作必须考虑非正式组织的影响。这有助于在组织工作中设计和维持组织目标与非正式组织目标的平衡，避免对立，并在领导与指导时对非正式组织加以利用。

三、组织职能的基本程序

管理者的组织职能包括组织设计、组织运行、组织变革三大环节的工作，每个环节都有其具体的工作任务。

1. 组织设计。

组织设计是组织工作中最重要、最核心的一个环节，组织设计工作包括以下三项具体的任务：

（1）职位设计与分析。职务设计与分析是组织工作的最基础工作。它是在对组织目标进行逐级分析的基础上，具体确定出组织内各项作业活动和管理活动开展所需设置的职务类别与数量，以及每个职务所拥有的职责权限和任职人员所应具备的素质。

（2）部门划分和层次设计。这是根据各个职务所从事工作的性质、内容及职务间的相互联系，采取一定的部门化方式，依照一定的原则，将各项工作和人员组合成可以管理的单位，称为“部门”，如人事部门、财务部门、采购部门等，这些部门单位又可以按一定的方式组合成上一层级的更大的部门，这就形成了组织的“层次”。

（3）结构形成。这是通过职责权限的分配和各种联系手段的设置，使组织中的各构成部分（各职务、各部门和各层次）联结成一个有机的整体，使各方面的行动协调配合起来。

组织工作通常体现在两份书面文件上。一个是组织结构系统图，也称组织图或组织结构图，它一般以树形图的形式简洁明了地展示机构构成及主要职权关系。另一个是职位说明书，也称为职务说明书。它一般以文字的形式规定某一职位的工作内容、职责和职权，与组织中其他职务或部门的关系以及该职位担当者所必须具备的任职条件，如基本素质、学历、工作经验、技术知识和处理问题的能力等。

2. 组织运行。

组织结构是静态的流程，组织运行就是使其结构运转起来，成为常态化、动态化。组织运行主要有3个方面的工作。

（1）人员配备和培训。根据结构设计，定质、定量地配备各级管理人员和工作人员，并进行培训。

（2）考核与奖酬。设计和奖酬体系，对组织成员进行考核并执行奖酬体系。

（3）反馈和修正。将运行过程中的信息反馈回去，定期或不定期地对上述各项设计进行必要的修正。

3. 组织变革。

组织变革就是对组织的调整、改革与再设计，使其适应环境的变化，更好地实现组织目标。组织变革包含两方面的工作：

（1）发动变革。当组织的内外部环境发生变化时，应发动变革、打破原有组织定势。

（2）实施变革。运用相关管理方法，对组织的权力结构、组织规模、沟通渠道、角色设定、组织与其他组织之间的关系，以及对组织成员的观念、态度和行为，成员之间的合作精神等进行有目的的、系统的调整和革新，以适应组织所处的内外环境、技术特征和组织任务等方面的变化，提高组织效能。

管理情景分析4－1

任务二　掌握组织结构设计

听故事悟原理（V型飞雁）

【管理情景4－2】

利民公司的组织问题

利民公司初创时只有7个员工，资产500万元，主要经营住宿业务，经过10多年的有效经营，现已拥有员工1200多人，资产规模4.3亿元。业务拓展为以住宿业务为主，集娱乐、餐饮、会展、百货零售等业务的多元化经营格局。

随着公司的不断发展，公司领导层按照业务的不同设立了娱乐、餐饮、会展、百货零售等分公司，各分公司都自成体系，并设置相应的职能部门，有多种经营项目，其中，娱乐分公司下设桌球、温泉、健身、保龄球、滑冰等项目。另外，管理层次也不断增加，总公司有三级，各分公司又各有三级以上的管理层。总、分公司职能部门重叠设置，管理混乱，经营状况越来越差。

请思考：利民公司为什么会出现这样的问题？应该如何解决当前的管理问题。

一、定义组织结构设计

（一）组织结构的含义

组织结构是组织正常运营和提高经济效益的支撑和载体。所谓组织结构，就是组织内全体成员为实现组织目标，在管理工作中进行分工协作、通过职务、职责、职权及其相互关系构成的结构体系。组织结构的本质是成员之间的分工协作关系。组织结构的内涵是人们的职、责、权关系。

（二）组织结构设计的含义

组织结构设计，是通过对组织资源（人、财、物等）的整合和优化，确立组织某一阶段的最合理的管控模式，实现组织资源价值最大化和组织绩效最大化。它主要是对构成组织的各要素进行排列、组合，明确管理层次，分清各部门、各岗位之间的职责和相互协作关系，并使其在组织的战略目标过程中，获得最佳的工作业绩。

二、组织结构设计的主要内容

（一）职能设计

根据组织的战略任务设计其经营、管理职能。

（二）框架设计

组织的横向结构和纵向结构设计，即纵向的分层次、横向的分部门。

（三）协调设计

指协调方式的设计。框架设计主要研究分工，有分工就必须要有协作。协调方式的设计就是研究分工的各个层次、各个部门之间如何进行合理的协调、联系、配合，以保证其高效率的配合，发挥管理系统的整体效应。

（四）规范设计

指管理规范的设计，管理规范就是企业的规章制度，它是管理的规范和准则。管理规范保证了各个层次、部门和岗位，按照统一的要求和标准进行配合和行动。

（五）人员设计

指管理人员的设计。按照组织设计的要求，必须进行人员设计，配备相应数量和质量的人员。

（六）激励设计

指设计激励制度，对管理人员进行激励，其中包括正激励和负激励。正激励包括工资、福利等，负激励包括各种约束机制，也就是所谓的奖惩制度。激励制度既有利于调动管理人员的积极性，也有利于防止一些不正当和不规范的行为。

三、组织结构设计的原则

（一）目标统一的原则

指在建立组织结构时，要有明确的目标，并使各部门、员工的目标与组织的总体目标相一致。

（二）分工协作的原则

指组织结构应能反映为实现组织目标所必需的各项任务和工作分工，以及这些任务和工作之间的协调，组织的运行才能精干、高效。一方面要合理划分组织内部各职能部门的工作范围，另一方面要明确专业分工之间的相互关系，这样才有利于从组织上保证目标的实现。

（三）有效管理幅度的原则

管理幅度又称管理宽度，是指一个主管人员直接有效指挥下属人员的数量。管理幅度原则是指组织中的主管人员直接管辖的下属的人数应是适当的，才能保证组织的有效运行。

（四）最少层次的原则

管理层次是组织结构中纵向管理系统所划分的等级数量。管理最少层次原则是指在保证组织合理有效运转的前提下，应尽量减少管理层次。一般情况下，组织越大层次越多，但从高层领导到基层领导以 2 ~4 个层次为宜。

（五）责权一致的原则

为保证组织结构的完善和组织工作的有效进行，在组织结构的设计过程中，职位的职权和职责要对等一致。

（六）集权与分权相结合的原则

在组织工作中必须要正确处理好集权与分权的关系，以保证组织的有效运行。集权应以不妨碍下属履行职责，有利于调动积极性为宜；分权应以下级能够正常履行职责，上级对下级的管理不至于失控为准。

（七）稳定性与适应性相结合的原则

管理者必须在稳定与动态变化之间寻求一种平衡，既保证组织结构有一定的稳定性，又使组织有一定的发展弹性和适应性。

四、职位设计与分析

组织设计是组织工作中最重要、最核心的一个环节，组织设计工作包括职位设计与分析、部门划分和层次设计（横向结构设计与纵向结构设计）和结构形成三项具体的任务，其中职务分析与设计是最基础的工作。

（一）职位设计

广义上的职位设计是在组织活动逐步分解的基础上，设计和确定组织内从事具体管理工作所需要的职位类别和数量，分析每个岗位任职人员应具备的素质和承担的责任。职位设计包括两个方面的内容：一个是确定组织所包含的职位数量和类别（定岗、定编），另一个是确定该职位的权利和责任（定责），通俗讲就是三定工作，定岗、定编、定责。

狭义上的职位设计，又称工作设计，是指根据组织需要，并兼顾个人的需要，规定每个岗位的任务、责任、权力以及组织中与其他岗位关系的过程。它是把工作的内容、工作的资格条件和报酬结合起来，目的是满足员工和组织的需要。职位设计问题主要是组织向其员工分配工作任务和职责的方式问题，职位设计是否得当对于激发员工的积极性，增强员工的满意感以及提高工作绩效都有重大影响。

影响组织所包含的职位数量和类别确定的因素主要是组织及组织内各部门的目标，关键是要有利于提高组织目标的实现效率。

（二）职位分析

职务分析是对组织各类职位（岗位）的性质、任务、职责、劳动条件和环境，以及员工承担本岗位任务、应具备的资格条件所进行的系统分析与研究，并由此制定职务规范、职务说明书等管理文件的过程。其目的是解决员工完成工作的内容、时间、地点、方法、动因、工具和条件等重要的问题。因此当新组织建立进行职位设计时、组织产生新的职位时、工作由于新技术、新方法的产生而发生重要变化时，或职位性质发生变化时就需要进行职位分析。

相关链接

职位说明书

一般情况下，在完成了职务分析之后都要编写职位说明书和职位规范。职位说明书是在职务分析的基础上提供的一份有关任务、职责、活动、条件等职位特性方面的信息所进行的书面描述。如表4-1所示。

职位规范是全面反映该职位对从业人员的品质、特点、技能以及工作背景或经历等方面要求的书面文件。如表4-2所示。

表 4－1　　某招聘专员职位说明书

职务名称：招聘专员　　所属部门：人力资源部
职务代码：XL－HR－021　　工资等级：9～13
直接上级职务：人力资源部经理
一、工作目的：为企业招聘优秀、适合的人才
二、工作要点：
1. 制订和执行企业的招聘计划
2. 制订、完善和监督执行企业的招聘制度
3. 安排应聘人员的面试工作
三、工作要求：认真负责、有计划性、热情周到
四、工作责任：
1. 根据企业发展情况、提出人员招聘计划
2. 执行企业招聘计划
3. 制订、完善和监督执行企业的招聘制度
4. 制订招聘工作流程
5. 安排应聘人员的面试工作
6. 应聘人员的材料管理
7. 应聘人员材料、证件的鉴别
8. 负责建立企业人才数据库
9. 完成直属上司交办的所有工作任务
五、衡量标准：
1. 上交的报表和报告的时效性和建设性
2. 工作档案的完整性
3. 应聘人员材料的完整性

表 4－2　　某招聘专员职务规范（任职资格）

职务名称：招聘专员　　所属部门：人力资源部
职务代码：XL－HR－021　　工资等级：9～13
直接上级职务：人力资源部经理
一、知识和技能要求
1. 学历要求：本科及以上
2. 工作经验：3 年以上大型企业工作经验
3. 专业背景：从事人力资源招聘工作 2 年以上
4. 英文水平：达到国家四级水平
5. 计算机水平：熟练使用 Windows 和 Office 系列
二、特殊才能要求
1. 语言表达能力：能够准确、清晰、生动地向应聘者介绍企业情况；准确、巧妙地解答应聘者提出的各种问题
2. 文字表述能力：能够准确、快速地将希望表达的内容用文字表述出来，对文字描述很敏感
3. 观察能力：能够很快地把握应聘者的心理
4. 处理事务能力：能够将多项并行的事务安排得井井有条
三、综合素质
1. 有良好的职业道德，能够保守企业人事秘密
2. 独立工作能力强，能够独立完成布置招聘会场、接待应聘人员、应聘者非智力因素评价等任务
3. 工作认真细心，能准确地把握同行业的招聘情况
四、其他要求
1. 能够随时出差
2. 假期一般不超过一个月

五、组织横向结构设计

组织的横向设计主要解决管理与业务部门的划分问题，反映组织中的分工合作关系。

（一）部门划分的含义

部门划分是将整个管理系统的工作和人员分解成若干个相互依存的基本管理单位。部门划分的实质，是管理中横向分工的结果，横向分工形成不同的岗位和部门，形成不同管理的组织单位。

（二）部门划分原则

1. 有效实现组织目标原则。

部门划分必须以有利于组织目标实现作为出发点和归宿。

2. 精干高效原则。

部门设计要体现局部利益服从整体利益，将单个部门效率目标与组织整体效率目标有机结合起来，力求精简管理机构和人员，提高工作效率和效益，更好地实现组织目标。

3. 满足社会心理需要原则。

部门划分不宜过度专业化，而应按照现代工业设计的原理，使员工的工作实现扩大化、丰富化，提高其工作满意度。

4. 弹性原则。

指划分部门应随业务的需要而增减。在一定时期划分的部门，没有永久性的概念，其增设和撤销应随业务工作而定。组织也可以设立临时部门或工作组来解决临时出现的问题。

5. 指标均衡原则。

指各部门职务的指标分派应达到平衡，避免忙闲不均，工作量分摊不均。

6. 检查职务与业务部门分设原则。

考核和检查业务部门的人员，不应隶属于受其检查评价的部门，这样就可以避免检查人员“偏心”，能够真正发挥检查职务的作用。

（三）划分部门的方法

1. 按职能划分部门。

这种方法是根据生产专业化原则，以工作或任务的性质为基础来划分部门的。这些部门被分为基本的职能部门和派生的职能部门。基本的职能部门处于组织机构的首要一级，当基本的职能部门的主管人员感到管理幅度太大，影响到管理效率时，就可将本部门任务细分，从而建立派生的职能部门。如制造业基本的职能部门一般有生产、工程、质量、销售、财务部门等。派生的职能部门有：如生产部门中的设计科、工艺科、制造车间、生产计划科、设备动力科、安全科、调度室等。这种划分方法的优点是遵循了分工和专业化原则，有利于充分调动和发挥企业员工的专业才能，有利于培养和训练专门人才，提高企业各部门的工作效率。其缺点是，各职能部门容易出现部门的本位主义，忽视与其他职能部门的配合，各部门横向协调差，决策缓慢，管理较弱，较难检查责任与组织绩效。

2. 按产品划分部门。

按组织向社会提供的产品来划分部门。如：家电企业集团可能会依据其产品类别划分出彩电部、空调部、冰箱部、洗衣机部等部门。产品部门化的优点是：可提高决策的效率；便于本部门内更好的协作；易于保证产品的质量和进行核算。缺点是容易出现部门化倾向；行政管理人员过多，管理费用增加。

3. 按人数划分部门。

人数部门化是在未考虑其他因素情况下，完全按人数的多少来划分部门。如军队中的师、团、营、连、排即为此种划分方法。人数部门化是组织结构的部门化中，最原始、最简单的划分方法，它仅仅考虑的是人的数量。

这种划分的特点是只考虑人力因素，在基层组织的部门划分中使用较多，如每个班组人数的确定。

4. 按区域划分部门。

按地理位置来划分部门。如：跨国公司依照其经营地区划分的各个分公司。地区部门化的优点是：对本地区环境的变化反应迅速灵敏；便于区域性协调；利于管理人员的培养。缺点是与总部之间的管理职责划分较困难。

5. 按完成任务的过程所经过的阶段划分部门。

如：机械制造企业划分出铸工车间、锻工车间、机加工车间、装配车间等部门。过程部门化的优点是：能取得经济优势；充分利用专业技术和技能；简化了培训。缺点是部门间的协作较困难。

6. 按顾客划分部门。

按组织服务的对象类型来划分部门。如：银行为了不同的顾客提供服务，设立了商业信贷部、农业信贷部和普通消费者信贷部等。顾客部门化的优点是可以有针对性地按需生产、按需促销。缺点是只有当顾客达到一定规模时，才比较经济。

六、组织纵向结构设计

组织的纵向设计主要解决管理层次的划分和职权的分配问题，反映组织中的领导隶属关系。

（一）管理层级与管理幅度

1. 管理层级与管理幅度的含义。

管理层级亦称管理层次，是指组织的纵向等级结构和层级数目。不同的组织其管理层次的多寡不同，但多数可以分为上、中、下三级或高、中、低、基层四级，上下之间有比较明确和严格的隶属关系，通常是自上而下的金字塔结构。管理层次实质上是反映组织内部的纵向分工关系，各个层次将负担不同的管理职能。

管理幅度亦称管理跨度，是一个主管能够直接有效指挥下属成员的数目。上级直接管理的下级人员多，称之为管理幅度大，反之，则称为管理幅度小。在管理实践中，影响组织内外环境的因素多且复杂，一名管理人员能够有效管辖下属的人数是有限度的，当超这个限度时，管理的效率就会随之下降。管理幅度是影响组织内部各单位规模大小的重要因素。

2. 管理层级与管理幅度的关系。

管理层级的多少与管理幅度密切相关。管理幅度、管理层次相互制约，它们之间存在着反比关系。其中，管理幅度起着影响的主导作用，管理幅度大小影响和决定着组织管理层次。管理幅度越宽，层次越少，组织结构呈扁平型。相反，管理幅度越窄，管理层次越多，组织结构呈高层结构。

3. 管理幅度设计及其影响因素。

管理幅度设计必须坚持既能有效控制、又能提高工作效率的原则。组织在进行管理幅度设计时应考虑下列影响因素：

（1）管理工作内容和性质。如完成工作的复杂度、相似性等。

（2）管理者及其下属的素质和能力。

（3）组织沟通的状况。

（4）组织的空间分布状况，即下属工作地点的远近程度。

（5）组织变革的速度。

（6）组织的外部环境。

4. 管理层级设计的制约因素。管理层级设计的制约因素主要是有效管理幅度、纵向职能分工以及组织效率等。

（二）锥形结构与扁形结构

在组织设计中，有两种典型的组织结构。一是锥形结构，即管理幅度窄，管理层次多。二是扁平结构，即管理幅度越宽。层次越少。

锥形结构的优点：管理幅度小，可以进行有效的监督和控制；层次多晋级机会多。缺点：拉长上下级联系渠道，增加管理费用；协调工作困难；信息传递慢，容易失真，沟通交流易受阻。

扁形结构的优点：上下联系渠道短，减少管理人员，节约管理费用；信息传递快、失真少；有利于调动下级人员的积极性，提高下级管理人员的能力。缺点：管理幅度大，主管负担重；增加横向协调难度，难深入指导和监督；对管理人员的素质要求较高。

七、集权与分权

集权与分权是指职权在不同管理层之间的分配和授予。

（一）集权与分权的含义

集权与分权是用于描述决策权在组织中不同管理层次的集中与分散程度的概

念。集权与分权是相对的。所谓集权是决策权主要集中在高层领导手中；所谓分权是指决策权在组织系统中较低层次的一定程度分散。

（二）集权与分权的优缺点

集权有利于从整个组织出发处理问题，避免局部利益行为；有利于组织实现统一指挥，协调工作，提高组织的控制力。但过分集权会降低决策的质量和速度；会影响员工的积极性，影响组织对外部的适应能力。

分权的优缺点与集权相反。分权程度高，可避免高度集权的弊端，但是容易失去控制。

（三）影响集权和分权的主要因素

1. 决策的代价。

较重要、耗费较多的决策应由较高管理层做出，重大决策不宜授权。

2. 决策的影响面。

影响面比较大的决策权应集中使用。

3. 组织的规模。

组织规模大，决策数目多，宜于分权；反之，宜于集权。

4. 主管人员的素质与数量。

素质高，经验足，数量足，可分权；反之，则应集权。

5. 控制技术的完善水平。

比较完善的可以分权。

6. 环境影响。

环境越不稳定，各层主管人员管理幅度越受限制，应当集权。

（四）授权

1. 授权的含义。

所谓授权，是指上级把自己的部分权力授给下属，使下属拥有相当的自主权和行动权。授权的含义包括分派任务、赋予职权、明确责任。

2. 授权的原则。

（1）依据目标授权原则。授权是为了保证组织目标的有效实现，必须根据实现目标和工作任务的需要，将相应类型与适度的权力授给下级，以保证有效地开展工作。

（2）责权对等原则。在授权中要注意权力、职责与利益之间的对等与平衡，真正使授权者有权、有责、有利，避免有权无责或有责无权。

（3）授权适度原则。授权的程度要根据实际情况决定，要考虑工作任务及下级的能力灵活授权。授权过少，往往下级权力过小，积极性受到挫折，达不到授权的效果；授权过度，等于放弃权力，造成工作混乱，可能失去控制。因此，授权要适度。

（4）有效监控原则。授权者要建立一定的反馈机制和控制机制，对授权者的工作进行必要的监督和控制，实现组织目标。

（5）不越级授权原则。越级授权是上层领导把本来属于中层领导的权力授予基层领导。这样做会挫伤被越级者的积极性，职权只能授予直接下属，不要越级。

3. 授权的步骤。

（1）分派任务。授权的过程的第一步就是分派任务。授权目的在于完成任务，实现目标。授权首先应选择好授权对象，授权者应具有正确行使权力的能力，并能有效地完成任务。

（2）委任权力。根据任务和目标的要求，将相应类型和程度的权力授予授权人，使之有权处置原本无权处理的工作，实现权责对等，给下级充分的信任和支持。

（3）监督与考核。在授权过程中，要以适当的方式与手段，对授权人的工作过程进行必要的监督、指导与控制，以保证权力的正确运用与组织目标的实现。在工作完成后，要对授权效果、工作业绩进行考核与评价。

管理情景分析 4-2

任务三　熟悉组织结构类型

听故事悟原理（由划船的故事说开去）

【管理情景 4-3】

利民公司的机构改革

资料见“管理情景分析 4-2”。

请思考：你认为利民公司设计的组织结构属于哪种类型？该组织结构有哪些优缺点？

组织结构是随着生产力和社会的发展而不断发展的。组织结构要根据外部环境的变化，及时调整、创新和优化组织结构，从而提高管理效能和提高组织效率。常见的组织结构类型有以下几种：

一、直线制组织结构

直线制是组织发展初期的一种简单的组织结构模式，是一种集权式组织结构，又称军队式结构。如图 4-2 所示。其特点是：没有管理职能部门。组织中各种职位是按垂直系统直线排列，企业依照由上到下的权力划分实施指挥。

直线制组织结构的优点：结构简单，权责分明，命令统一，工作效率高。

直线制组织结构的缺点：随着组织规模的扩大，所有管理职能由一人承担，负担过重，难于应付，顾此失彼，难于满足要求。这种组织结构适用于小型企业。

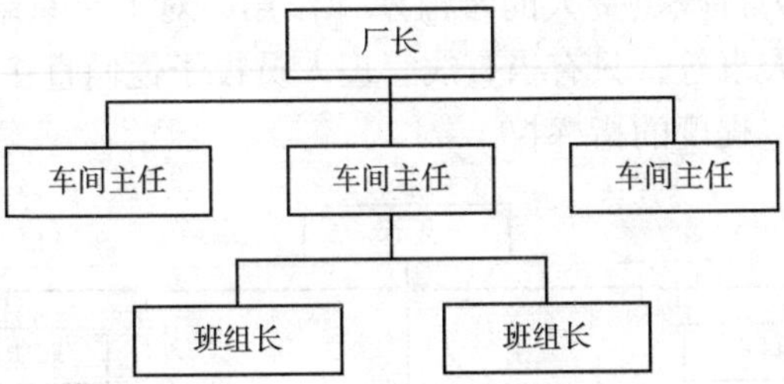

图 4－2　直线制组织结构

二、职能制组织结构

职能制组织结构是按专业分工设置管理职能部门，各部门在其业务范围内有权向下级发布命令，每一级组织既服从上级指挥，也听从几个职能部门的指挥。如图 4－3 所示。

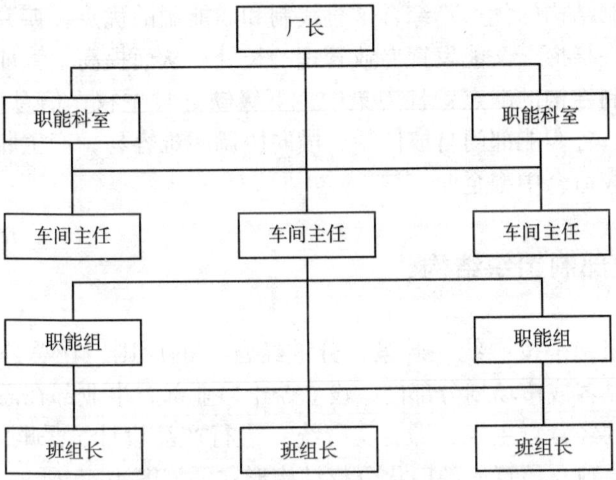

图 4－3　职能制组织

职能制组织结构的优点：职能部门任务专业化，分工细密，任务明确，规模效益，减少资源配置。

职能制组织结构的缺点：职能部门缺乏交流，致冲突发生，矛盾较多；由于实行多头领导，容易政出多门，造成管理混乱和责任不清。

三、直线职能制组织结构

直线职能制是建立在直线制和职能制基础上的，以直线制为基础，在各级直线主管之下设置相应的职能部门，分别从事专业管理，作为该直线主管的参谋，实行直线主管统一指挥与职能部门参谋、指导相结合的组织结构形式，如图 4－4 所示。其特点是：只有各级行政负责人才具有对下级进行指挥和下达命令的权力，而各级职能机构只是作为行政负责人的参谋发挥作用，对下级只起到业务指导作用。有些机构如计划、人事等，只有当直线管理人员授予他们直接向下级发布指示的权力时，才拥有一定程度的指挥权。

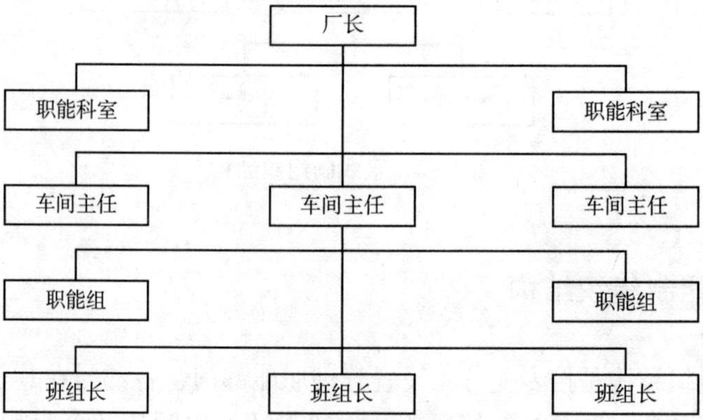

图 4-4　直线职能制组织

直线职能制结构的优点：综合了直线制和职能制的优点，摒弃了其缺点。既保证了集中统一指挥，又能发挥专业管理的长处，从而提高了管理工作的效率。

直线职能制结构的缺点：权力集中，下级缺乏自主权，信息传递路线较长，容易贻误工作；各职能部门自成体系，横向协调困难容易，产生脱节与矛盾。这种组织结构比较适合中型企业。

四、事业部制组织结构

事业部制组织是按“统一政策，分散经营”的原则，在总公司的领导下按产品、地区、顾客或市场划分部门，设立若干事业部，事业部在总公司宏观领导下，拥有完全的经营自主权，即，实行统一进行产品设计、采购、生产和销售，相对独立经营、独立核算的部门化分权结构形式。如图 4-5 所示。

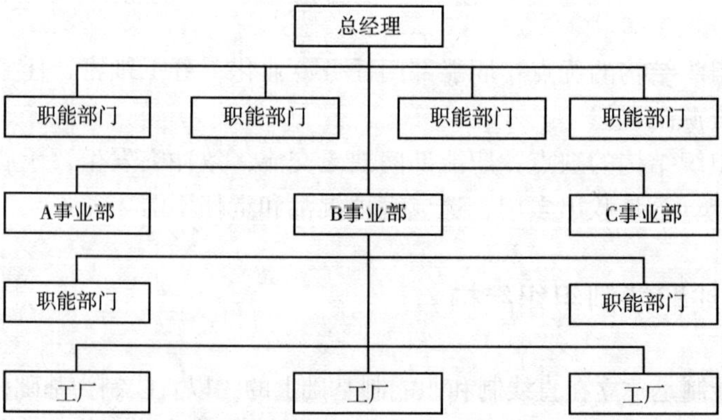

图 4-5　事业部制组织结构

事业部制组织结构的基本特征：

（1）公司实行统一政策，分散经营制度。公司最高管理层主要负责与企业长远发展有关的战略决策，如产品开发、人事决策、财务控制；事业部的经理根据总经理的指示进行工作，主要负责事业部的日常经营。

（2）各事业部是独立核算、自负盈亏的单位。事业部是总公司控制下的利润中心，拥有独立的生产经营权，能够像独立的企业那样根据市场情况自主经营。事业部下设自己的职能部门，独立核算，自负盈亏。

事业部制组织结构的优点：经营权力下放，有利于最高管理层摆脱日常事务，集中精力研究企业的长远战略规划；各事业部独立核算，自成体系，有利于发挥事业部经理的积极性、主动性和创造性，提高企业对市场环境的适应能力；有利于培养高级管理人才，提高公司的整体效率。

事业部制组织结构的缺点：总部和各事业部都设职能机构，容易出现机构重叠，管理费用增加；由于分权可能出现各自为政，难于控制；各事业部独立性强，容易忽视整体利益，协调难。

事业部主要适用于规模大、有不同的市场面的多产品（服务）的大企业。

五、矩阵制组织结构

矩阵制组织结构是把按横向职能划分的部门和按纵向产品（或项目）的小组有机结合起来相互交叉组成一个矩阵，一名管理人员既同原职能部门保持业务上的联系，又参加项目小组的工作。职能部门是固定的组织，项目小组是临时性组织，项目完成后自行撤销，人员回原部门工作。矩阵制组织结构如图 4－6 所示。

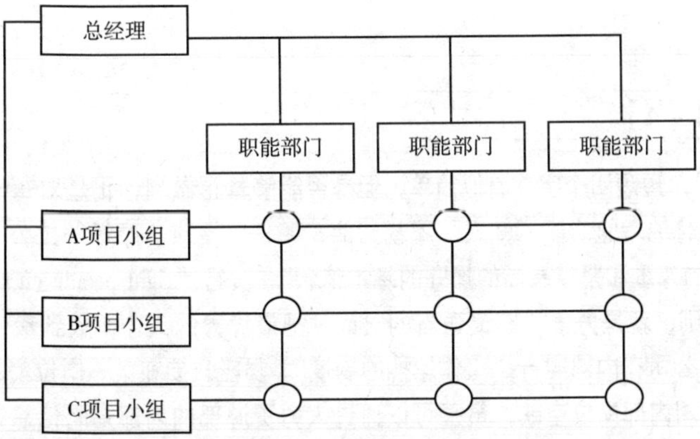

图 4－6　矩阵制组织结构

矩阵制组织结构的优点：将组织的横向与纵向关系结合起来，有利于协作生产；可以跨越各职能部门，迅速将不同部门的专业人员集中在一起，获取支持，提高效率；各部门之间的信息交流，有利于集思广益，提高专业管理水平。

矩阵制组织结构的缺点：由于项目组是临时性的组织，容易产生短期行为，稳定性差；由于成员受双重领导，组织模糊，权责不清，会影响组织效率的发挥。这种组织结构适用于某些需要集中各方面专业人员参加完成的项目或业务。

矩阵制主要适用于变动性大的组织或临时性的工作任务。

六、网络型组织结构

网络型组织结构又称虚拟组织结构，是一种新型的组织结构。网络结构是利用现代信息技术手段而建立和发展起来的一种组织设计。现代技术延伸了企业与外界联系的能力，扩大了与外部生产单位之间的分工协作，这种基于契约关系的新型组织结构就是网络结构。如图 4－7 所示。它是管理者将其经营的主要职能外包出去的一种网络结构。该网络结构组织的核心是一个小规模的经理小组，他们的工作是直接监督公司内部开展各项活动，并协同其他制造、分销和执行网络组织的其他重要职能的外部机构之间的关系。这种结构一般适用于环境变化、产品批量化、品种复杂化的现代社会，多见于商业组织。

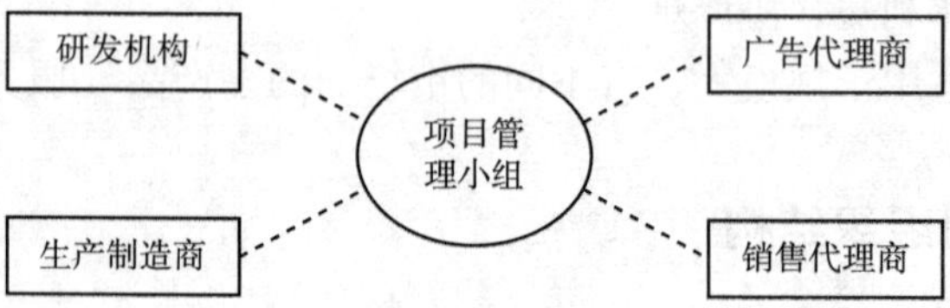

图 4－7　网络型组织机构

管理情景分析 4－3

听故事悟原理（燕昭王招贤）

任务四　感悟人力资源管理

【管理情景 4－4】

“知人善任”，短短四个字，看似简单，但是否能够真正做到，正是对每一家公司人力资源体系与企业文化的考验。能“知人”不易，能“善任”更难。摩托罗拉公司在用人中保持“对人保持不变的尊重和坚持高尚的操守的基本信念”，实行“right people on right place at right time”的用人原则，就是力争“在最适当的时间，把最优秀的人才，放到最合适的位置上”。为此，摩托罗拉公司在内部实行“工作轮换的制度”，员工只要在某一岗位上的工作时间在 12 个月以上，若公司内部岗位空缺，员工可以通过人力资源部的内部招聘信息，根据自己的爱好和个人发展目标来转换工作岗位，从而得到多方面的锻炼。这种工作轮换既有平级调动，也有提升录用。通过工人轮换制度，摩托罗拉公司既培养了员工跨专业解决问题的能力，又便于他们发现最适合自己兴趣与能力的工作岗位，为员工提供更好地实现自身价值的机会。许多在摩托罗拉公司工作七八年的员工，一般都换过几个工作岗位，结果是人力资源、行政、采购等非生产部门的领导人多数也具有生产管理经验，使得公司职能部门之间的工作也更容易协调。最适当的时间，最优秀的人才，最合适的位置——这不正是知人善任、量才录用的高深境界吗？

对于工作表现差的员工，摩托罗拉公司也不会听之任之，更不会轻率地辞退他（她），而是帮助其寻找原因，若发现员工需要培训，便通过培训他（她）不断提高自己，鼓励他（她）迅速赶上去，作出成绩。

资料来源：改编自新浪教育，http：//edu. sina. com. cn/l/2004 - 05 - 06/67225. html.

请思考：从人员配备的角度分析摩托罗拉公司对人才任用的合理之处。

随着科学技术的发展，人力资源已成为组织乃至国家的第一资源，并将成为21世纪组织管理的核心，而人力资源管理则是决定一个组织中人力资源水平的关键因素。从20世纪60年代开始，人力资源管理逐渐代替人事管理成为组织管理发展的一个显著趋势。

一、定义人力资源和人力资源管理

（一）人力资源的含义

人力资源是与自然资源、物质资源或信息资源相对应的概念，有广义与狭义之分。狭义的人力资源指一个社会在一定区域范围内为社会创造物质财富和精神财富、推动经济与社会发展的具有智力劳动和体力劳动能力的人们的总称。广义的人力资源是以人的生命为载体的社会资源，凡是智力正常的人都是人力资源。本教材主要探讨狭义的人力资源。狭义的人力资源强调了以下几方面：

1. 人力资源是社会财富创造过程中一项重要因素，离开了人力资源，也就无所谓社会生产、社会财富的创造。

2. 人力资源的本质是劳动者具有创造财富的能力，人对财富的形成能起贡献作用的不是别的方面，而是人所具有的知识、技能、经验、体能等素质，在这个意义上，人力资源的本质就是能力，人只不过是一个载体而已。

3. 人力资源是个时空概念，如某一时间某个国家或地区的人力资源，或者某个组织、部门的人力资源。

4. 人力资源包括数量和质量两个方面，是质和量的统一。

（二）人力资源管理的含义

“人力资源管理”是德鲁克在1954年提出人力资源的概念之后出现的，对于它的含义，国内外的学者也给出了诸多的解释。

人力资源管理是根据心理学、社会学、管理学等所揭示的人的心理及行为规律，运用现代化的科学方法，对人力资源进行合理的组织、培训、开发与调配，使人力与物力保持协调，同时对人的思想、心理和行为进行激励和控制，充分发挥人的主观能动性，使人尽其才，事得其人，人事相宜，以实现组织的战略目标。

人力资源管理与传统的人事管理相比较，人力资源管理是以人为核心，把人作为资源放在战略的高度，强调人的积极性和创造性，以实现组织的战略目标。

二、人力资源管理的一般流程

在人力资源管理活动中，吸引员工、留住员工、激励员工是人力资源管理的三大目标，人力资源管理就是围绕这三大目标而展开的，主要包括人力资源规划、人员招聘、培训开发、绩效考核、薪酬和职业发展管理等过程，如图 4－8 所示。

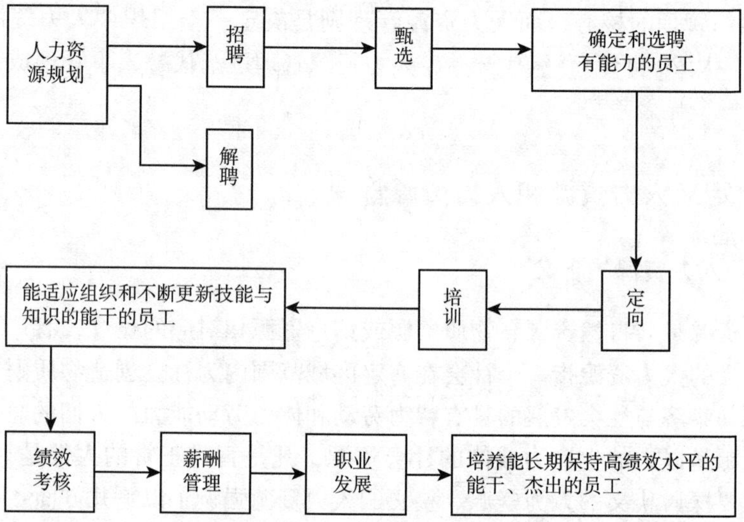

图 4－8　人力资源管理的过程与内容

三、人力资源管理的基本原则

合理用人、用好人才是组织生存和发展的重要环节，也是衡量人力资源管理是否有效的一个重要标准，因此，在人力资源管理过程中必须遵循一定的原则。

1. 优化原则。

优化原则即通过科学选聘、合理组合，实现人员配备的最优化。

（1）择优选拔，使优秀的人才担任重要的工作。

（2）因事择人，适才适用，使不同类型的人才与不同性质的工作相适应，实现人与事的科学配置。

（3）因材施用，要根据人的特点来安排工作，充分发挥人的潜能和优势，真正做到“用人所长”。

（4）人才互补、优化组合，发挥人才组合的整体效应。

2. 竞争原则。

人员的选聘、组合、使用与发展不能在封闭和僵化的环境下进行，必须引入竞争机制，公开、公正、平等竞争，形成有利于人才脱颖而出的有效机制。

3. 激励原则。

激励原则即通过人员配备，最大限度地调动人的积极性和创造性。

（1）要搞好授权，放手使用，充分信任下级。

（2）科学地安排工作职位和进行工作设计，增强下级对所从事工作的兴趣。

（3）实行科学的考核，公正地对组织成员作出客观的评价。

（4）要将奖励与贡献紧密挂钩，并使物质奖励与精神奖励结合起来。

4. 开发原则。

在人员配备和使用的过程中，通过各种形式进行智力开发，不断提高人员的素质，最大限度地发挥人的潜能，把促进人的全面发展作为组织的重要目标。

5. 人事动态平衡的原则。

处在动态环境中的组织是在不断发展的，人的能力和知识也是在不断提高和丰富的，同时，组织对其成员的素质认识也在不断完善。因此，人与事的配合需要进行不断的调整，以求使每一个人都能得到最合理的使用，实现人与工作动态平衡。

管理情景
分析 4－4

任务五　开展人力资源管理

听故事
悟原理
（猴子试验）

【管理情景 4－5】

海尔的用人理念

海尔的用人理念有其独特性。他们不赞同“用人不疑，疑人不用”的观点，认为那是导致干部放纵自己的理念温床。海尔集团总裁张瑞敏曾说：“给你比赛的场地，帮你明确比赛的目标，比赛的规则公开化，谁能跑在前面，就看你自己的了。”这句话很好地诠释了海尔“人人是人才，赛马不相马”的用人理念。在海尔集团总裁张瑞敏的用人思路的指导下，海尔建立了系列的赛马规则，包括三工（优秀员工、合格员工、试用员工）并存、动态转换制度；在位监控制度；届满轮流制度；海豚式升迁制度；竞争上岗制度和较完善的激励机制等。

一方面，海尔“人人是人才，赛马不相马”的用人理念，为每个人提供公平的机会和环境，尽量避免“伯乐”相马过程的主观局限性和片面性，这个机制更注重实际能力和工作努力的市场效果，不是非常重视文凭和学历。人人都有平等竞争的机会，“能者上，庸者下”。海尔总裁认为，企业领导的主要责任不是去发现人才，而是去建立一个可以出人才的机制，并维持这个机制健康持久在运行。这种人才机制应该给每个人相同的竞争机会，把静态变为动态，把相马变为赛马，充分挖掘每个人的潜质；并且每个层次的人才都接受监督，压力与动力并存，方能适应市场的需要。但是这种机制对于一流大学的毕业生没有优势。

但另一方面，岗位轮流制让人觉得企业中的仕途漫漫。作为刚步入社会的大学生可能心理不平衡。另外海尔有严格的内部管理，违者受罚；每月一次的干部例会，当众批评或表扬，没有业绩也没有犯错误的平庸之辈也被归入批评之列；能上能下的用人机制更让人感到无所不在的压力。以上的一些情况对刚刚毕业的大学生提出了考验。很多新毕业的大学生认为凭借他们的文凭就应该获得升迁。一个企业究竟应该如何为刚走出校门的大学生提供一个施展才华的空间？企业如何才能争得人才并留住人才，保持合理的人员流动性？

资料来源：改编自 HR 案例网，http：//www. hrsee. com/？id = 348.

请思考：海尔的“赛马不相马”的人力资源开发机制是属于内部提升还是外部招聘的人员选拔机制？对于新毕业大学生的观点你有何看法？如果你是海尔的人事经理，你觉得应该如何去做才能发挥其能力，使他们乐于与企业同发展？

一、人力资源规划

为了保证整个系统正常运转，发挥其应有的作用，必须认真做好计划。人力资源管理的计划就是通过人力资源规划这一职能实现的。

（一）人力资源规划的含义

人力资源规划又称人力资源计划，是指根据组织的发展战略、组织目标及组织内外环境的变化，科学地预测组织未来的人力资源需求和供给，并通过制订和实施相应的计划使供求关系协调平衡的过程。

通过人力资源规划，应能够回答或者说要能解决以下几个问题：

1. 组织在某一特定时期内对人力资源的需求是什么？即需要多少人员，这些人员的构成和要求是什么？

2. 组织在相应的时间能得到多少人力资源的供给？这些供给必须与需求的层次和类别相对应。

3. 这期间组织的人力资源供给与需求比较的结果是什么？应当通过什么方式达到人力资源的供需平衡。

（二）人力资源规划的作用

1. 人力资源规划能加强组织对环境变化的适应能力，为组织的发展提供人力保证。

2. 人力资源规划有助于实现组织内部人力资源的合理分配，优化组织内部人员结构，从而最大限度地实现人尽其才。

3. 人力资源规划对满足组织成员的需求和调动职工的积极性与创造性有巨大的作用。

（三）人力资源规划的基本程序

1. 评价现有的人力资源状况。

这一步是通过工作分析法检查现有人力资源状况，并制定工作说明书和工作规范。前者说明了员工应做哪些工作，如何做，为什么这样做，反映出工作的内容、工作环境以及工作条件等；后者说明了某种特定工作至少需要具备哪些知识和技能。

2. 评估未来人力资源状况。

组织的目标与战略决定了对人力资源的未来需求。要使战略规划转化成具体的、操作性较强的人力资源计划，组织就必须根据组织内外环境资源的情况对未来人力资源状况进行预测，找出各时期各类人员的余缺分布。

3. 制订一套相适应的人力资源计划。

对现有和未来人力资源需求做出评估之后，管理者就可以制订出一套与组织战略目标及其环境相适应的人力资源计划。当然，组织还必须对此计划进行跟踪、监督和调整，正确引导当前和未来的人才需求。另外，这一计划还需要与组织中的其他计划相互衔接。

二、员工招聘

组织战略发展的各个阶段必须要有合格的人才作为支撑，市场的竞争归根到底是人才的竞争，而员工流动的问题是当代组织面临的共性问题。因此，员工招聘工作是组织人力资源管理经常性的工作。

（一）员工招聘的含义

员工招聘是指在组织总体发展战略规划的指导下，制订相应的职位空缺计划，并决定如何寻找合适的人员来填补职位空缺的过程。其实质就在于让潜在的合格人员对本组织的相关职位产生兴趣并且前来应聘这些职位。

（二）员工招聘的原则

1. 因事择人。

组织应根据人力资源计划进行招聘。多招或招错人，都会给组织带来负面影响，除了人力成本高、低效率、犯错误等看得见的损失，由此导致的人浮于事还会在不知不觉中对组织文化造成不良影响，并降低组织的整体效率。

2. 平等竞争。

组织应采用平等竞争的方法，创造一个公平竞争的环境。对所有应聘者应一视同仁，不得人为地制造各种不平等的限制，公平才能获得真正优秀的人才。

3. 公开。

招聘信息、招聘方法应公之于众，并且公开进行。这样做一方面可将录用工作置于公开监督之下，以防止不正之风；另一方面，可吸引大批的应聘者，从而有利于招到一流人才。

4. 能岗匹配。

每个人的才能和专长都各不相同，所以在招聘中，应尽可能使人的能力与岗位要求的能力相匹配，做到人得其职、职得其人。

（三）员工招聘来源和渠道

员工招聘的来源主要有内部招聘和外部招聘两种，使用哪种招聘渠道取决于组织所处地域的劳动力市场、拟招聘职位的性质、层次和类型以及组织规模等因素。

内部招聘最常用的方法主要有公开招聘、内部提拔、横向调动、岗位轮换、重新雇用或召回以前的雇员等。外部招聘常用的方法有发布广告、借助中介机构、实地招聘、各类学校及熟人推荐等。此外，近年来，随着信息技术的发展和计算机的不断普及，网上招聘在招聘员工中的作用正日益受到青睐。

（四）员工招聘的程序

为了保证员工选聘工作的有效性和可行性，就应当按照一定的程序并通过竞争来组织选聘工作。具体的步骤如下：

1. 确定人员的净需求量和人员选拔办法。

根据组织人力资源规划，开展人员的需求预测和供给预测，确定人员的净需求量。并依据职务说明书，确认职位的任职资格及人员选拔、录用政策、办法。

2. 拟订招聘计划。

包括确定招聘时间表、岗位、人数、任职资格等，上报领导批准。

3. 招聘准备。

人力资源部开展招聘的宣传广告及其他准备工作。

4. 选拔。

首先审查求职申请表，进行初次筛选。其次，进行面试、笔试或其他测试。最后，对录用人员进行体检、背景调查和试用。

5. 录用。

作出录用决定，发出录用通知，签订劳动合同。

6. 评价。

对录用人员和招聘过程进行检查和评价，为以后招聘工作提供参考和借鉴。

以上程序详见图 4－9。

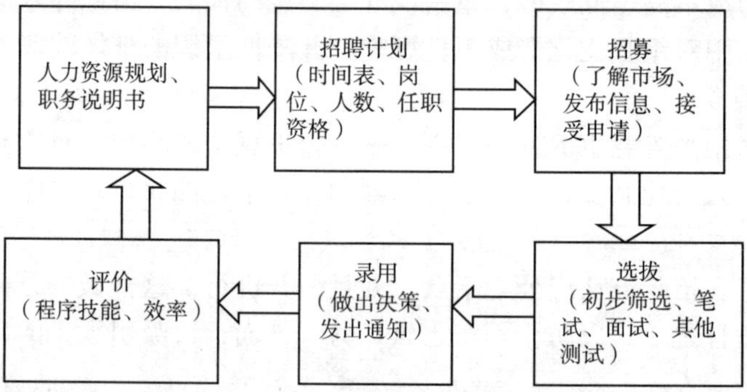

图 4－9 招聘的程序

（五）员工甄选

员工甄选是指用人单位在招募工作完成后，根据用人条件和用人标准，运用适当的方法和手段，对应征者进行审查和选择的过程。员工甄选可以使事得其人，人适其事，从而实现人与事的科学结合；可以形成人员队伍的合理结构，从而实现共事人的密切配合；可以保证人员个体素质优化，从而使此后的一系列人力资源管理活动顺利进行。

甄选过程就是根据既定的标准对申请人进行评价和选择，它是招聘过程中最重要阶段。组织能否最终选择到合适的人选，很大程度上取决于这一步的工作。而候选者的任职资格和对工作的胜任程度主要取决于他所掌握的与工作相关的知识、技能、个人的个性特点、行为特征和个人价值取向等因素。因此，员工甄选是对候选者的这几个方面因素进行测量和评价。

相关链接

员工甄选方法

组织在招聘员工时所采用的甄选方法主要有两大类，即面试法和测评法。

面试法是通过供需双方正式交谈，以使组织能够客观了解应聘者的业务知识水平、外貌风度、工作经验、求职动机等信息，应聘者能够了解到组织的更全面信息。与传统人事管理只注重知识掌握不同的是，现代人力资源管理更注重员工的实际能力与工作潜力。进一步的面试还可帮助组织了解应聘者的语言表达能力、反应能力、个人修养、逻辑思维能力等；而应聘者可了解到自己在组织的发展前途，将个人期望与现实情况进行比较，以及组织提供的职位是否与个人兴趣相符等。

面试从达到的效果来划分：可分为初步面试和诊断面试；从参与面试的人员划分：可分为个别面试、小组面试、集体面试；从组织形式划分：可分为压力面试（一般用于招聘销售人员、公关人员、高级管理人员）、BD 面试（行为描述面试）和能力面试。

测评法也叫测试法。通过测评可以消除面试过程中主考官的主观因素对面试的干扰，增加招聘者的公平竞争，验证应聘者的能力与潜力，剔除应聘者资料和面试中的一些“虚假信息”，提高录用决策的正确性。现代测评方法源于美国的人才测评中心，主要分为心理测评与能力测评两类。如职业倾向测评、价值与需要测评、工作态度测评、自信度测评。

三、员工培训

（一）员工培训的含义

员工培训是指向新员工或现有员工传授其完成本职工作所必需的相关知识、技能、价值观念、行为规范的过程。培训更多的是一种具有短期目标的行为，目的是使员工掌握目前所需要的知识和技能。

员工培训与其他常规教育特别是学校教育是有区别的：从性质上讲，员工培训是一种继续教育，是常规学校教育的延伸和发展；从内容上讲，是对受训人员的专门知识和特殊技能进行有针对性的培训；从形式上讲，表现为灵活多样，不像学校教育那样整齐划一。

（二）员工培训的模式

一个组织的培训对象主要有新来员工、基层员工、一般技术员或管理人员、高级技术或管理人员。员工培训的方法有多种，依所在职位的不同，可以分为新来员工培训、在职培训和离职培训等。

1. 新员工的培训。

应聘者一旦决定被录用之后，组织中的人事部门就应该对他们将要从事的工作和组织的情况给予必要的介绍和引导，西方国家称之为职前引导。

职前培训的目的在于减少新来人员在新的工作开始之前的担忧和焦虑，使他们能够尽快地熟悉所从事的本职工作以及组织的基本情况，如组织的历史、现状、未来目标、使命、理念、工作程序及相关规定等，并充分了解他应尽的义务和职责以及绩效评估制度和奖惩制度等，以消除新员工不切实际的期望，引导新员工了解工作的远景目标、工作中的同事以及如何进行合作等。

2. 在职培训。

对员工进行在职培训是为使员工不断学习掌握新技术和新方法，从而达到新工作目标要求所进行的不脱产培训。随着科学技术的快速发展，组织中各个岗位的员工需要不断更新知识、提高技能（能力），因此，对在职员工进行定期或不定期的培训是非常有必要的。在内容上比岗前培训更深一层次，主要是更新知识、掌握新技能的培训和提高绩效的培训。工作轮换和实习是两种最常见的在职培训。

3. 离职培训。

离职培训是指为了使员工能够适应新工作岗位要求而让员工离开工作岗位一段时间，专心致志于一些职外的培训。最常见的离职培训方式包括教室教学、影片教学以及模拟演练等。教室教学可以有效地增进员工在管理和技术方面的认知。影片教学则可以弥补其他教学方式在示范效果方面的不足。而如何在实践中处理好人际关系问题，如何提高解决具体问题的技能，则最适于通过模拟演练学习。这包括案例分析、经验交流、角色模拟以及如开小群体行动会议等。有效利用现代高科技及电脑的模拟演练的也属于模拟演练的一种，如航空公司用此方法来培训驾驶员等。

4. 专业知识与技能培训。

专业知识与技能培训有助于员工深入了解相关专业的基本知识及其发展动态，有助于提高人员的实际操作技能。专业知识与技能培训可以采取脱产、半脱产或业余等形式，如各种短期培训、专题讨论、函授、业余学校等。

5. 职务轮换培训。

职务轮换培训是指人员在不同部门的各种职位上轮流工作。职务轮换有助于受训人员全面了解整个组织的不同工作情况，积累和掌握各种不同的工作经验，从而提高他们的组织和管理协调能力，为其今后的发展和升迁打好基础。

6. 提升培训。

提升是指将人员从较低的管理层次暂时提拔到较高的管理层级上，并给予一定的试用期。这种方法可以使有潜力的管理人员获得宝贵的锻炼机会，既有助于管理人员扩大工作范围，把握机会展示其能力和才干，又使组织能全面考察其是否适应和具备领导岗位上的能力，并为今后的发展奠定良好的基础。

7. 设置助理职务培训。

在一些较高管理层级上设立助理职务，不仅可以减轻主要负责人的负担，而且有助于培训一些后备管理人员。这种方式可以使助理接触到较高层次上的管理实务，使他们不断吸收其直接主管处理问题的方法和经验，在特殊环境中积累特殊经验，从而促进助理的成长。

8. 设置临时职务培训。

设置临时性职务可以使受训者体验和锻炼在空缺职位上的工作情景，充分展示其个人能力，避免“彼得现象”的发生。劳伦斯·彼得曾经发现，“在实行等级制度的组织里，每个人都崇尚爬到能力所不逮的层次”。他把这种由于组织中有些管理人员被提升之后不能保持原来的成绩，反而可能给组织效率带来大滑坡的现象归结为“彼得原理”。

（三）员工培训的程序

员工培训是人力资源部的重要职能，培训做得好，无论对员工自我增值，还是对企业绩效的提高，都起着十分重要的作用。对此组织上应精心设计与组织，把员工培训视为一项系统工程，即采用一种系统的方法，使培训活动能符合企业的目标，让每一环节都能实现职工个人及其工作和组织本身三方面的优化。具体见图 4-10 的人力资源培训系统（简称 HRT）模型。

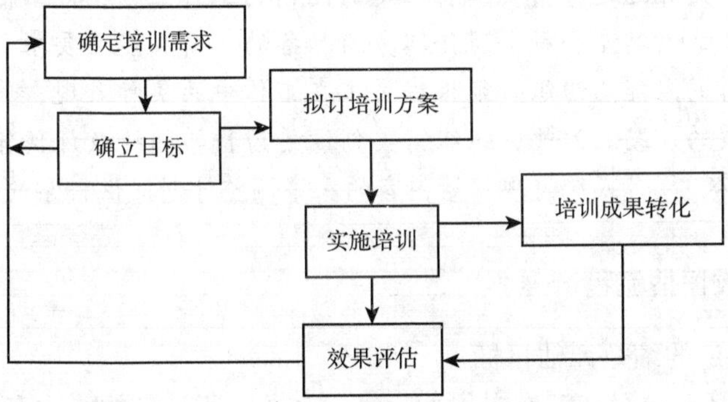

图 4-10　人力资源培训系统模型

四、绩效评估

（一）绩效评估的含义

所谓绩效评估是组织定期对个人或群体小组的工作行为及业绩进行考核、评估和测试的一种正式制度。用过去制定的标准与员工的工作绩效记录进行比较并及时将绩效评估结果反馈给员工，可以起到有效的检测及控制作用。

相关链接

在人力资源管理中，绩效评估的作用具体体现在以下几方面：

1. 绩效评估为最佳决策提供了重要的参考依据。绩效评估的首要目标是为组织目标的实施提供支持，特别是在制定重要的决策时，绩效评估可以使管理者及其下属在制定初始计划过程中及时纠偏，减少工作失误，为最佳决策提供重要的行动支持。

2. 绩效评估为组织发展提供了重要的支持。绩效评估的另一个重要目标是提高员工业绩，引导员工努力的方向，使其能够跟上组织的变化和发展。绩效评估可以提供相关的信息资料作为激励或处分员工、提升或降级、职务调动以及进一步培训的依据，这是绩效评估最主要的作用。

3. 绩效评估为员工提供了一面有益的“镜子”。绩效评估使员工有机会了解自己的优点和缺点以及其他人对自己工作情况的评价，起到了有益的“镜子”作用。特别是当这种评价比较客观时，员工可以在上级的帮助下有效发挥自己的潜能，顺利执行自己的职业生涯计划。

4. 绩效评估为确定员工的工作报酬提供依据。绩效评估的结果为确定员工的实际工作报酬提供了决策依据。实际工作报酬必须与员工实际能力和贡献相结合，这是组织分配制度的一条基本原则。为了鼓励员工出成绩，组织必须设计和执行一个公正合理的绩效评估系统，对那些最富有成效的员工和小组给予明确的加薪奖励。

5. 绩效评估为员工潜能的评价以及相关人事调整提供了依据。绩效评估中对能力的考评是指通过考察员工在一定时间内的工作业绩，评估他们的现实能力和发展潜力，看其是否符合现任职务所具备的素质和能力要求，是否具有担负更重要工作的潜能。组织必须根据员工在工作中的实际表现，对组织的人事安排进行必要的调整。为此，组织需要创设更为科学的绩效评估体系，为组织制定包括降职、提升或维持现状等内容的人事调整计划提供科学的依据。

（二）绩效评估流程

1. 确定特定的绩效评估目标。

在不同的管理层级和工作岗位上，每一个员工所具备的能力和提供的贡献是不同的，而一种绩效评价制度不可能适用于所有评估目标。在考评员工时，首先要有针对性地选择并确定特定的绩效评价目标，然后根据不同岗位的工作性质，设计和选择合理的考评制度。

2. 确定考评者。

考评工作往往被视为人力资源管理部门的任务。实际上，人力资源管理部门的主要职责之一是组织、协调和执行考评方案，要使考评方案取得成效，还必须使那些受过专门评估培训的直线管理人员参与到方案实施中来，因为直线领导可以更为直观地识别员工的能力和业绩，并负有直接的领导责任。当然，下属和同事的评价也可以列为一种参考。

3. 绩效评价。

在确定了特定的绩效评价和考评者之后，就应当通过绩效评价系统对员工特定的目标评估内容进行正确的考评。考评应当客观、公正、杜绝平均主义和个人偏见。在综合各考评表得分的基础上，得出考评结论，并对考评结论的主要内容进行分析，检验考评结论的有效程度。

4. 反馈考评结果。

考评人应及时将考评结果通知本人。及时反馈考评结果，可以使员工知道组织对自己能力的评价以及对所做贡献的承认程度，认识到组织的期望目标和自己的不足之处，从而确定今后需要改进的方向。如果认为考评有不公正或不全面之处，也可以认真反思和考虑之后进行申辩或补充，这有利于员工的事业发展，也有利于组织对员工工作要求的重新建立。

5. 备案绩效评价结果。

根据最终的考评结论，可以使组织识别那些具有较高发展潜力的员工，并根据员工成长的特点，确定其发展方向。同时还需要将绩效评价的结果进行备案，为员工今后的培训和人事调整提供充分的依据。

（三）绩效考评的方法

1. 分级法。

分级法又可称为排序法，即按被考核职工每人绩效相对的优劣程度，通过比较，确定每人的相对等级或名次。按照分级程序的不同，分级法又可分为：

（1）简单分级法。是将被考核员工按照工作业绩的好坏进行一定次序的排列，以区别员工的业绩水平。这种方法一般操作简单，适合于员工数量比较少的考核情况。

（2）交替分级法。是以最优和最劣两级作为标准等次，采用比较选优和淘劣的方法，交替对人员某一绩效特征进行选择性排序。

（3）范例对比法。通常从五个维度进行考核，即品德、智力、领导能力、对职务的贡献和体格。每一维度又分为优、良、中、次、劣五个等级。然后就每一维度的每一等级，先选出一名适当的员工作为范例。实施考核时，将每位被考核的员工与这些范例逐一对照，按近似程度评出等级分。最后各维度分数的总和，便作为被考核员工的绩效考核结果。

（4）对偶比较法。要将全体职工逐一配对比较，按照逐对比较中被评为较优的总次数来确定等级名次。如表4-3所示。

表4-3　　某企业班组员绩效评估比较

姓名	张红	李凡	陈峰	赵军	苏南	得分总数
张红	—	1	1	0	1	3
李凡	0	—	1	0	1	2

续表

姓名	张红	李凡	陈峰	赵军	苏南	得分总数
陈峰	0	0	—	0	1	1
赵军	1	1	1	—	1	4
苏南	0	0	—	0	—	0

注：数字表示员工两两对比，绩效优者记“1”，绩效少者记为“0”。

（5）强制分配法。是按事物“两头小，中间大”的正态分布规律，先确定好各等级在总数中所占的比例。然后按照每人绩效的相对优劣程度，强制列入其中的一定等级。

2. 量表考核法。

这种方法广泛应用于机关、企事业单位等人事考核管理。根据设计的指标形式不同，人事考核量表一般有三种：

综合性指标量表、综合性指标与目标任务结合量表、综合性指标与部门评价指标相结合量表。在实际运用时这三种量表可以互作参考，适当加以变动。

3. 关键事件法。

此法需给每一待考核员工设立一本“考核日记”或“绩效记录”，由作考察并知情的人随时记载。事件的记录本身不是评语，只是素材的积累，但有了这些具体事实作根据，便可得出可信的考评结论。

4. 行为锚定评分方法（BARS）。

此法就是把量表评测法与关键事件法结合起来，使之兼具两者之长。它为每一职务的各考核维度都设计出一个评分量表，并有一些典型的行为描述性说明词与量表上的一定刻度（评分标准）相对应和联系（即所谓锚定），供操作者为被考核者实际表现评分时作参考依据。

5. 领导行为效能测定法。

这是在组织行为科学研究基础上发展起来的一种测量与评价领导者行为与工作绩效的新方法。它采用问卷调查的方式，从领导者、领导情景、被领导者等多方面对领导行为与领导者所处工作情景状况进行评价。

6. 因素评定法。

就是通过调查分析与实测数据统计分析，提出人员绩效考核的有关因素，形成评价标准量表体系，然后把被测者纳入该体系中进行评价的方法。因素测定法的评定角度主要有：

（1）自我评定。即由评定者依据参照式标准量表，自己对自己的工作绩效进行评价。其特点是：参与性、自我发展性、督促性。

（2）同级评定。即由同一职务层次的人员依据参照标准量表互相进行评价。它必须满足三个条件：一是同事之间必须是相互高度信任的，彼此之间能够互通信息；二是报酬制度不是彼此竞争的；三是被评价人的绩效应该是评定人能够了解和掌握的。

（3）下级评定。即由管理者的直接下级依照参照标准量表对其上级领导的绩效进行评价。它有利于表达民意，但往往受人际关系影响大。

（4）直接领导评定。即由管理者依据参照标准量表对其直接下属的工作绩效进行评价。

五、薪酬管理

组织要想在市场竞争中获得竞争优势，就必须要为员工提供合理的薪酬。科学合理设计薪酬制度，不断完善薪酬管理方式，这是人本管理理念的重要体现。

（一）薪酬管理的含义

薪酬管理是组织在国家宏观控制分配政策容许范围内，根据其内部管理制度和相关规定，按照一定的分配原则和制定的各种激励措施对员工进行分配的过程。薪酬管理通常包括薪酬策略与制度的制定与执行，即，确定薪酬的额度、建立薪酬体系与结构、薪酬的支付工作及福利管理等。

薪酬分配的目的绝不是简单地“分蛋糕”，而是通过分蛋糕使得组织今后的蛋糕做得更大。为此，组织在进行薪酬管理时，必须遵循以下原则：

1. 补偿性原则。

补偿人力资源再生产费用，是薪酬的基本原则。

2. 公平性原则。

薪酬分配一定要全面考虑员工的绩效、能力及劳动强度、责任等因素，考虑外部竞争性、内部一致性要求，达到薪酬的内部公平、外部公平和个人公平。

3. 透明性原则。

薪酬方案应公开，让员工了解自己从中得到的全部利益，了解其薪酬收入与其贡献、能力、表现的联系，以充分发挥物质利益的激励作用。

4. 激励性原则。

有效的薪酬管理应能够刺激员工努力工作、多作贡献，从而有助于实现吸引、留住和激励员工。

5. 竞争性原则。

薪酬水平高的组织，在吸引人才方面比其他组织更具有竞争性。

6. 经济性原则。

设计薪酬方案时，应进行薪酬成本核算，尽可能用一定的薪酬资金投入带来更大的产出增加。

7. 合法性原则。

组织的薪酬制度与管理方法，必须符合有关政策、法律、法规。

8. 方便性原则。

在薪酬管理中，应注意做到内容结构简明、计算方法简单和管理手续简便。

目前，常见的薪酬制度有绩效工资制、技能工资制、职务等级薪酬制、结构工资制、年薪制等。

（二）薪酬管理的流程

薪酬管理设计要体现对内具有公平性和对外具有竞争力的两大原则，以绩效等激励性要素为基础，建立工资总额随组织效益上下浮动的运行机制，同时改进福利理念，将人事成本做最有价的应用，以充分发挥薪酬的作用。

要设计出合理科学的薪酬体系和薪酬制度，一般要经过以下几个步骤：

1. 岗位评估。

岗位评估重在解决薪酬的对内公平性问题。它有两个目的：一是比较组织内部各个职位的相对重要性，得出职位等级序列；二是为进行薪酬调查，建立统一的职位评估标准，消除不同组织间由于职位名称不同，或即使职位相同但实际工作要求和工作内容不同所导致的职位难度差异，使不同职位之间具有可比性，为确保工资的公平性奠定基础。

2. 薪酬调查。

薪酬调查重在解决薪酬的对外竞争力问题。

3. 薪酬定位。

在分析同行业的薪酬数据后，需要做的是根据本组织状况选用不同的薪酬水平。

4. 薪酬结构设计。

薪酬观反映了一个组织的分配哲学，即依据什么原则确定员工的薪酬。

5. 薪酬体系的实施和修正。

在确定薪酬调整比例时，要对总体薪酬做出准确的预算。

六、职业发展

人力资源管理的一个基本假设就是，组织有义务最大限度地利用员工的能力，并且为每一名员工提供一个不断发展以及挖掘个人潜力和建立成功职业的机会。许多组织越来越重视职业生涯发展与规划。

（一）职业生涯发展的含义和阶段

1. 职业生涯发展。

职业生涯发展是指组织发展过程中要根据内外环境变化的要求对员工进行动态调整，以使每个员工的能力和志趣都能与组织的需求相吻合。职业生涯发展体现了一个人在机遇面前所选择的不同发展路径。

2. 职业发展阶段。

每一位员工在其职业生涯中，可以选择不同的职业发展路径，但无论选择哪一种路径，每个人的职业都要经历一定职业阶段，而所处的职业阶段将会影响一个人的各种选择。以美国心理学家萨帕为代表，提出了职业生涯发展的阶段性理论。他将职业生涯分成五个主要阶段，每个阶段有其独特的发展任务。

（1）成长阶段。成长阶段，属认知阶段，从出生到 14 岁左右。在这一阶段，一个人通过对家庭成员、朋友、老师的认同以及他们之间的相互作用，逐渐建立起自我的概念。在这一阶段结束的时候，进入青春期的青少年就开始对各种可以选择的职业进行带有某种现实性的思考。

（2）试探阶段。试探阶段包括青少年时期和成年期，年龄约在 15 至 23 岁。在这一阶段，每一个人将认真探索各种可能的职业选择。个人通过学校教育、休闲娱乐活动和业余工作等途径获得对职业的了解，经过自我认识、反省，检验所形成的自我观念、职业角色的合理性，将个人的兴趣和能力匹配起来，并在此基础上对选定的职业进行修正。

（3）确立阶段。确立阶段属于选择、安置、立志阶段，年龄大约在 24 岁至 44 岁，是大多数人工作生命周期中的核心部分。个人在此期间（通常是希望在这一阶段的早期）能够找到合适的职业并全力以赴地投入到各种活动中，希望有助于自己在这一职业中得到长久发展。

（4）维持阶段。维持阶段属于专、精、升迁阶段。在这一阶段，人们一般都已经在自己的工作领域中为自己创立了一席之地，因而他们的大多数精力主要放在保有这一位置上。

（5）衰退阶段。衰退阶段属于退休阶段。这一阶段，许多人都不得不面临这样一种前景：接受权力和责任减少的现实。再接下来，就是几乎每个人都不可避免地要面对的退休。这时，人们所面临的选择就是如何安排原来用在工作上的时间。

（二）职业发展的影响因素

一般来说，影响职业生涯的因素可以分为内在因素和外在因素。

1. 内在因素。

（1）职业性向。按霍兰德的划分，一共有六种基本的职业性向，不同的人可能有着不同的职业性向，吸引着他们从事不同的工作。而且大多数人都拥有多种职业性向。

（2）个性特征。不同气质、性格、能力的人适合不同类型的工作。个性特征最好能与工作的性质和要求相匹配，比如外向的人可以做营销方面的工作，内向的人适合做文秘等方面的工作。

（3）职业锚。职业锚与职业性向有相似之处，但又不等于职业性向，它是人们选择和发展自己的职业时所围绕的中心。但是要想对职业锚提前进行预测是很困难的，因为一个人的职业锚是在不断变化的，它实际上是一个不断探索过程所产生的动态结果。有些人也许一直都不知道自己的职业锚是什么，直到他（她）不得不做出某种重大选择的时候才知道。

（4）能力。对组织的员工而言，其能力是指劳动能力，也就是运用各种资源从事生产、研究、经营活动的能力，包括体能、心理素质、智能三个方面，而这三个方面构成了一个人的全面综合能力，它是员工职业发展的基础，与员工个体发展水平成正比。所以，能力既对员工个体发展提出了强烈需求，又为个体发展的实现提供了可能条件，它是员工职业发展的重要基础和影响因素。

（5）人生阶段。在不同的人生阶段，人们的年龄、生理特征、心理素质、智能水平、社会负担、责任、主要任务等都不同，这就决定了在不同的阶段，其职业发展的重点和内容也是不同的。

2. 外在因素。

（1）社会环境因素。

①经济发展水平。在经济发展水平高的地区，组织相对集中，优秀组织也比较多，个人职业选择的机会就比较多，因而就有利于个人职业发展；反之，在经济落后地区，个人职业发展也会受到限制。

②社会文化环境。包括教育条件和水平、社会文化设施等。在良好的社会文化环境中，个人能受到良好的教育和熏陶，从而为职业发展打下更好的基础。

③政治制度和氛围。政治和经济是相互影响的，它不仅影响到一国的经济体制，而且影响着一个组织的组织体制，从而直接影响到个人的职业发展；政治制度和氛围还会潜移默化地影响个人的追求，从而对职业生涯产生影响。

④价值观念。一个人生活在社会环境中，必然会受到社会价值观念的影响。大多数人的价值取向，甚至都是为社会主体价值取向所左右的。一个人的思想发展、成熟的过程，其实就是认可、接受社会主体价值观念的过程。社会价值观念正是通过影响个人价值观而影响了个人的职业选择。

（2）生活圈因素。

①家庭的影响。家庭对人的职业选择和职业发展都有较大的影响。首先，家庭的教育方式影响个人认识世界的方法；其次，家人是孩子最早观察模仿的对象，比如他们会受到家人职业技能的熏陶；最后，家人的价值观、态度、行为、人际关系等对个人的职业选择有着较大的直接和间接影响。

②朋友、同龄群体的影响。朋友、同龄群体的工作价值观、工作态度、行为特点等不可避免地会影响到个人对职业的偏好和选择，以及职业选择和职业变换的机会。

（3）组织环境因素。

①组织文化。组织文化决定了一个组织如何看待自己的员工，所以，员工的职业生涯，是受组织文化所左右的。一个主张员工参与的组织显然比一个独裁的组织能为员工提供更多的发展机会；渴望发展、追求挑战的员工也很难在论资排辈的组织中受到重用。

②管理制度。员工的职业发展，归根到底要靠管理制度来保障，包括合理的培训制度、晋升制度、考核制度、奖惩制度等等。组织价值观、组织经营哲学也只有渗透到制度中，才能得到切实的贯彻执行。没有制度或者制度定得不合理、不到位，员工的职业发展就难以实现，甚至可能流于空谈。

③领导者素质和价值观。一个组织的文化和管理风格与其领导者的素质和价值观有直接的关系，如果组织的领导者不重视员工的职业发展，这个组织的员工也就没有希望了。

（三）职业生涯规划

1. 职业生涯规划。

职业生涯规划是指组织或个人把个人发展与组织发展相结合，对决定个人职业生涯的个人因素、组织因素和社会因素等进行分析，制定个人一生中事业发展上的战略设想与计划安排。

职业生涯规划对于员工的个人发展与组织的发展都具有重要的意义。职业的动力是员工之间的相互作用的最佳融洽点，制订员工个人职业发展计划，不仅有利于员工的成长和发展，增强员工对工作的满意感，培养员工工作的兴趣性和挑战性、工作的独立性和自我决策性，更有利于组织挖掘人才、培养人才、重用人才，使员工在组织中获得工作上最大的满足，组织获取最大的利益。

2. 组织的职业生涯管理。

（1）协调组织目标与员工个人目标。组织不仅要牢固树立人力资源开发的思想，真正把员工职业生涯规划看成培养人的重要途径。也要准确把握员工的主导需求，使组织与员工结为利益共同体。

（2）帮助员工制订职业计划。根据员工个人的能力、兴趣爱好和职业发展目标的要求进行分析和评估，或从员工的招聘过程中收集相关信息，采用心理测试和评价中心等方法来测评员工的能力和潜力。同时为员工提供职业指导，帮助员工设计职业计划表，使员工在有经验人士、主管经理的指导下正确选择自己的职业道路。

（3）帮助员工实现职业计划。组织在招聘时要重视应聘者的职业兴趣并提供较为现实的发展机会，提供阶段性的工作轮换，以及多样化、多层次的培训，为员工提供职业发展咨询，开展以职业发展为导向的考核、晋升与调动管理等方式帮助员工实现职业计划。

3. 个人的职业生涯规划。

员工个人的职业规划就是个人根据自身情况、机遇和条件，为自己确立目标，选择职业道路，确定发展和教育计划等，并为自己实现职业生涯目标而确定行动方向、行动时间和行动方案。这是一个周而复始的连续过程，包括了自我剖析、职业生涯机会评估、职业生涯目标设定、目标实现策略、反馈与修正等五个方面。如图 4－11 所示。

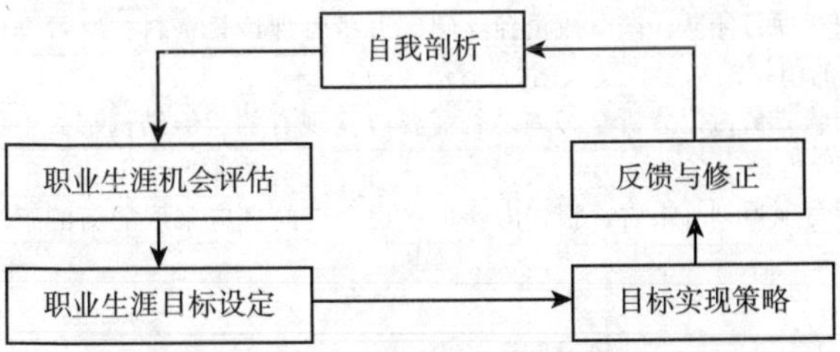

图 4－11　个人职业生涯规划

管理情景
分析 4－5

测一测
心有底

管理情景讨论和能力训练一

项目工作任务书

项目名称	选择合适的组织结构
项目负责人	
项目组成员	
项目情景	李经理应该建立什么样的组织结构形式？ 李经理一手创办起一个小型生产企业。由于本人是一个有能力的工程师，产品生产搞得很好，市场销路也不错。他全身心地投入到企业的经营管理之中，企业越办越红火，正在逐步发展壮大。 企业现在已形成了三种较为稳定的产品，员工发展到 60 多人。在大厂房中，设了两个小车间。设有一个综合办公室，有两名财务人员和两名供销人员。 企业的所有经营管理问题完全由他一个人说了算。前几年只生产单一产品，再加上管理机构简单与人员精干，企业的决策效率高，管理费用低，所以运作得一直较好。但是近两年，由于企业规模的扩大，市场的日趋复杂，经营管理的工作量猛增。为了找准产品定位，他要亲自搞市场调研；由于他是全厂唯一的有工程师职称的人，从产品设计、生产计划到技术指导都得由他来做；为了保障产品质量，他必须保证相当的时间深入车间，直接领导车间的生产；他还要安排原材料的采购、运输与保管；为了保住市场，他要亲自同客户打交道；财务上的事更得由他亲自处理……李经理已经忙得不可开交，明显地感到体力不支。而且，他的工作也漏洞百出，管理正在走向混乱……李经理心急如焚。
项目目标	掌握选择组织结构类型的方法和技能
项目工作内容和方法	1. 组建项目团队，团队成员独立阅读分析管理情景资料，思考李经理创办的公司现在实行的组织结构形式及其运行情况； 2. 团队成员讨论分析李经理是否需要改变现有的组织结构形式？如果需要改变，怎么改？理由是什么？ 3. 撰写项目训练报告，报告内容重点说明李经理应采取的新的组织结构形式的理由及特点。
学习目标	通过训练加深对组织结构的理解，熟悉各种组织结构的特点及其适用范围，并能分析与选择合适的组织结构
学习提示	根据各类组织结构的特点及其适用性选择合适的组织结构
说明	

项目活动计划与评价表

<table>
<tr><td colspan="4">项目名称</td><td colspan="6"></td></tr>
<tr><td colspan="4">项目负责人</td><td colspan="6"></td></tr>
<tr><td colspan="4">项目组成员</td><td colspan="6"></td></tr>
<tr><td colspan="4">项目实施时间</td><td colspan="6"></td></tr>
<tr><td rowspan="5">项目计划与成果</td><td colspan="3">项目实施计划</td><td colspan="6">包括（但不限于）：计划目标、实现计划目标的要素、计划进度。</td></tr>
<tr><td colspan="3">工作方案</td><td colspan="6">包括（但不限于）：工作流程、阶段任务、工作思路、工作方法措施。</td></tr>
<tr><td colspan="3">项目成果</td><td colspan="6"></td></tr>
<tr><td colspan="3">收获与建议</td><td colspan="6"></td></tr>
<tr><td colspan="3">说明</td><td colspan="6"></td></tr>
<tr><td rowspan="6">工作评价</td><td colspan="3" rowspan="2">团队及成员</td><td rowspan="2">团队</td><td colspan="5">成 员</td></tr>
<tr><td>1.</td><td>2.</td><td>3.</td><td>4.</td><td>5.</td></tr>
<tr><td rowspan="4">评语与成绩</td><td rowspan="2">团队评价</td><td>评价</td><td></td><td></td><td></td><td></td><td></td><td></td></tr>
<tr><td>成绩</td><td></td><td></td><td></td><td></td><td></td><td></td></tr>
<tr><td rowspan="2">教师评价</td><td>综合评价</td><td></td><td></td><td></td><td></td><td></td><td></td></tr>
<tr><td>成绩</td><td></td><td></td><td></td><td></td><td></td><td></td></tr>
</table>

管理情景讨论和能力训练二

项目工作任务书

项目名称	制定超市员工培训方案
项目负责人	
项目组成员	
项目情景	超市是人民生活中不可缺少的一部分，但是，在中学学习阶段，学习任务很重，同学们很少逛超市，生活琐事都由父母包办了，进入大学学习之后，同学们远离父母，生活自理，几乎每周都要逛超市，在逛超市过程中，同学们发现超市服务人员的素质参差不齐，素质急需提高。
项目目标	掌握制定超市员工培训方案的方法和技能
项目工作内容和方法	1~3 项任务，团队成员独立完成。 1. 设计一份员工状况调查表，深入学校附近超市进行调查；说明所调查超市员工状况； 2. 分析所调查超市员工素质是否与超市经营要求相匹配？是否存在问题及存在什么问题？ 3. 运用所学的员工培训知识，提出所调查超市员工培训方案？ 4. 与团队成员讨论，完善培训方案。
学习目标	通过训练加深对员工培训知识的理解，掌握员工培训方案制定的方法和技能
学习提示	
说明	

项目活动计划与评价表

<table>
<tr><td colspan="4">项目名称</td><td colspan="6"></td></tr>
<tr><td colspan="4">项目负责人</td><td colspan="6"></td></tr>
<tr><td colspan="4">项目组成员</td><td colspan="6"></td></tr>
<tr><td colspan="4">项目实施时间</td><td colspan="6"></td></tr>
<tr><td rowspan="5">项目计划与成果</td><td colspan="3">项目实施计划</td><td colspan="6">包括（但不限于）：计划目标、实现计划目标的要素、计划进度。</td></tr>
<tr><td colspan="3">工作方案</td><td colspan="6">包括（但不限于）：工作流程、阶段任务、工作思路、工作方法措施。</td></tr>
<tr><td colspan="3">项目成果</td><td colspan="6"></td></tr>
<tr><td colspan="3">收获与建议</td><td colspan="6"></td></tr>
<tr><td colspan="3">说明</td><td colspan="6"></td></tr>
<tr><td rowspan="6">工作评价</td><td colspan="3" rowspan="2">团队及成员</td><td rowspan="2">团队</td><td colspan="5">成　员</td></tr>
<tr><td>1.</td><td>2.</td><td>3.</td><td>4.</td><td>5.</td></tr>
<tr><td rowspan="4">评语与成绩</td><td rowspan="2">团队评价</td><td>评价</td><td></td><td></td><td></td><td></td><td></td><td></td></tr>
<tr><td>成绩</td><td></td><td></td><td></td><td></td><td></td><td></td></tr>
<tr><td rowspan="2">教师评价</td><td>综合评价</td><td></td><td></td><td></td><td></td><td></td><td></td></tr>
<tr><td>成绩</td><td></td><td></td><td></td><td></td><td></td><td></td></tr>
</table>

案例分析

案例一　陶氏化学①

资料：

在化工行业中，有一些著名的市场参与者齐头并进，包括美国陶氏化学（Dow Chemical company）、美国杜邦（DuPont）、英国帝国化工（ICI）、德国巴斯夫化学公司（BASF）、德国赫斯脱化学有限公司（Hoechst AG）以及拜耳（Bayer AG）。1970 年，化学产品之间自由流通的障碍被消除，同时随着大多数产品都转向日用品以及 1980 年初的经济萧条，化学产品长期处于敏感性价格竞争状态。在这种环境下能够赢得竞争的，是低成本公司。陶氏化学一直是一家成本领先企业。

多年来，陶氏化学一直认为，竞争制胜的部分原因是它的矩阵组织结构。陶氏化学的矩阵有三个相互作用的因素：职能（如研发、制造、营销）、业务（如乙烯、塑料、制药）和地域（如西班牙、德国或者是巴西）。经理的职务头衔则包括了这三个元素（如西班牙塑料营销经理），经理们多是向两个领导进行汇报。西班牙塑料营销经理有可能同时向全球塑料经理和负责西班牙运营的负责人汇报。采纳矩阵结构的主要意图，是促使陶氏能够同时对地方市场需求和公司目标做出反应。因此，塑料业务也许会遵循陶氏的整体塑料生产成本要求，在西班牙的运营则会决定如何能够在西班牙市场上更好地经营塑料业务。

当陶氏引进矩阵结构时，前景很不容乐观：多个汇报渠道导致混淆和冲突。众多经理把组织变得笨拙和官僚主义。重叠交叉的权责制度导致在组织中争夺势力范围和责任的缺失。区域经理不同意上级制定的计划。简而言之，这个结构行不通。然而，陶氏没有放弃这种矩阵组织，而是赋予这种结构更大的弹性。

陶氏决定保留矩阵结构是制药行业本身推动的。公司意识到制药有别于普通化学行业。大部分化工行业，主要的收入来源于生产的规模经济。这意味着在需要供应的市场和地区建立大型工厂是成功的关键。但是在制药行业，药品的管制和市场规则在不同的国家差异很大；因此满足当地的需求比通过规模经济降低成本更为重要。对当地需求的高度响应是必需的。陶氏意识到，如果按照主流的化工行业的经营方式进行管理，陶氏将永远不能兴旺。

为了不放弃矩阵结构，陶氏决定采用更加弹性的方式促进各个业务的沟通，在同一个管理制度下让每种业务都拥有优先顺序。高层主管组成的小组负责安排业务的优先顺序。在确定了每个业务单元的优先顺序之后，矩阵组织三个元素——职能、业务和地区中的某一个元素会被作为决策制定的优先考虑因

---

① 改编自美国陶氏化学公司 - MBA 智库百科，https：//wiki. mbalib. com/wiki/Dow_Chemical.

素。到底哪种元素会成为优先考虑的因素，则取决于不同的决策类型，以及公司不同的竞争市场或者区域。这种弹性结构需要组织的员工了解矩阵组织下发生的情况。尽管富有弹性的结构看起来比较混乱，但是陶氏却一直声称这种弹性组织的运行十分顺利，并且将陶氏的成功都归功于新结构带来的决策质量的改善。

20世纪90年代中期，陶氏重新关注化工产品业务，剥离了绩效较差的制药业务。陶氏战略的转变在组织结构上也体现出来，公司取消了矩阵型结构，采用了一种基于全球各个产品事业部的更新的结构。矩阵结构过于复杂，并且需要花费过多的成本去管理激烈的竞争环境。尤其是当公司重新聚焦于日用品行业时，只有成本低廉的竞争者才能获得竞争优势。当时陶氏的CEO在1999年的采访中谈到：我们是一个矩阵型组织，依靠团队来完成工作任务，然而我们却缺乏一个负责的人。业务进行顺利时，我们不知道应该奖励谁，而业务绩效下降时，我们该追究谁的责任。因此，我们建立了一个全球性的事业部结构并且削减了一些管理层。在我和最底层的员工之间曾经有11个管理层级，但是现在只有5个。

问题：

1. 结合本章所学内容，分析陶氏公司所采用矩阵的组织结构？这种组织结构会出现哪些问题？

2. 20世纪90年代陶氏公司改变了组织结构，陶氏现有的组织结构正确吗？为什么？

案例分析
参考答案

提示：

运用矩阵组织结构、事业部组织结构的相关知识回答以上问题。

案例二：小邹的职业规划①

资料：

小邹毕业于机电工程专业，今年24岁，虽然学的是机电工程专业，但他对技术工作一点兴趣都没有，当初报考该专业只是家人的安排；就业时选择做工程师等技术型工作，也是因为不得不选择与专业相关的职业，希望能“骑牛找马”。但是几年下来，“马”没找到，自己还是骑着一头不喜欢的“牛”。

小邹在3年的职业生涯中换了5份工作。并且每份工作的时间都呈递减趋势。第一份工作做得最长，在一家日资企业做技术员，干了1年2个月；第二份工作是一家民营企业的工程师，做了10个月；而今后1年内，他走马观花似地换了3份工作，做过市场销售、计算机程序员、电工。最后一份工作仅一个星期就辞掉了。现在小邹又回到他已非常熟悉的人才市场，重复习以为常的动作：投简历、面试、再投简历、再面试……他感到非常的苦恼和迷茫：不知道自己究竟适合什么职业？他感到自己迫切需要做一个全面的职业规划，不然的话，只是虚度青春。

---

① 改编自豆丁网，https：//www. docin. com/p－747775100. html.

在对小邹进行了全面的职业测评后，结果显示小邹的确不喜欢从事具体的、重复的、习惯性的、程序要求很强的技术型技能工作，他兴趣表现在于乐于助人、喜欢从事与人交往的工作，而他的职业能力、个性、兴趣三者也较为匹配，适合选择人力资源、客户服务等与人沟通较多的工作。

问题：

小邹为何频频跳槽？你认为一名大学生应如何对自己进行职业规划？

提示：

运用所学的影响职业发展规划的因素思考此案例。

案例分析
参考答案

项目五

培养领导和评价能力

教学课件

课程思政

目标描述

知识目标：通过本项目学习，应明白什么是领导，了解领导理论、激励理论和绩效评价的内容；理解领导的权力和责任及绩效评价的程序；掌握领导的一般原则、各种激励理论的要点和绩效评价的基础。

技能目标：感悟领导艺术，能够运用激励理论选择合适的激励方法，能够进行绩效评价和绩效改进。

工作任务分解（WBS）（见图5－1）

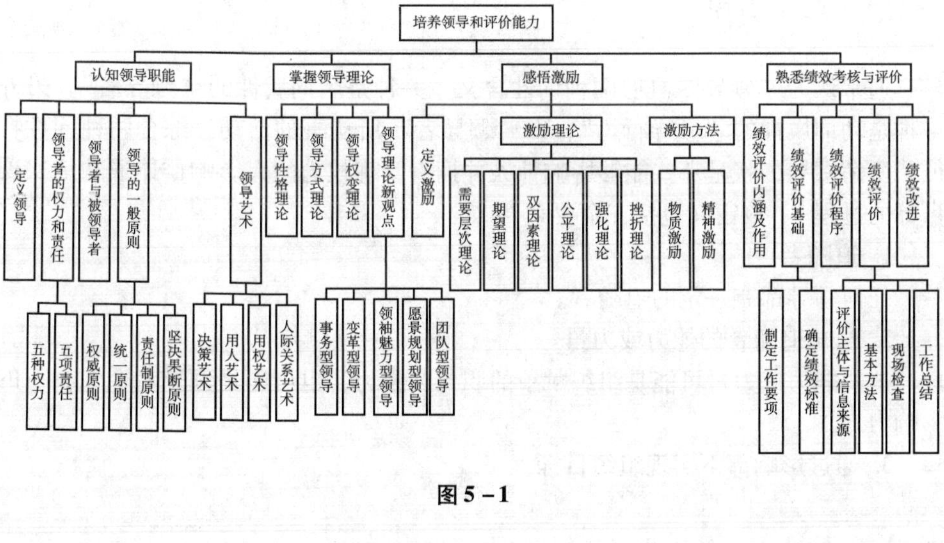

图5－1

任务一　认知领导职能

听故事
悟原理
（弥陀佛与韦陀）

【管理情景 5－1】

谁的错？

光明公司总经理李敬精力充沛，很有能力和气魄，单位的大小事情都由他一个人拍板决定，4 个副职几乎没有什么事做。单位在李总的严格管理下，一切都井井有条，每年都顺利完成上级交给的任务。李某一干就是 12 年，去年 12 月份，年满 60 岁的他光荣退休。当时，单位没有任何一个人能担负起一把手的重任。最后，52 岁的陈某（任副职 10 年）被勉强推上了“一把手”的位置。他上任才 3 个月，单位就一片混乱，有时连基本的工作任务都难以完成。单位的人议论纷纷，有的说：“还是李某当领导的好。”有的说：“今天这种局面主要是李某造成的，不完全是陈某的错。”

请思考：造成光明公司这种局面的主要原因是什么？该公司的领导体制类型是什么？它有什么优缺点？

领导职能作为管理职能之一，就是通过领导者的领导行为和领导方式，引导和激励组织成员发挥其才能和潜力去实现组织目标。主要涉及领导行为、激励、协调沟通等内容，是连接计划、组织及控制等各项职能的纽带。

一、定义领导

通常认为“领导”具有两种词性含义。一种是名词属性的“领导者”，另外一种是动词属性的“领导行为”，即“领导者”所从事的活动。综合两种词性特征，所谓领导，就是那些能够影响他人并拥有管理权力的人影响群体成功地实现目标的过程①。该定义包括三个要素②：

1. 追随者。

任何领导都有一定的追随者。

2. 影响追随者的能力或力量。

这些能力或力量可能是组织赋予的职务和权力，也可能是领导者个人具有的影响力。

3. 通过影响部下实现组织目标。

---

① 罗宾斯，等．管理学：第七版［M］．孙健敏，等译，北京：中国人民大学出版社，2004：490.

② 周三多．管理学：第三版［M］．上海：复旦大学出版社，1999：378.

二、领导的作用

领导者在带领、引导和鼓舞部下为实现组织目标而努力的过程中，具体发挥了三种作用：

1. 指挥作用。

即在组织活动中，领导者有责任指导组织各项活动的开展，帮助人们认清环境和形势，明确目标和实现目标的途径。

2. 协调作用。

由于组织成员个性不同和外部环境因素的干扰，思想分歧和行动上的偏差不可避免，因此需要领导来协调组织成员的关系。

3. 激励作用。

人们常常遇到挫折和限制，需要领导引导、鼓励、诱发下属的事业心、忠诚和献身精神，强化进取动力。

相关链接

领导和管理的区别

领导与管理有着密切的关系，甚至经常被人们混为一谈。但是实际上，两者之间既有紧密联系，又存在着很大的差异。

领导与管理的共同之处在于：从行为方式看，两者都是一种在组织内部通过影响他人的协调活动，实现组织目标的过程。从权力的构成看，两者都与组织层级的岗位设置有关。

领导与管理的区别是：管理者是受到上级任命在岗位上从事工作的，其影响力来自这一职位所赋予的正式权力；领导者可以是上级任命的，也可以是从群体中自发产生出来的，领导者可以运用正式权力之外的活动，如个人魅力或专长来影响他人。

是否所有的管理者都应该是领导者？或者，是否所有的领导者都应该是管理者？从理论上说，或者说理想的情况下，所有的管理者都应该是领导者。而所有的领导者却未必都必须具备管理者应该具备的管理能力和技能。实际上，一个能够影响他人的领导者，并不意味着他同时也能够进行计划、组织和控制。

三、领导者和被领导者

领导是影响力运用的过程，在这个过程中有3个基本要素：领导者、被领导者和特定环境。当环境因素确定后，领导者和被领导者的特征决定着领导效果。

（一）领导者

1. 领导者的权力。

领导的核心在权力。领导权力通常就是指影响他人的能力，领导者影响力的来源分为5种：

（1）法定权力。即职权，由于领导者在组织中身处某一职位而获得的相应的法定权力和权威地位。在职位上，就可以使用奖赏权力和强制权力，但法定权力比奖赏权力、强制权力使用得更为广泛。

（2）奖赏权力。它是由法定权力派生的权力之一。是指个体控制着对方所重视的资源而对其施加影响的能力，这些奖赏可以是对方看着的任何东西，如金钱、晋升、有趣的工作和友好的同事等。奖赏权力是否有效，关键在于领导者要确切了解对方的真实需要。

（3）强制权力。又被称为惩罚权力，也是由法定权力派生的权力之一。是指通过强制性的处罚或剥夺而影响他人的能力，包括批评、罚款、降职、辞退和起诉等。对方出于对不利后果的惧怕而对强制权力做出反应。强制权力具有消极作用。

（4）专长/专家权力。是基于专业技术、特殊技能或知识的影响力。

（5）感召权力。是指领导者个人拥有的个性、品德、作风等吸引其他人追随，并服从其领导和指挥。

法定权力、奖惩权力和强制权力与正式组织有关，是组织赋予的职权；专长/专家权力和感召权力与领导者的个人条件和特质有关。领导是一个通过使用各类权力来影响下属的过程，绝大多数的有效领导者依赖一些不同的权力类型组合来影响下属的行为和工作绩效。

2. 领导者的责任①。

领导者进行领导的过程就是运用权力实现领导责任的过程，所以，领导者在为了完成组织目标而影响他人行为的过程中必须承担下列责任：其一是政治责任，其二是经济责任，其三是法律责任，其四是社会责任，其五是工作责任，包括谋略责任、决策责任、用人责任、执行责任、管理责任和教育责任。

（二）被领导者

1. 被领导者的含义及特征。

被领导者是指在领导活动中执行领导决策、完成领导任务、实现领导目标并在这个过程中使个人需要得到满足的个人或集团，他们是领导活动中领导者实施领导的主要对象，共同的利益是联系领导者与被领导者的纽带。被领导者的名称也有很多，如追随者、拥戴者、下属、支持者等②。

---

① 荣仕星．论领导者责任［M］．北京：人民出版社，2004；朱立言，雷强．论领导者与追随者［J］．北京科技大学学报（社会科学版），2000（12）．

② 张晓峰．被领导者的角色行为及其价值探究［J］．哈尔滨市委党校学报，2007（3）．

归纳被领导者在领导活动中表现出来的内在属性，被领导者具有如下特征：一是多数性与聚集性。被领导者一般人数众多，行为都带有群体性。二是服从性，即作为领导者的作用对象要执行领导者的命令。三是不担任职务或担任较低职务，但不可能具有对领导者行使权力的身份。

2. 被领导者的地位和作用。

被领导者在领导活动中与领导者一样实质上处于主体地位，他们与领导者有共同的利益，是领导实践效果的实现者和分享者。组织中，被领导者的地位和作用在于：一是被领导者在领导活动中是与领导者相互依存、相互作用的重要角色。二是被领导者是领导活动的基础，即被领导者起着产生与选择领导者的根本作用。三是被领导者对领导效能起决定作用，即被领导者关系到领导活动的成败。

（三）领导者与被领导者的关系

领导主体是由领导者与被领导者共同构成的。领导者与被领导者的关系从本质上来说是一种追随关系甚至是伙伴关系，而不是等级关系。领导者通过领导过程来影响被领导者，被领导者也通过追随过程来影响领导者，他们相互依赖、相互推动。

1. 相互信任的关系。

领导者制定的战略规划等得以顺利实施的关键就是取得被领导者的信任。而被领导者也从自身的利益和愿景出发，分析环境，选择战略、实施战略。并非只是领导者才具有战略制定的权利，被领导者也在提供和建议方案，这个制定战略过程也就是领导者与被领导者进一步建立信任的过程。

2. 相互支持的关系。

领导者与被领导者在权力上是相互制约的。领导者的权力来自组织的法定权力，更来自被领导者的认可，没有被领导者的承认，领导者将是有权无威，形同虚设。被领导者也要服从自己认可的领导权威的指挥，与领导者有默契的合作，否则，被领导者违反自己认可的领导权威的意志，也就是违背自己的意志。

3. 相互转化的关系。

被领导者与领导者在身份上是相对的，其身份是处于不断变化中。在不同的时间、不同的场合、不同的组织中，领导者可以变成被领导者，被领导者也可能变成领导者。随着领导者对被领导者的培养，随着组织的发展，被领导者也可以成为新的领导者。而且，在不同的组织同盟之中，领导者与被领导者的地位也是不断变化的。

4. 相互监督的关系。

在组织系统中，领导者和被领导者之间存在着平等的契约关系，甚至体现为一种互相追随互相领导的关系。职责要求领导者控制、督促被领导者完成任务，达到预定目标。同时，被领导者也有权利监督领导者的领导行为，对出现的失误提出建议，纠正失误。

四、领导的一般原则

领导者在实施领导行为的过程中必须遵循的4个一般原则分别是权威原则、统一原则、责任制原则和坚定果断原则。

1. 权威原则。

是指在领导中必须使用领导者的权威让被领导者服从领导者的意志。通常组织赋予领导者的法定权力比个人品质因素能够产生更大的权威和强制性，但是也不能忽视个人品德对被领导者的影响力。

2. 统一原则。

是指在领导过程中必须统一目标、统一思想、统一纪律、统一领导和统一行动。其中，统一行动是目的，统一目标是统一行动的方向，统一思想是统一行动的基础，统一纪律是统一行动的保证，统一领导是统一行动的关键。

3. 责任制原则。

是指在领导活动中，组织内部的各个层次主要领导者对其职权管辖范围内的各项事务有最终决定权，并对其结果进行负责。

4. 坚定果断原则。

是指在领导过程中，领导者对规定的目标或规划以及行动方案，要具备坚定的立场，对随机事件要坚决果断地进行处理。

五、领导艺术

领导艺术是指领导者具有创造性的领导方式方法。

相关链接

做领导到底应该做什么事，毛泽东和邓小平说过两句极为相似的话。

毛泽东说："领导者的责任，归结起来，主要地是出主意、用干部两件事。"①

邓小平说："我的抓法就是抓头头，抓方针。"② 出主意，就是抓方针；用干部，就是抓头头。抓住了这两条，也就抓住了做领导的根本。

出主意，用干部通俗讲就是决策和用人，领导的艺术主要指决策艺术和用人艺术，而用人从广义上看还包括用权和处理人际关系。因此，领导艺术包括决策艺术，用人艺术，用权艺术和人际关系艺术。

---

① 同道．向毛泽东学战略：中国需要毛泽东［M］．北京：当代中国出版社，2010．

② 人民网—邓小平纪念网，http：//cpc. people. com. cn/BIG5/n1/2017/0711/c69113 -29397523. html，2017 -07 -11．

1. 决策艺术。

领导要在重大决策上发挥关键的作用，成功的领导应善于决策，善于出主意，决策要讲究艺术，决策合理、及时、讲艺术，群众拥护，就会政令畅通，提高管理效能。

有艺术的领导决策具有以下特点：

（1）见事早，得计早——把握时机，及时决断。

（2）听意见，凝智慧——集思广益，凝聚人心。

（3）定方针，明措施——明确目标，科学行动。

2. 用人艺术。

人才是成功的保障。毛泽东说："政治路线确定之后，干部就是决定的因素"①，他曾称赞刘邦会用人："他得天下一因决策对头，二因用人得当。"② 用人的艺术实际上就是会用人，能团结人。

领导者用人的艺术主要有：合理选择，知人善任；爱才惜才，用人所长；敢用能人，用人不疑；合理使用，积极培养。

3. 用权艺术。

领导权力是发挥领导职能的前提与保证。领导者要发挥领导职能，不仅要有权力，而且要会行使权力，懂得行使权力的方法与艺术。

领导者用权的艺术包括：

（1）巩固权力——遵循民主用权、依法用权、廉洁用权三原则，树立领导权威，保持凝聚力和向心力。

（2）分配权力——按照因事择人、权责对等原则合理授权，抓大放小。

（3）管理用权——重视对掌权人、用权人的管理，讲求用权效益。高层领导重点管理和考核其权力的组织效应；中层领导重点检查其权力管理效应；基层领导主要管理考核其权力行使的操作效应。

4. 人际关系艺术。

人际关系就是人与人之间的关系。处理好人际关系是领导发挥其指挥、协调和激励功能的基础。从层级关系看，人际关系艺术主要包括3方面的内容：

（1）处理与上级关系的艺术——摆正位置，尊重、理解、支持上级领导的工作，维护上级领导的威信，主动调适与上级领导的关系。

（2）处理与同级关系的艺术——相互尊重，相互支持，维护班子团结。

（3）处理与下级关系的艺术——了解、关心、爱护、信任下属。

从管理的角度，人际关系有更广泛的内容，如各层级人员之间的有效的沟通和冲突的化解，以及对下属的有效激励与指导都是很重要的内容。

---

① 毛泽东. 中国共产党在民族战争中的地位［M］//毛泽东选集：第2卷. 北京：人民出版社，1991：522.

② 吴冷西. 毛泽东谈文史［EB/OL］. http：//cpc. people. com. cn/GB/85037/8254465. html.

管理情景分析 5－1

听故事悟原理（陆军团长与三位连长）

任务二 掌握领导理论

【管理情景 5－2】

谁的方式更有效

高兴是一位空调销售公司的总经理。他刚接到有关公司销售状况的最新报告：销售额比去年同期下降了 25%、利润下降了 10%，而且顾客的投诉上升。更为糟糕的是，公司内部员工纷纷跳槽，甚至还有几名销售分店的经理提出辞职。他立即召集各主管部门的负责人开会讨论解决该问题。会上，高总说："我认为，公司的销售额之所以下滑都是因为你们领导不得力。公司现在简直成了俱乐部。每次我从卖场走过时，我看到员工们都在各处站着，聊天的、煲电话粥的，无处不有，而对顾客却视而不见。他们关心的是多拿钱少干活。要知道，我们经营公司的目的是为了赚钱，赚不到钱，想多拿钱，门儿都没有。你们必须记住，现在我们迫切需要的是对员工的严密监督和控制。我认为现在有必要安装监听装置，监听他们在电话里谈些什么，并将对话记录下来，交给我处理。当员工没有履行职责时，你们要警告他们一次，如果不听的话，马上请他们走人……"

部门主管们对高总的指示都表示赞同。唯有销售部经理李燕提出反对意见。她认为问题的关键不在于控制不够，而在于公司没有提供良好的机会让员工真正发挥潜力。她认为每个人都有一种希望展示自己的才干，为公司努力工作并做出贡献的愿望。所以解决问题的方式应该从和员工沟通入手，真正了解他们的需求，使工作安排富有挑战性，促使员工们以从事这一工作而引以自豪。同时在业务上给予指导，花大力气对员工进行专门培训。

然而，高总并没有采纳李燕的意见，而是责令所有的部门主管在下星期的例会上汇报要采取的具体措施。

请思考：

1. 高总是什么类型的领导？
2. 高总与各部门主管通过开会方式进行信息沟通属于什么沟通形式？
3. 根据领导权变理论，你认为高总和李燕的领导方式哪一种更有效？

领导理论的发展与管理理论的发展密不可分，都经历了一个逐步发展演化的过程。根据研究历程与不同时期研究的侧重点，领导理论的发展主要经历 3 个阶段：领导性格理论阶段、领导方式理论阶段和领导权变理论阶段。

一、领导性格理论

领导性格理论也被称为领导特质理论，这是早期领导理论之一。该理论集中研究领导者的特质，即那些能够把领导者从非领导者中区分出来的个性特点。该理论认为：领导效率的高低主要取决于领导者的特质，那些成功的领导者具有某些共同的特性，这些特性并不完全是先天具有的，主要是后天形成的。研究者发现存在六项特质与有效领导有关，分别是：

1. 内在驱动力。

领导者非常努力，有着较高的成就愿望。他们进取心强、精力充沛、对自己所从事的活动坚持不懈、永不放弃，并有高度的主动性。

2. 领导愿望。

领导者有着强烈的愿望去影响和统帅他人，他们乐于承担责任。

3. 诚实与正直。

领导者通过真诚无欺和言行一致在他们与下属之间建立相互信赖的关系。

4. 自信。

下属觉得领导者从没有怀疑过自己。为了让下属相信自己的目标和决策的正确性，领导者必须表现出高度的自信。

5. 智慧。

领导者需要具备足够的智慧来收集、整理和解释大量信息，并能够确立目标、解决问题和做出正确决策。

6. 工作相关知识。

有效的领导者对有关企业、行业和技术的知识十分熟悉，广博的知识能够使他们做出睿智的决策，并能够认识到这些决策的意义。

每个领导在上述各个特性方面的发展都不可能完全均衡，因而形成了迥异的领导风格和领导结果。同时，大量的研究证实，仅仅依靠特质并不能充分解释有效的领导，具备恰当的性格只能使个体更有成为有效领导者的可能。

二、领导方式理论

领导方式理论也被称为领导行为理论，主要是从研究领导者的行为特点与绩效的关系来确定最有效的领导风格。

（一）艾奥瓦大学研究

艾奥瓦大学的研究探索了3种领导风格：独裁型风格、民主型风格和放任型风格。

1. 独裁型风格。

采用这种领导方式的领导者倾向于集权管理，用命令的方式告知下属如何工作，单边决策、限制下属参与，应用奖惩的方法进行领导。

2. 民主型风格。

采用这种领导方式的领导者倾向于在决策时考虑下属的利益，实施授权管理，鼓励下属参与有关工作方法与工作目标的决策。

3. 放任型风格。

采用这种领导方式的领导者倾向于给群体充分的自由，给予下属从事业务活动的高度独立性，让下属设置自己的目标和实现目标的方法。

（二）俄亥俄州立大学研究

俄亥俄州立大学的研究确定了领导者行为中两个重要维度：关怀维度和定规维度。

1. 关怀维度。

领导者在工作中尊重下属的看法与情感，并与下属建立相互信任的程度。

2. 定规维度。

为了实现目标，领导者界定和构造自己与下属角色的程度。包括试图规划工作、界定人物关系和明确目标的行为。

两个维度能够形成四种组合，即高关怀—高定规、高关怀—低定规、低关怀—高定规、低关怀—低定规。见图 5－2。

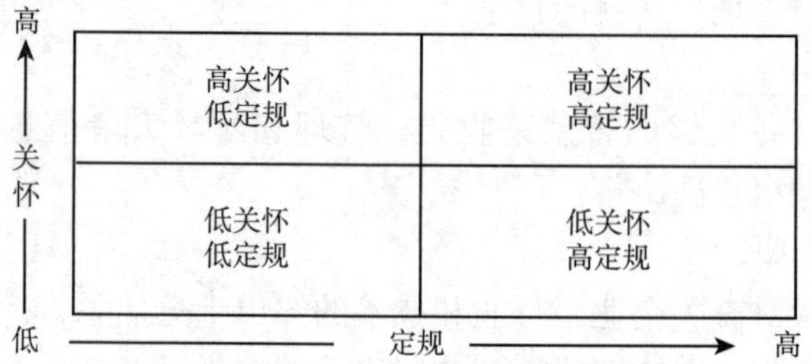

图 5－2　俄亥俄州立大学两维度组合

如图 5－2 所示，高—高型的领导者一般更能使下属达到高绩效和高满意度，但高—高型风格并不总是产生积极效果。在生产部门内，工作绩效评定结果往往与定规程度呈正相关，与关怀程度呈负相关，而在非生产部门，则相反。其他 3 种类型的领导行为普遍与较多的缺勤、事故、抱怨及离职有关系。

（三）密歇根大学研究

密歇根大学的研究与俄亥俄州立大学的研究性质相似，确定与高工作绩效相关的领导者行为特点。确定了领导者行为中两个重要维度：员工导向维度和生产导向维度。

1. 员工导向。

领导者重视人际关系、关注下属需要、接纳群体成员的个人差异。

2. 生产导向。

领导者强调工作岗位的技术或任务方面，主要关心群体工作任务的完成情况，并把群体成员视为达到目标的手段与工具。

（四）管理方格理论

布莱克和穆顿充分概括了俄亥俄州立大学和密歇根大学的研究成果，提出“关心人”和“关心生产”两个行为维度，并对领导者对这些行为的使用进行了评估，在坐标轴上从 1（低）到 9（高）进行标度，生成 81 种不同的领导类型（见图 5－3），其中有五种典型类型，分别是：贫乏式管理（1，1）、乡村俱乐部式管理（1，9）、任务式管理（9，1）、团队式管理（9，9）、中庸之道式管理（5，5）。

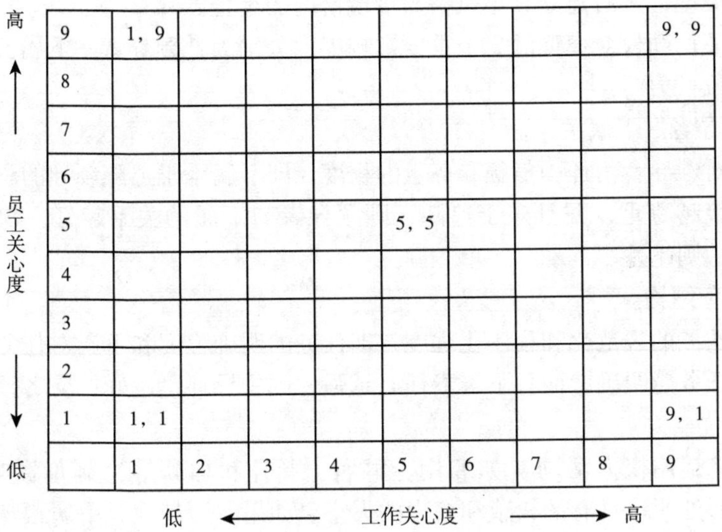

图 5－3　管理方格图

如图 5－3 所示，（1,1）型领导方式是一种无为式或贫乏式的管理，对员工对工作都不关心，不努力，必然导致失败；（9,1）任务型领导方式，注重抓工作、注重效率，很少关心员工需求，人际关系紧张，员工怨气较大，影响积极性发挥；（1,9）俱乐部式的管理，注重员工需要的满足，为员工提供良好的人际关系环境，但规章制度不完善，缺乏有效监督，结果往往是效率低下；（5,5）中间型领导，安于现状，不愿冒险，对人与工作一视同仁，既重视效率的基本保证又能保持员工的士气的满意水平。遇到环境变化会导致落后；（9,9）团队式管理，又称之为协调型或战斗集体型管理，既关心员工又关心生产，注重发挥群体优势，建立员工与组织的“命运共同体”，人际关系协调，士气旺盛，工作效率保持高水平。这种领导威望较高，是一种最好的领导类型。

在五种管理风格中，（9,9）团队式管理工作效果最佳。但是，在不同的社会、经济、文化和政治背景中，领导者的领导方式的优劣，不能简单地通过中性或平衡的（9,9）分布给予明确陈述。因此，领导方式的研究应该从多角度进行。

三、领导权变理论

领导权变理论认为，并不存在普遍适用的领导特性和领导行为，有效的领导者必须根据不同类型、不同环境下的组织确定不同的领导行为和领导方式。

（一）菲德勒权变模型（Fiedler contingency model）

菲德勒的权变模型由美国管理学家弗雷德·菲德勒（F. Fiedler）提出。该理论模型认为，有效的群体绩效取决于两个方面的恰当匹配，一是与下属发生相互作用的领导者风格，二是领导者能够控制和影响情境的程度。在不同类型的情境中，总有某种领导风格最为有效。该理论的关键在于首先界定领导风格以及不同的情境类型，然后建立领导风格与情境恰当的组合。

组成菲德勒权变模型的3个重要影响因素分别为：领导者—下属关系、任务结构和职位权力。

1. 领导者—下属关系。

下属对领导者信任、信赖和尊重的程度，即下属乐于追随领导的程度。如果下级对上级越尊重，并且乐于追随，则领导者与下属的关系越好，领导环境越好；反之，则越差。

2. 任务结构。

工作任务的规范化和程序化程度，即任务的明确程度和下属对任务的负责程度。如果任务越明确，而且下属责任心越强，则领导环境越好；反之，则越差。

3. 职位权力。

领导者运用权力活动（如雇用、解雇、晋升和加薪等）施加影响的程度，即领导者所处职位具有的权威和权力的大小。如果权力越大，下属遵从指导的程度越高，领导的环境也就越好；反之，则越差。

菲德勒认为，个体基本风格是影响领导成功与否的关键因素之一，它主要有两类：任务取向和关系取向。LPC（least-preferred coworker questionnaire），即最难共事者问卷可以用来测量领导者风格。如果领导者能以相对积极的词汇来描述最难共事者，表明该领导属于关系取向型（高LPC）。如果领导者多数采用贬义的词汇来描述最难共事者，表明该领导属于任务取向型（低LPC）。如表5－1所示。

表5－1　　菲德勒的LPC问卷

快乐	8	7	6	5	4	3	2	1	不快乐
友善	8	7	6	5	4	3	2	1	不友善
拒绝	1	2	3	4	5	6	7	8	接纳
有益	8	7	6	5	4	3	2	1	无益
不热情	1	2	3	4	5	6	7	8	热情
紧张	1	2	3	4	5	6	7	8	轻松
疏远	1	2	3	4	5	6	7	8	亲密
冷漠	1	2	3	4	5	6	7	8	热心
合作	8	7	6	5	4	3	2	1	不合作
助人	8	7	6	5	4	3	2	1	敌意
无聊	1	2	3	4	5	6	7	8	有趣
好争	1	2	3	4	5	6	7	8	融洽
自信	8	7	6	5	4	3	2	1	犹豫
高效	8	7	6	5	4	3	2	1	低效
郁闷	1	2	3	4	5	6	7	8	开朗
开放	8	7	6	5	4	3	2	1	防备

菲德勒认为环境对领导目标的实现有重大影响。利用三维变量、LPC 标准和其他研究成果，菲德勒确定了适用于不同环境的领导风格类型。如图 5－4 所示。

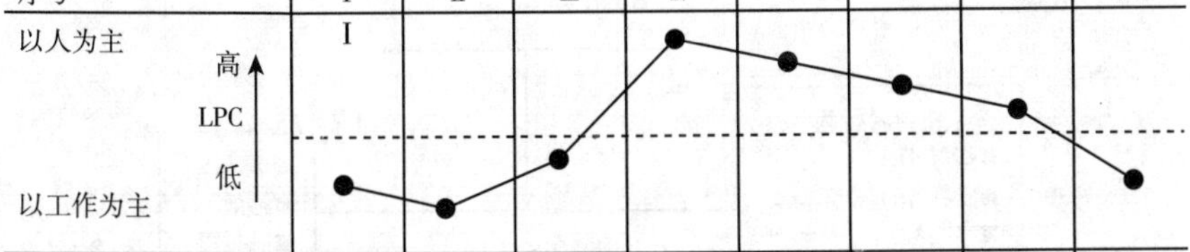

序号	Ⅰ	Ⅱ	Ⅲ	Ⅳ	Ⅴ	Ⅵ	Ⅶ	Ⅷ
领导者——下属关系	好	好	好	好	差	差	差	差
任务结构	明确	明确	不明确	不明确	明确	明确	不明确	不明确
职位权力	强	弱	强	弱	强	弱	强	弱
环境是否有利	有利	有利	有利	适中	适中	适中	适中	不利

图 5－4　菲德勒权变理论模型

图 5－4 中，在Ⅰ、Ⅱ、Ⅲ、Ⅶ、Ⅷ类型的环境条件下，任务型领导方式比关系型领导方式效果更好；而在Ⅳ、Ⅴ、Ⅵ环境条件下，关系型领导方式比任务型领导方式更适宜。

（二）路径—目标理论（path-goal theory）

路径—目标理论由罗伯特·豪斯开发。该理论认为有效的领导者的工作是帮助下属达到他们的目标，并为下属提供必要的指导和支持，以确保下属的目标与群体或组织的总目标一致。

根据路径—目标理论，领导者的行为被下属接受的程度取决于下属是将这种行为视为获得满足的即时源泉，还是作为未来获得满足的手段。领导者行为的激励作用在于：使下属的需要满足取决于有效的工作绩效；提供有效绩效所必须的辅导、指导、支持和奖励。为了检验这些陈述，豪斯确定了 4 种领导行为：

1. 指导型领导行为。

该类型的领导者让下属明确对他的期望是什么，以及完成工作的时间安排，并对如何完成任务给予具体指令。

2. 支持型领导行为。

该类型的领导者十分友善，表现出对下属各种需要的关怀。

3. 参与型领导行为。

该类型的领导者与下属共同磋商，并在决策之前充分考虑下属的建议。

4. 成就取向型领导行为。

该类型的领导者设置富有挑战的任务目标，并期望下属表现出自己的最佳水平。

与菲德勒权变理论相比较，豪斯的路径—目标理论提出了两大类情景变量作为影响领导行为—结果之间关系的中间变量，其一是下属不可控的环境因素，包括任务结构、正式职权系统和工作群体等；其二是下属个人特点，包括控制点、经验和知觉能力等。当环境内容与领导者行为彼此重复，或者领导者行为与下属特点不一致时，效果欠佳。如图 5－5 所示。

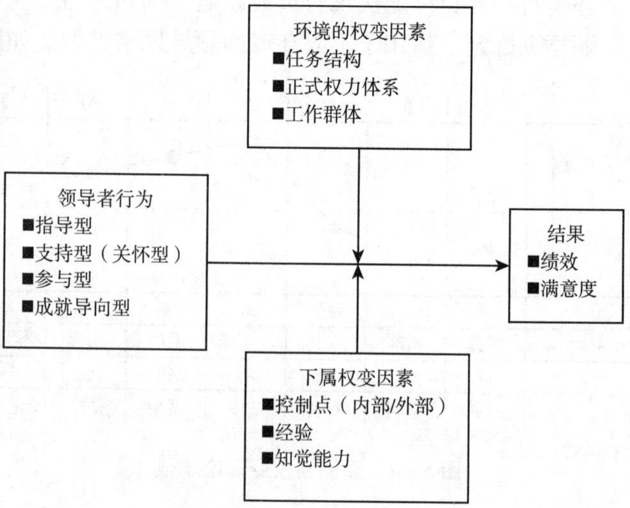

图 5－5　路径—目标理论

如前所述，路径—目标理论认为领导者的领导方式十分灵活，需要根据不同的情境表现出不同的领导风格。在路径—目标理论基础上可以引申出一些范例：相比具有高度结构化的任务来说，当任务不明或压力过大时，指导型领导能导致更高的满意度；当下属执行结构化任务时，支持型领导能导致高绩效和高满意度；当下属知觉能力强或经验丰富时，指导型领导往往会被视为多余；组织中的正式权力关系越明确、越官僚化，领导者越应表现出支持型行为，降低指导型行为；当任务结构不清时，成就导向型领导能提高下属的努力水平，易实现高绩效的预期。

（三）情境领导理论（situational leadership theory）

美国管理学者保罗·赫塞和肯·布兰查德提出了情境领导理论，也称领导生命周期理论，这是一种关注下属成熟状态的权变理论。该理论认为成功的领导者根据下属的成熟程度水平选择恰当的领导方式。

赫塞和布兰查德定义的成熟度指个体能够并愿意完成某项具体任务的程度。它包括工作成熟度（即完成任务需要的个人知识和技能水平）和心理成熟度（即完成任务需要的个人意愿和动机）。

情境领导理论提出的两个维度与菲德勒权变理论的维度相同：任务行为和关系行为。但赫塞和布兰查德认为每一维度都有高和低两个水平，因此，可以组成四种领导风格：高任务—低关系（指示模式）、高任务—高关系（推销模式）、低任务—高关系（参与模式）、低任务—低关系（授权模式），如图 5－6 所示。

1. 指示模式。

领导者界定角色，明确告诉下属具体做什么、怎么做和何时何地去做。

2. 推销模式。

领导者同时提供指示性行为与支持性行为。

3. 参与模式。

领导者与下属共同决策，领导者的主要角色是提供便利条件与沟通渠道。

4. 授权模式。

领导者提供极少的指示性行为或支持性行为。

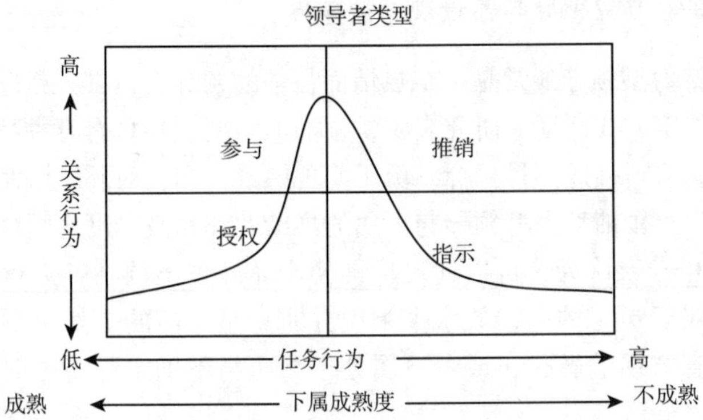

图 5-6 情境领导模型

图 5-6 中的领导者风格依赖于下属的成熟度。下属的成熟度分为 4 个阶段，从不成熟到成熟依次为：

第一阶段：无能力，无意愿。对执行某项任务既无能力又不情愿，既不胜任工作又不能被信任。

第二阶段：无能力，有意愿。缺乏能力，但又愿意从事必要的工作任务；有积极性，但缺乏足够的技能。

第三阶段：有能力，无意愿。有能力，但不愿意做领导希望其去完成的任务。

第四阶段：有能力，有意愿。既有能力，又愿意做领导让其完成的任务。

与菲德勒的权变理论比较，情境领导理论更直观和容易理解，尤其是对于深化领导者和下属关系的研究，具有重要的基础作用。但是，该理论的欠缺在于它只是承认了下属的重要性，而没有关注领导行为的其他情境特征。

四、领导理论的新观点

随着对组织领导理论的深入研究，当代具有代表性的领导理论新观点主要有 3 种：事务型领导与变革型领导、领袖魅力的领导与愿景规划型领导、团队型领导。

（一）事务型领导与变革型领导

以上介绍的多数领导理论都是针对于事务型领导者。事务型领导者主要是通过澄清工作角色与任务要求，指导并激励下属为了完成组织的既定目标而努力。还需要另外一种领导者，他们鼓励下属为了组织利益超越自身利益，并能对下属产生超乎寻常的深远影响，即变革型领导者。变革型领导者关注下属的兴趣与需要；帮助下属寻找看待老问题的新视角，从而使下属改变原有看法；激励、调动和鼓舞下属为实现群体目标付出最大的努力。

现实中，事务型领导与变革型领导不是截然对立的两种类型，变革型领导以事务型领导为基础，却优于事务型领导。相当多的证据表明，与事务型领导相比，变革型领导与低离职率、高生产率和高员工满意率的关系更强。

（二）领袖魅力型领导与愿景规划型领导

所谓领袖魅力型领导通常是一个热情而自信的领导者，其人格魅力和活动能力影响着人们以特定方式活动。研究表明，领袖魅力型领导具有五种特质：拥有一个愿景目标，能够清晰描述愿景目标，勇于实现愿景目标，对环境限制和下属需要敏感和超常规行为。领袖魅力型领导与下属的高绩效和高满意度之间具有显著关系。

多数学者和专家认为，可以通过培训使个体展现出领袖魅力行为。而领袖魅力型领导方式对于员工的高绩效水平来说并非总是必需的。如果下属的工作任务中包含意识形态方面的转化，或者下属处于高压与不确定环境中时，这种领导方式最有效。

愿景规划型领导能够设计一个现实的、可信的、诱人的前景目标，并向人们清晰而明确地指出，这个目标是建立在当前条件的基础上，通过努力是可以实现的。愿景规划型领导提供新的做事途径，鼓舞激励下属、指引组织成就卓越的未来。理想的愿景要符合时机和环境，并反映组织的特点。既具有挑战性又可以达到。

愿景规划型领导需要具备 3 种品质：解释愿景的沟通能力；表达愿景的行动能力；不同情境中的愿景运用能力。

（三）团队型领导

随着越来越多的组织使用工作团队的工作方式，带领团队工作的领导者的作用越来越重要。团队领导角色与传统领导角色不同，相对于传统领导的监督作用，团队领导更多的是起到助推作用。团队领导需要承担的责任主要包括：辅导、推动、处理处分问题、评估团队和个体绩效、培训和沟通。把这些具体责任可以归纳为两个方面：一是对团队外部事务的管理；二是对团队进程的推动。由此，可以把团队领导分解为 4 种具体角色，如图 5－7 所示。

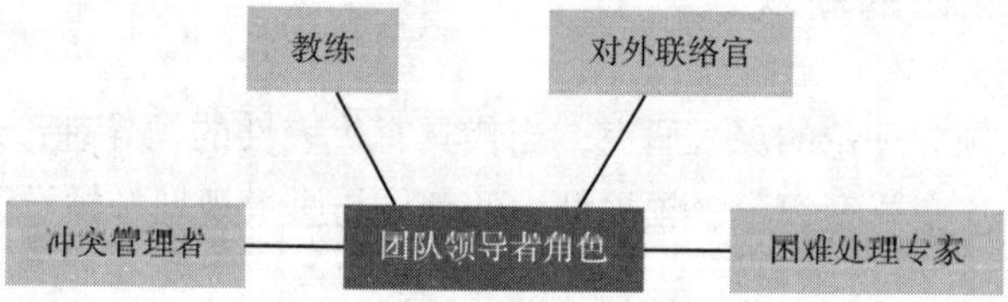

图 5－7　团队领导的具体角色

1. 对外联络官。

团队外部机构包括上级管理层、组织内其他工作团队、客户和供应商等。团队领导者的职责是保护资源、明确他人对团队的期望、收集外界信息并与团队成员分享信息等。

2. 教练。

团队领导者明确期望和角色，提供教育与支持，尽一切努力帮助团队成员保持高水平的工作业绩。

3. 冲突管理者。

团队领导者协调不一致的意见，帮助解决冲突，使成员明确问题所在，把团队内部冲突的危害降到最低程度。

4. 困难处理专家。

团队领导者必须在团队遇到困难时协助成员解决问题。问题越尖锐，领导帮助成员针对困难进行交流，获得解决困难必需的资源的作用就可能越明显。

管理情景分析 5－2

任务三　感悟激励理论和运用激励方法

听故事悟原理（懦弱的蛇）

【管理情景 5－3】

1000 元奖金

一家 IT 公司的老板，每年中秋节，老板会额外给员工发放一笔 1000 元的过节费。但几年下来，老板感到这笔奖金正在丧失它应有的作用，因为员工在领取奖金的时候反应相当平和，每个人都像领取自己的薪水一样自然，并且在随后的工作中，也没有人会为这 1000 元表现得特别努力。既然奖金起不到激励作用，老板决定停发，加上行业不景气，这样做也可以减少公司的一部分开支。但停发的结果却大大出乎意料，公司上下几乎每一个人都在抱怨老板的决定，有些员工明显情绪低落，工作效率也受到不同程度的影响，老板很困惑，为什么有奖金的时候，没有人会为此在工作上表现得积极主动，而取消奖金之后，大家都不约而同地指责抱怨甚至消极怠工呢?

请思考：请用相关的激励理论分析和解释这种现象，并给老板提出你的建议。

应用各种激励方式有效引导下属形成实现组织目标的意愿，且最终付诸行动是领导者的重要职责之一。

一、定义激励

激励（motivate），主要是指激发人的动机，使人有一股内在的动力，朝着所期望的目标前进的心理活动过程。简而言之，激励是调动人的积极性的过程，它对人的行为起到激发、推动和加强的作用。

从心理学的角度，激励过程就是在外界刺激变量（各种管理手段与环境因素）的作用下，使人的内在变量（需要）产生持续不断的兴奋，从而诱发出主体（被管理者）的动机，并产生积极的行为反应（为实现目标而采取的积极行动），使目标得以实现，人的需要得到满足。激励过程模式如图 5－8 所示。当一种需要得到满足后，人们会随着产生新的需要，从而进入新的激励过程。

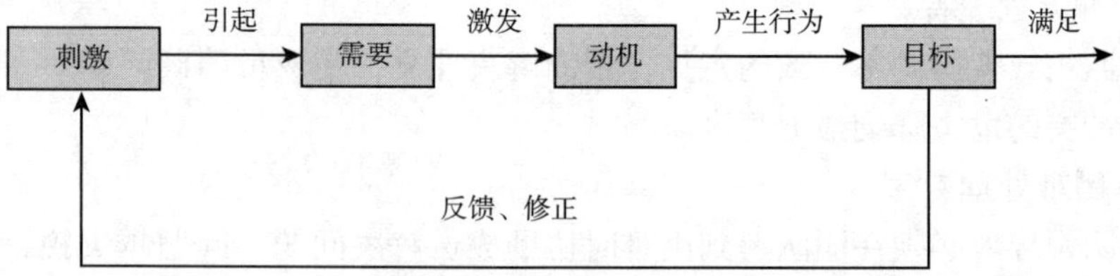

图 5－8　激励过程模式

相关链接

激励的作用

管理学的研究结果显示，个体的工作成效取决于个体的能力和工作积极性，其关系可以用如下公式表述：

工作成效＝工作能力×工作积极性

其中，工作能力是决定工作成效的基本因素，该因素确定后变化相对缓慢。决定工作能力发挥的重要因素之一就是工作积极性，个体的工作积极性通常可以在较短的时期内发生较大的变化，从而影响工作能力，进而对工作成效产生重大影响。因此，必须进行合理的激励，使组织成员保持较高的工作积极性。激励的具体作用如下：

1. 有助于激发和调动员工的工作积极性。
2. 有助于员工自觉自愿为实现组织目标而努力。
3. 有助于增强组织的凝聚力，促进组织内部各组成部分的协调统一。

二、激励理论

有效的领导者必须了解员工如何受到激励以及为什么被激励，并调整激励活动以满足员工的需要和欲求，才能实现所有员工为企业目标付出最大努力的愿望。由此，形成了以需要层次理论、期望理论、双因素理论、公平理论、强化理论和挫折理论为主的激励理论。

（一）需要层次理论（hierarchy of needs theory）

需要层次理论由美国社会心理学家亚伯拉罕·马斯洛（Abraham Maslow）提出，也被称为马斯洛需要层次理论。

马斯洛认为每个人都有 5 个层次的需要，如图 5－9 所示：

1. 生理需要。

是人类最基本的需要，包括衣、食、住、行等基础的身体需要。是领导者必须首先研究和满足的需要。

2. 安全需要。

免受身体和情感伤害的需要，同时能保证生理需要得到持续满足的需要。

3. 社交需要。

归属或取得他人认可等需要，包括爱情、归属、接纳和友谊等的需要。

4. 尊重需要。

分为内部尊重和外部尊重。内部尊重因素包括自尊、自主、成就感等；外部尊重因素包括地位、认可、关注等。

5. 自我实现需要。

成长与发展、发挥自身潜能、实现自我理想的需要。这是一种追求个人能力极限的内驱动力。

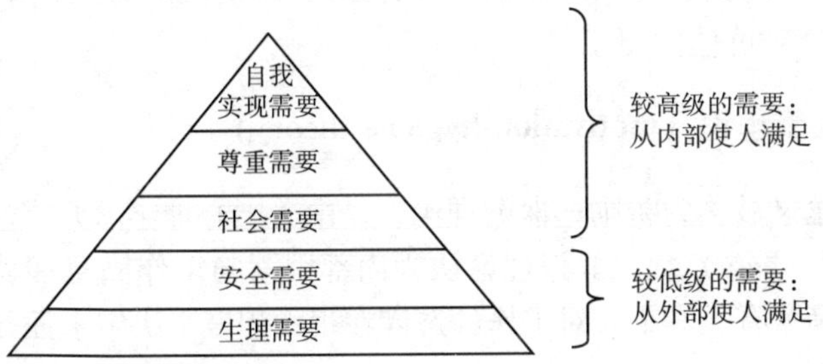

图 5-9　马斯洛的需要层次

马斯洛需要层次理论基于这样的人性假设：人的不满足的状态或者说未被满足的需要在激发人的行为。该理论有两个基本论点：一是人是有需要的动物，已经得到满足的需要不能再起激励的作用；二是人的需要具有层次性，只有一层次需要得到满足后，更高一级层次的需要才显出其激励作用。

（二）期望理论（expectancy theory）

期望理论是由美国心理学家维克多·弗鲁姆（Victor H. Vroom）提出，是迄今为止，被认为在员工激励方面最全面、最广为接受的解释。

期望理论认为个体只有在相信目标的价值并且可以看到如何才能有助于实现这样的目标时，他们才会受到激励去采取行动达成这些目标。换言之，只有当个体预期到某一行为能给自己带来既定结果，并且这一结果对自己有吸引力时，才会采取该行为。它包括以下三项变量或三种联系，如图 5-10 所示。

图 5-10　简化的期望模型

弗鲁姆认为个体对待工作的态度依赖于对如下 3 种联系的判断：

1. 努力—绩效的联系：个体感到通过一定程度的努力可以达到某种工作绩效的可能性。

2. 绩效—奖赏的联系：个体相信达到一定绩效水平后即可获得理想结果的程度。

3. 奖赏—个人目标的联系：从工作中可以获得的结果或奖赏对个体的重要性程度，即效价。效价主要关心的是个体的目标和需要。

在以上三种联系的基础上，个体的努力程度（激励力）是效价和期望值的乘积，用公式表达为：

激励力 = 效价(目标的期望价值) × 期望率(对目标实现可能性的看法)

期望理论强调个体因素对激励效果的影响，强调四个方面的内容：第一，组织所提供的奖赏应该能够与个体的需要一致；第二，奖赏的重点应放在对员工有吸引力的行为上；第三，期望来自个体的知觉，而不一定是实际情况本身，个体知觉决定个体的动机水平；第四，不存在普遍适用的激励方式，给个体的奖励必须符合个体自身对价值的要求。

（三）双因素理论（motivation-hygiene theory）

双因素理论又被称为激励—保健理论，是由美国心理学家弗雷德里克·赫茨伯格（Frederick Herberg）提出。该理论认为内部因素与工作满意和动机有关，外部因素与工作不满意有关。个人对工作的态度在很大程度上决定了任务的成败。

与工作满意感有关的因素是内部因素，如成就、认可、责任等，这些因素与工作本身和工作内容相关，被称为激励因素。而与不满意有关的因素是外部因素，如公司政策与管理方式、上级监督、工资、人际关系和工作条件等，这些因素与工作环境和工作条件相关，被称为“保健因素”，又称“维持因素”。如图 5 – 11 所示。

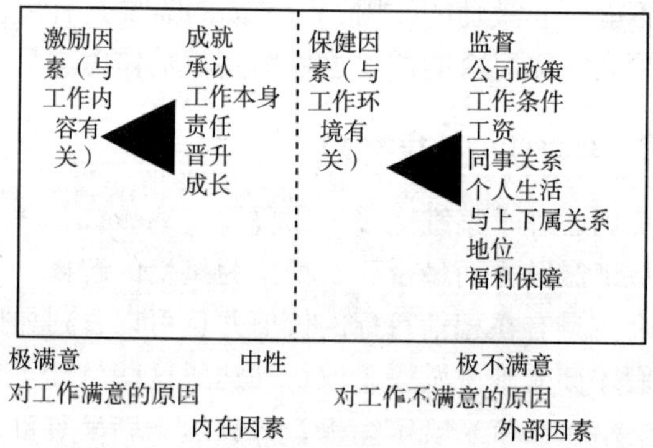

图 5 – 11　赫茨伯格的激励—保健理论

激励因素能激发起人们在工作中的积极性、创造性，产生使员工满意的积极作用。保健因素不能直接起激励员工的作用，但却必不可缺，否则会引发不满。而且，如果缺乏保健因素，激励因素难以发挥作用。

双因素理论弥补了传统的“非满意即不满意”的绝对观点，提出二维连续体的存在，即“满意”的对立面是“没有满意”，“不满意”的对立面是“没有不满意”。导致工作满意的因素与导致工作不满意的因素是相互独立的，因此在工作中试图消除不满意的因素只能起到安抚作用，而不能起到激励作用。要想真正激励人们努力工作，必须在满足保健因素的基础上，注重激励因素，只有激励因素才会增加人们的工作满意感。

（四）公平理论（equity theory）

公平理论是由美国心理学家斯达西·亚当斯（J. Stacey Adams）发展起来的，也被称为社会比较理论。该理论主要讨论报酬的公平性对人们工作积极性的影响，它认为人们首先把自己获得的报酬与自己的付出进行比较，然后再把自己的报酬—付出与他人的报酬—付出比进行比较。即将报酬与贡献进行纵向比较和横向比较。如表 5－2 所示。

表 5－2　个人对公平评价的 3 种情况

比较公式	评　价
$\frac{\text{个人所得报酬}}{\text{个人付出}} < \frac{\text{他人报酬}}{\text{他人付出}}$	不公平（报酬过低）
$\frac{\text{个人所得报酬}}{\text{个人付出}} = \frac{\text{他人报酬}}{\text{他人付出}}$	公　平
$\frac{\text{个人所得报酬}}{\text{个人付出}} > \frac{\text{他人报酬}}{\text{他人付出}}$	不公平（报酬过高）

亚当斯认为，如果人们觉得他们所获得的报酬过低而感到不公平，他们就会不满，工作积极性也会下降；如果人们觉得报酬公平，就可能提供与以往相同的产出水平；如果人们认为他们所获得的报酬较高，就可能更积极地工作。

总之，基于公平理论，当人们感到不公平时，可能会采取如下做法：

1. 曲解自己或他人的付出或所得；
2. 采取某种行为使他人的付出或所得发生改变；
3. 采取某种行为改变自己的付出或所得；
4. 选择其他的参照对象进行比较；
5. 离职。

研究证明，人们的工作积极性明显地受到相对报酬和绝对报酬的影响。无论何时，只要他们感到不公平，就会采取行动调整这种状态，其结果可能会提高也可能会降低生产率、产品质量等。

尽管公平理论的基本观点普遍存在，但由于个人对公平的判断具有个人主观性，缺乏统一的标准。这影响了该理论的实际应用及有效性。

（五）强化理论（reinforcement theory）

强化理论是由美国心理学家斯金纳（B. F. Skinner）首先提出的。该理论认为行为的原因来自外部，控制行为的因素是强化物。如果行为之后紧接着给予一个积极的强化物，则会提高该行为的重复比率；如果给予一个消极的强化物，就会降低甚至消除该行为的重复比率。

斯金纳通过试验，认为人的行为可分为三类：

1. 本能行为：人生来就有的行为。

2. 反应性行为：环境作用于人而引起的反应。

3. 操作性行为：人为了达到一定目的而作用于环境的行为。

针对上述三类行为，斯金纳提出四种塑造行为的方法：积极强化、消极强化、惩罚和忽视。积极强化是指在符合组织目标的行为出现后给予赞扬和奖励。积极强化将会增加理想行为重复出现可能性。消极强化是指在终止或逃离不符合组织目标的行为出现后给予肯定。消极强化使人们因希望回避不当行为的后果而采取理想行为。惩罚是指对不符合组织目标的行为给予处罚以使其消亡。忽视也称为自然消退，是一种取消维持某种行为的所有强化物的“冷处理”方法。当行为不被强化时，就会逐渐消失。

强化理论强调行为是结果的函数，可以通过强化符合组织目标的行为来影响人们，但是，强化并不是人们工作差异的唯一解释，工作目标、对成就的需要水平和对奖励是否公平的感知，以及期望等因素都会影响人们的工作水平。

（六）挫折理论

心理学认为挫折感是当个人从事有确定目标的行为活动时，由于主客观等方面的阻碍，导致目标无法实现，动机无法满足时个人的心境状态。人们在遭受挫折时，由挫折感所导致的心理焦虑、痛苦、沮丧和失望等会形成种种挫折性行为。

通常，挫折都是不利的，不但影响人们的工作积极性，而且常常会给人们带来心理损害，甚至心理疾病。因此，必须尽可能减少人们受挫折的机会或者降低人们的挫折感。

如果要减少或降低人们的挫折感，首先要及时了解、分析具体的现实挫折，然后通过关心，从提高人们的挫折承受力和有效地帮助人们达到实现目标两个方面弱化挫折感，引导人们在受到挫折后不懈地积极进取。

三、激励的基本方法

激励一般使用物质激励和精神激励两种方法。

（一）物资激励

所谓物资激励，是指通过合理的分配方式，将人们的工作绩效与报酬挂钩，即以按劳分配的原则，通过分配量上的差异作为酬劳或奖励，以此来满足人们对物质条件的需求，进而激发人们更大的工作积极性。

物资激励主要有基本收入（工资）激励、奖金激励、福利激励及其他物资激励（如发明奖励等）。

（二）精神奖励

精神激励是指精神方面的无形激励，它是管理者用思想教育的手段调动员工积极性、主动性和创造性的有效方式。

精神奖励主要包括成长激励，如为员工提供培训学习、考察机会等；关怀激励，如为员工提供困难补助、慰问病人、改善工作条件等；形象激励，如评先评优等；目标激励，通过合理的目标设计激发员工的工作热情、积极性、主动性和创造性等。

物质激励与精神激励是调动员工积极性的两种方法。精神激励和物质激励紧密联系，互为补充，相辅相成。精神激励需要借助一定的物质载体，而物质激励也必须包含一定的思想内容，而且，只有精神激励手段和物质激励的手段相结合，才能收到事半功倍之效。

激励的内容十分广泛，方式也是多种多样，管理者可根据本单位具体情况灵活掌握，以便找到最有效的激励方法。

管理情景
分析5-3

任务四　熟悉绩效考核和评价①

听故事
悟原理
（黑熊与
棕熊赛蜜）

【管理情景5-4】

全方位考核

某企业的绩效管理主要采用以下步骤和方法：第一步，对于部门主管以上领导干部，年终由主管领导召集其下属员工开会。共同听取其述职报告，再由员工及上级领导根据其一年来的表现填写“年度领导干部考核评议表”。该表汇总后将分数按“领导、部门内同事、下属”（2∶3∶5的权重）加权平均得出总分。

第二步，全体员工共分4组排序：一般员工、主管、部门经理、高层领导。每组按考评结果分五个等级，每一等级所占比例如表5-3所示。

表5-3　　绩效考评等级及比例

等级	A	B	C	D	E
比例	10%	30%	54%	5%	1%

第三步，考评结果运用：A等级范围的人有机会获得晋升，而E等级的将被淘汰或降级。

请思考： 请指出各考评步骤使用了哪些绩效考评方法。上述考评方法有哪些不足之处？

---

① 单凤儒．管理学基础［M］．北京：高等教育出版社，2001：226．项目五任务四包含了项目四任务五的部分内容，已述部分不再赘述。

一、绩效及绩效评价的内涵

绩效是指社会组织及其部门与人员的工作成绩、成果与效率、效益。它反映了组织与个人的工作实际达到目标的程度，以及管理者管理行为的有效程度，是评价组织、个人与管理最核心的指标。绩效评价则是衡量与判断完成工作的数量与质量的过程。

相关链接

绩效，单纯从语言学的角度来看，绩效包含有成绩和效益的意思。用在经济管理活动方面，是指社会经济管理活动的结果和成效；用在人力资源管理方面，是指主体行为或者结果中的投入产出比；用在公共部门中来衡量政府活动的效果，则是一个包含多元目标在内的概念。

绩效是一个组织或个人在一定时期内的投入产出情况，投入指的是人力、物力、时间等物质资源，产出指的是工作任务在数量、质量及效率方面的完成情况。由此衍生出了绩效管理的概念。

所谓绩效管理，是指各级管理者和员工为了达到组织目标共同参与的绩效计划制定、绩效辅导沟通、绩效考核评价、绩效结果应用、绩效目标提升的持续循环过程，绩效管理的目的是持续提升个人、部门和组织的绩效（见图5－12）。

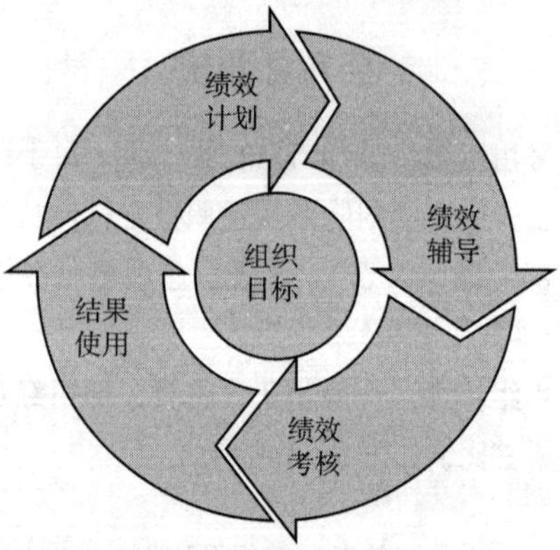

图5－12　绩效管理流程

二、绩效评价的作用

（1）促进实现目标。绩效考核本质上是一种过程管理，而不是仅仅对结果的考核。它是将中长期的目标分解成年度、季度、月度等阶段性目标，不断督促员工实现、完成目标的过程，有效的绩效考核能帮助企业达成目标。

（2）发现问题、总结经验。绩效考核是一个不断制订计划、执行、控制、改正的循环过程，整个绩效管理环节，包括绩效目标设定、绩效要求达成、绩效实施修正、绩效面谈、绩效改进、再制定目标的循环，这也是一个不断地发现问题、总结经验教训，改进与提高绩效的过程。

(3) 合理分配利益。与利益不挂钩的考核是没有意义的，员工的工资一般都分为两个部分：固定工资和绩效工资。绩效评价结果可作为绩效工资、奖酬发放、使用干部等的依据。

(4) 促进成长。绩效考核的最终目的并不是单纯地进行利益分配，而是促进组织与员工的共同成长。通过考核发现问题、改进问题，找到差距进行提升，最后达到双赢。

三、绩效的基本类型

可根据评价对象，绩效划分为三类：

1. 单位（组织）绩效。

即某一个企事业单位整体的绩效。

2. 部门（群体）绩效。

即单位下属的一个分支机构或部门工作的绩效。

3. 岗位（个人）绩效。

即指某一工作岗位或某个人工作所取得的绩效。应依据评价的目的与需要，分别进行单位绩效评价、部门绩效评价与个人绩效评价。

四、绩效评价的基本内容

不同组织及不同的评价对象的绩效评价的内容各不相同。

现以企业为例，简要说明绩效评价的内容，主要有：

1. 产品与服务的数量与质量，包括相关的中间成果。
2. 各种工作过程的效率与质量。
3. 市场开拓与营销的效果。
4. 人才数量、质量与发展状况。
5. 企业的经济效益与社会效益。

相关链接

绩效考核内容是绩效管理体系的核心，也是构建绩效管理体系最重要的环节。绩效考核内容包括目标责任、关键业绩、能力素质、满意度、综合测评等方面，不同的内容适用不同的考核主体。目标责任指标其实质也是关键业绩，综合测评是反映关键业绩、能力素质及满意度等方面的综合指标。事实上，任何有效的考核指标体系都是关键业绩、能力素质及满意度等某一方面或某几方面的综合。

1. 团队（或部门）绩效考核内容。

签订目标责任的团队年度绩效考核一般以目标责任为主，没有签订目标责任的团队年度绩效考核一般以阶段考核结果计算，或者将末期阶段考核与年度考核合并进行。

对团队的阶段绩效考核一般以关键业绩考核为主，同时加入满意度考核内容。对于部门的阶段绩效考核结果可以根据关键业绩得分与满意度评价得分计算，一般情况下，满意度所占权重比较小，一般占10%～20%。

2. 个人绩效考核内容。

签订目标责任的团队负责人年度绩效考核一般以目标责任为主，同时考虑满意度、综合测评等因素。没有签订目标责任的团队负责人年度绩效考核一般以阶段考核结果计算，同时考虑满意度、综合测评等因素。

对于普通员工的阶段绩效考核一般以关键业绩为主，可以同时考虑能力素质因素。普通员工年度绩效考核可以根据阶段绩效考核结果确定。

五、绩效评价的基础

要做好绩效评价，必须具备两个基础：制定工作要项与确定绩效标准。

1. 制定工作要项。

工作要项是指在考核评价过程中需重点衡量与判断的工作项目。绩效评价不可能对全部工作进行考核，只能选取重要的、能代表评价内容类别、反映工作成果的工作项目进行考核与评价。一般要选择对完成工作目标影响较大的工作项目作为评价要项，或从岗位工作内容与职责中选择重要的作为评价要项。制定工作要项要由上级与下级共同协商确定，使下级认可，并在工作过程中有充分的准备与运作时间。制定了工作要项，就可以对这些项目进行具体衡量与判断，并加以分析评价。

2. 确定绩效标准。

绩效标准是指衡量与判断工作是否达到目标要求的标准。这也是制定工作计划时所确定的对实现目标的工作预期。制定工作项目加绩效标准，就完成了绩效评价的基础工作。

（1）确定绩效标准的基本要求。所定标准的水平要与计划目标要求一致，先进可行。标准必须是可衡量的，尽可能量化，并有时间限制。标准是考核双方认可的，记录在案，为人所知的。

（2）制定标准的来源与依据。依据行业的一般水平确定本组织的标准。依据本组织的计划目标、规定确定标准。主管领导提出或工作群体提出，经共同协商确定。

六、绩效考核与评价

（一）绩效评价与考核的基本程序

1. 制订绩效评价计划。

要根据管理的需要，确定评价管理工作的目标、活动计划或安排，并安排好人员及其他资源。

2. 做好考核评价准备。

重点是完成绩效评价的两个基础工作，选择制定工作要项，并确定相应的评价标准。

3. 搜集信息。

要通过多条渠道、采用多种方法搜集评价内容与工作要项的相关信息。信息要全面、真实、准确。由于涉及的是绩效评价，因此，尽可能实行量化。

4. 衡量与判断。

依据评价标准，对所占有的信息进行分析、衡量，做出判断。除了做质的评价外，还一定要做出量的评价。有时根据需要还要将各部门或个人绩效进行分析等，下达评价结论。

5. 评价结构的运用。

要对被考核者反馈信息；要做必要的公示；要为干部使用提供依据；要同奖酬挂钩。

6. 改进。

要总结经验教训，探索提高绩效的途径；要完善管理程序与制度规范体系，在机制上促进绩效的提高；要加强与相关人员的沟通，指导员工进一步提高工作绩效。

（二）评价主体与信息来源

通常绩效评价由主管人员进行。考核、评价与改进下属的绩效是各级管理者的重要职责，同时也是对下属激励的关键一环。管理者放弃了对下属的绩效考核与评价，就可能使下属放弃对绩效的追求，后果是严重的。有些带有服务性质的工作，应提倡服务对象参与绩效的考核与评价。如企业员工参与对管理干部绩效的考核与评价，既会获得更真实的评价，又会促使下一周期管理者对员工的尊重与自我约束，并努力提高服务质量。必要时还可以请顾客参与对企业相关人员的考核，如请顾客评价商场的营业员。考核与评价尽可能吸收考核对象参与，平等协商，共同评估，不但使考核评价客观真实，还能有效地激励员工。

（三）评价的基本方法

绩效考核与评价的方法，主要有搜集信息的方法、衡量与判断的方法、综合评价与总结的方法等。其具体方法与项目四任务五对人员考核的方法类似，这里不再赘述。这里再简要介绍应用最普遍的现场检查与工作总结的方法。

1. 现场检查。

管理者亲临现场的这种控制方式，可以直接掌握第一手资料；能亲自辨别情报真伪；能及时把握情况变化；并有利于缩短管理者与被管理者的心理距离。因此，它是其他控制手段所不能代替的。检查的要领：①检查前做好充分准备。首先要明确检查的目标与重点；其次，要了解相关的背景情况，如主客观条件、工作难度、现状等；必要时还可制定简要的检查提纲。②选择适当的检查方式。定期检查要与随机检查相结合；“先打招呼”要与“微服私访”相结合。现实中的一个怪现象是：在先打招呼的情况下，检查者的权威与获得信息的真实程度成反比，即检查者权威越大，往往获得信息的真实性越差。因为检查者的权威越大，被检查者出于对权威的恐惧与对自身利益的追求，往往掩盖对自己不利的信息，而夸张对自己有利的信息。③要端正检查者的态度。要以解决问题为目标，以服务基层为宗旨，要充分尊重检查对象，要向实践和第一线员工学习，要在调研中不断提高自己。决不可与检查对象为敌。④要采用科学的检查方法与手段。既要全面了解，又要重点深入。可依据需要，灵活选择具体方法，主要有实地观察、现场测量、搜集数据、召开座谈会、个别谈话等多种方法。⑤深入分析，得出结论。要透过现象看本质，善于发现问题，善于总结，提出改进的建议。⑥及时反馈，迅速落实。要将意见反馈各基层，并落实改进措施。

上海肯德基有限公司收到了 3 份总公司寄来的鉴定书，对他们属下的外滩快餐厅的工作质量分 3 次鉴定评分，分别为 83 分、85 分、88 分。公司中外方经理都瞠目结舌，这三个分数是怎么评定的？

原来，肯德基国际公司雇用培训一批人，让他们佯装顾客潜入店内进行检查评分。每个顾客都可能是公司的“探子”，这使得快餐厅经理、雇员时时感到某种压力，丝毫不敢疏忽。肯德基国际公司就是这样管理控制它遍布全球 60 多个国家，多达 9900 余个子公司的。

2. 工作总结。

当计划、组织、领导、控制的一个管理周期（可能是一个时间段或一项任务）完成之后，要进行总结，以肯定成绩、找出差距，综合评价，并发挥反馈控制的作用，指导下一个管理周期的工作。总结要重点抓住以下问题：①要善于肯定成绩。实事求是，既不夸大，也不能埋没。并注意总结成绩的角度，要从时代潮流、组织与上级领导期望、突出特色等方面加以强调。②要准确总结取得成功的经验，招致失败的教训，进一步努力的思路，提升总结的层次与价值。③既要搞好归纳概括，又要深刻感人。要观点鲜明，重点突出，思路清晰，结构严谨；同时，要以理服人，以事实感人，给人鲜明、深刻的印象。“观点 + 例子”就是较好的一种书写模式。④总结主体内容的一般结构包括三大部分：一是做了哪些工作、取得的成果及原因；二是存在的问题及原因；三是经验与教训及今后工作的建议。

七、绩效改进

1. 制订确实可行的绩效改进计划。

在正确绩效评价的基础上，要制订科学可行的绩效改进计划，用以指导和推进下一阶段的工作。首先应找出影响绩效的主要障碍及形成原因；进而有针对性地提出解决这些问题的有效措施，寻找提高绩效的可行途径；确定改进的目标，制定改进的方案，并将改进计划付诸实施。

2. 指导与建议。

当出现偏差时，管理者可及时进行指导，或提出解决问题、改进工作的建议，帮助控制对象（员工或下级）纠正偏差。①管理者应充分尊重员工的意见，以平等协商的态度，与员工共同分析解决问题。②对出现的问题要进行深入分析，较系统地思考，提出有创意的、可行的解决问题的思路或方案。并尽可能与员工共同分析研究，还要使员工尽可能多地感受到他对于形成该方案的贡献。③要以员工为主解决问题，由他们自主运作，自我控制。管理者决不可越俎代庖，只能是指导与帮助。④问题解决后，要帮助员工总结经验教训，并完善相关程序与规范，以杜绝问题的再次发生。

3. 纠正。

当发现偏差时，有时需要管理者直接进行纠正。这种纠正的优点是作用直接、迅速，有利于问题的快速解决；但其带来的缺点是容易引起被纠正者的反感与抵制，甚至会扰乱正常指挥关系与工作秩序。在纠正时要注意：①尽可能以平等协商的口气，商量引导，让被纠正者自行纠正。②要注意维护等级链的领导隶属关系，由员工的顶头上司去纠正，切不可越级指挥。③一定要注意纠正的时间、地点与方式，要使员工容易接受，要有利于工作的正常进行。④要提高纠正过程中的管理或技术含量，不是简单地就事论事，而是“就事论理”，把规律与要领交给员工，使其从中获得提高。

4. 沟通与激励。

在评价后，特别是提出改进建议时，必须进行面对面的交谈，同员工进行深入的沟通。通过沟通，要将存在的问题与解决的途径达成共识；要明确具体改进目标、方案与措施；要对改进后的绩效提高充满信心，有改进的积极性；评价双方彻底消除隔阂，融通情感。并在整个过程注意运用各种有效方式进行激励，鼓舞士气，真正把绩效评价转化为巨大的激发力量。

5. 建设更加有效的绩效改进与提高机制。

通过改进计划，改革相关的运行机制、动力机制，健全各种程序与规范，加强精细化管理，解决存在缺陷的细节问题，全面提高工作质量。同时，要通过各种方式提高人员素质，这是改进绩效的根本所在。要运用在职辅导、系统培训等多种形式，提高员工的智力水平与技能，以更好、更快地完成各项工作任务，全面提高工作绩效。

相关链接

考评要点

要点之一：完整理解绩效考评内容

在我国企业管理过程中，有不少管理人员甚至个别“老总”都错误地认为，绩效考评就是对员工工作结果的考查评定。这是直接从字面上理解“绩效考评”所引致的偏颇。实际上，绩效考评是指企业在一定时期内，针对每个员工所承担的工作，根据人力资源管理的需要，应用各种科学的定性与定量方法，对员工的工作结果及影响员工工作结果的行为、表现和素质特征所进行的考量评估的过程。从这个定义我们可以看出，在对员工进行绩效考评时应该同时关注两方面的内容：

员工的工作结果，即国外所谓的“任务绩效（task performance）”；员工在工作过程中所表现出来的行为，即国外所谓的“周边绩效，或者关系绩效（contextual performance）”。任务绩效是相对一个人所担当的工作而言的，即按照其工作性质，员工完成工作的结果或履行职务的结果。换言之，绩效就是组织成员对组织的贡献，或对组织所具有的价值。在企业中，员工绩效具体表现为完成工作的数量、质量、成本费用以及为企业作出的其他贡献等。任务绩效应该是绩效考评最基本的组成部分。对任务绩效的考评通常可以用质量、数量、时效、成本、他人的反应等指标来进行考量评估。

周边关系指影响员工完成某项工作结果的行为、表现和素质。就这个角度而言，绩效并不仅仅是指员工把工作做得怎样。某一员工即使把工作做好了或完成了某项既定的工作，但如果其在完成工作的过程中，并没有规范自己的行为，表现出良好的素养，则综合起来考评，这个员工的绩效至少不能算好。对周边绩效的考评通常采用行为性的描述来进行评价。

越来越多的企业在绩效考评系统中同时包括任务绩效和周边绩效两部分。当然，在对每一类人员进行绩效考评时，每一部分所占的比重并不完全相同。一般来说，越是接近生产一线的职位，就越是强调“任务绩效”的分量；越是接近管理的职位，特别是中高层管理职位，就越是注重“周边绩效”。

要点之二：科学设计绩效考评指标

通常我们所见到的绩效考评一级指标包括“德”“能”“勤”“绩”（在一些特殊岗位，应当将“体”也纳入考评内容），这似乎已经成为天经地义的“规范”，但在二级指标的分解上就五花八门了。篇幅所限，这里不可能完整讨论考评指标体系设计的问题，仅举一例，说明考评指标的设计既应注意科学性，又应兼顾其可操作性。在设计对管理人员考评二级指标体系的时候，其中关于“能”的考评指标体系，通常涉及组织能力、决策能力、分析能力、判断能力、解决实际问题的能力等等。大多数企业都特别强调“创新能力”，但就如何设计考评指标去考评员工的创新能力却不是易事。现有不少企业的考评方案，凡是涉及“创新能力”指标的，都将其作为“能”的二级指标加以设定，但这样做的结果，势必要抽象化地解释什么是“创新能力”，从而加大了这项指标在实际考评过程中操作的难度，最终可能变得有它不多，无它不少，纯粹成为摆设。那么，是否可以将“创新能力”纳入“绩”中进行考评呢？答案是肯定的。具体做法是将“创新能力”的内容归入“绩”的二级指标，称谓换成“工作创新”，就管理人员的考评而言，这项指标具体可以解释为：管理者结合自身的工作，是否经常原创性地提出效率明显的新的管理制度、管理程序和管理方法。这样，不但避免了对“创新能力”的抽象解释，而且便于操作，从而可以提高绩效考评工作的效率；同时使“创新能力”具体化，通俗化，员工更能理解和把握；而且让员工明白，创新并不十分困难，创新就在身边，人人都能创新。

要点之三：合理确定绩效考评周期

所谓考评的周期，就是指多长时间进行一次考评。这与考评的目的和被考评职位有关系。如果考评的目的主要是奖惩，那么自然就应该使考评的周期与奖惩的周期保持一致；而如果考评是为了续签聘用协议，则考评周期与企业制定的员工聘用周期一致。

事实上，绩效考评周期还与考评指标类型有关，细细深究，不同类型的绩效考评指标也需要不同的考评周期。对于任务绩效考评指标，可能需要较短的考评周期，例如一个月。这样做的好处是：一方面，在较短的时间内，考评者对被考评者在这些方面的工作结果有较清楚的记录和印象，如果都等到年底再进行考评，恐怕就只能凭主观感觉了；另一方面，对工作结果及时进行评价和反馈，有利于及时地改进工作，避免将问题一起积攒到年底来处理。对于周边绩效考评指标，则适合于在相对较长的时期内进行考评，例如季度、半年或一年，因为这些关于人的行为、表现和素质的因素相对具有一定的隐蔽性和不可观察性，需较长时间考查和必要的推断才能得出趋势或结论，但是，企业应进行一些简单的日常行为记录，以作为考评时的依据。实践中，一般没有将任务绩效考评和周边绩效考评指标分开设定考评周期，而是统一设定考评周期后，对周边绩效考评指标更注意各周期之间的联系考查和趋势判断。

要点之四：分层设定绩效考评维度

在考评中，企业还经常面临从什么角度对被考评对象进行考评才算科学的问题。比较流行的是采用360度考评。所谓360度考评就是“立体”考评，即从与被考评者有关的各个方面获取信息对被考评者进行考量评估，通常包括被考评者自评、同级同事互评、直接下级考评和直接上级考评。但是，如果对公司的所有职位都采用360度评价，势必加大考评工作的难度。笔者的建议是，企业的高层经营者一般应由聘用者或其直接上级考评，比如董事会或总公司相关部门。企业中层管理者在企业中发挥承上启下以及横向沟通的作用，是企业管理的“枢纽”，也是企业做好绩效考评工作的关键，因此，为了树立示范和实现考评的公平公正，这一层次的考评适宜采取360度考评。企业技术人员（有重大发明和特殊贡献一般邀请外部同行专家鉴定考评）、一般管理员工和生产一线员工则以采取自我考评和直接主管考评相结合为宜。

要点之五：清晰界定绩效考评重点

员工绩效考评的根本目的是通过对员工的工作品德、工作能力、工作态度、工作业绩和工作潜力等的正确评价，结合人事调配、晋升、报酬以及教育培训等管理手段，提高每个员工的能力、素质和士气，实现企业目标。

员工绩效考评的具体目的决定着考评内容与考评重点的差异。

要点之六：认真组织绩效考评面谈

我国企业在实际绩效考评过程中，大多忽视了考评面谈这一环节。企业的传统做法要么是在考评结束，将考评结果公布后，执行强制的“机械式”的奖惩、提薪或升迁，不计后果；要么就是考评时轰轰烈烈，考评完后相安无事，结果谁也不知道，考评纯粹成了走过场。殊不知考评面谈是考评结果反馈和营造考评氛围十分重要的一种方式。

一般而言，绩效考评面谈包括三个步骤，即面谈准备、实施面谈和面谈效果评价。

面谈准备有三个要项：首先是明确面谈目的。在我看来，考评面谈至少应明确以下几个目的：

（1）双方就被考评者的表现，达成一致的看法；

（2）指出被考评者的优点所在；

（3）辩明被考评者的不足与努力方向；

（4）共同为被考评者制定相应的改进计划。其次是确定恰当的面谈时间，面谈时间应尽量安排在被考评者方便的时候。再次是选择一个适宜的场所，面谈的场所最好是一个相对封闭的能够让被考评者感觉轻松，并便于双方自由沟通交流的地方。

实施面谈时应注意这样一些问题：

（1）为使双方顺利地实现交流和沟通，应营造一个融洽的面谈气氛；

（2）明确说明这次面谈的目的；

（3）根据考评已确定的标准和目标，说明评分的结果和理由；

（4）充分利用角色换位和聆听技巧；

（5）避免算旧账；

（6）不要说教；

（7）先表扬、后批评、再表扬；

（8）让被考评者了解自身的发展前景，共同制定新的工作目标；

(9) 该结束的时候（比如被考评者出现了倦意或谈话陷入僵局）应立即停止，用鼓励的口吻结束谈话。

面谈结束以后，必须对面谈效果加以评价，作为将来改进面谈的依据。面谈效果评价应集中回答这样一些问题：

(1) 此次面谈是否达到了预期目的？

(2) 下次面谈应怎样改进面谈方式？

(3) 有哪些遗漏需加以补充？哪些讨论显得多余？

(4) 此次面谈对被考评者有何帮助？

(5) 面谈中被考评者充分发言了吗？面谈是否增进了双方的了解？

(6) 在此次面谈中自己学到了哪些辅助技巧？

(7) 自己对此次面谈结果是否满意？

(8) 此次面谈的总体评价如何？

需要补充强调的是，绩效考评本身不是目的，而是一种手段，因此应当重视考评面谈后考评结果的应用。在一些企业里存在这样的现象：考评活动兴师动众，人、财、物力在所不惜，但考评结果出来后便悄无声息，无论员工绩效好坏，所获待遇一个样。敷衍了事、流于形式的考评最好不要做，否则由此引起的副作用难以估量。绩效考评结果的应用，是考评目标达成的过程，同时也是检验考评活动有效性的一块试金石。

要点之七：修正完善绩效考评方法

企业绩效考评过程中常常面临的另一个棘手的问题是关于周边绩效考评容易出现居中趋势，难分优劣。周边绩效考评的内容是针对员工的影响其工作结果的行为、表现和素质而展开的，而这些内容又大多比较抽象，所以对其考评确实困难不小。

为了避免在周边绩效考评指标上的模糊评价，除了在指标设计时应尽可能通俗地解释各指标含义和科学地对指标进行归档分级外，还可以在考评程序和方法上想办法。

结合考评实际，在考评程序和方法上可以这样操作：

(1) 按团队（如班组或职能部门）分指标就每一细项用配对比较法考评“队内”成员（团队领导单列考评），综合强制排出名次；

(2) 将各个团队的前三名和最后一名（企业也可根据实际情况确定前五名和最后两名等）分别集中，由人力资源部门与各团队领导一起，就各考评指标利用配对比较法或交替排序法分别强制排出名次；

(3) 企业各团队的前三名集中考评排名靠前的就是企业奖励的对象，各团队的最后一名集中考评排名靠后的就是企业鞭策的对象。考评面谈的重点也是上述对象，然后才是分布在中间的那些企业认为特殊的员工（比如相邻两次考评结果相差较大的员工或情绪不稳定者等）。这就是所谓的“抓两头，放中间”。这种方法不但可以避免在一些指标上“大家好”的趋中局面，分出优劣，便于奖惩，而且简化了绩效考评的工作量。

要点之八：不断营造绩效考评氛围

员工绩效考评绝非一日之功，不能一蹴而就。实践中，有不少曾经认真做过绩效考评的企业，后来都半途而废，再后来就变成走过场了。造成这种局面的原因，不外乎两条：一是抱怨考评实在不好做，要达到公开、公平、公正就更难；二是考评是一件得罪人的事，只能是装门面，不能动真格。显然，我们的企业还未深谙绩效考评的意义。

其实，科学合理的绩效考评，对企业和员工都具有十分重要的意义，最突出的意义表现：

（1）增强人员甄选标准的有效性；

（2）做好人力资源规划，合理配置人员；

（3）发现企业中存在的问题；

（4）帮助员工发现不足，改进工作，科学制定职业生涯规划；

（5）有效地进行薪酬和人员变动管理。可见，问题不在于企业或员工需不需要绩效考评，因为不仅仅是企业的发展需要绩效考评，员工规划自己，满足实现自我的需要也期待着绩效考评。

问题的关键是如何做好绩效考评。笔者认为，企业搞好绩效考评的法宝是坚持考评，不断完善和修正考评方案，在企业文化中揉进考评的内容，营造协调和谐的考评氛围。

具体做法可以是：企业邀请或委托人力资源管理研究机构，构建一个切实可行的绩效考评运行方案，并在其指导下贯彻实施。然而，不管这个方案如何精妙，肯定做不到十全十美，因此，企业在落实方案的过程中，应不断征询各个层次员工的意见，对考评方案加以修正，而不能畏惧于一些不同声音将考评工作半途而废。事实上，在企业推行任何一项管理措施，都会产生不同的呼声，主要应看这种呼声的出发点是企业，团队，还是自己。坚持公开、公平和公正地进行绩效考评，并将其与劳动合同签订、职务晋升、培训开发和薪酬调整等结合起来，形成一个有机的人力资源管理体系，长此以往，就会自然而然地形成企业独特的考评氛围，并构成公司文化的一部分。凡是进入本企业并愿意留下来的员工都会接纳和弘扬这种文化。所以，企业绩效考评的开展是一个连续积累、不断创新的过程，决不能毕其功于一役。

管理情景
分析 5-4

测一测
心有底

管理情景讨论和能力训练

项目工作任务书

项目名称	选择科学的领导方式
项目负责人	
项目组成员	
项目情景	亚历山大是某便利连锁公司的一位片区经理。他管辖的片区有7家分店。由他全面负责它们的经营管理。这些连锁店在每个轮班时间内只有1个人当班。有些商店全天24小时营业，但市中心的那家商店只是周一至周四全天营业，周五至周末的营业时间为早上6点到晚上10点。由于该店每周三天的营业时间短，销售得来的现金就放在店保险柜里，到下周一早上再统一清点。这样，周一早上当班的店员就要比平常花更多的时间，来点这些钱。 公司的一项政策规定，当腾空店里的保险柜时，片区经理必须同当班的店员一起点钱，而且店员必须将钱分成每1000美元一叠置于一棕色袋内，做过标记后搁在保险柜旁的地上让片区经理核实各袋中的钱额。 比尔就在这公司的那家市中心商店当店员。他想在片区经理到来之前预先将保险柜里的钱点好，以便使经理节省些时间。店里的生意很忙。比尔在打包一位顾客购买的商品时，不注意将一钱袋误当作一个包了3块三明治的食品袋，放进了顾客的购物袋中。20分钟以后，片区经理亚历山大来了。在发现差错后，两人开始寻找这一钱袋。过了些时间，那位顾客送回了这袋误搁的钱。可是，公司有政策规定，任何人违背了点钱的程序，都必须立即解雇。 比尔非常伤心。“我真的需要这份工作”，比尔申辩说，“我的妻子刚生了个婴儿，花了一大笔医疗费。我一定不能够没有工作!” “你是知道公司的政策的。”亚历山大这样提醒道。 “是的，我知道，”比尔回答，“我确实无可争辩。尽管如此，但要是你不解雇我，我保证我会成为你所有的店员中最好的一个。” 在比尔招呼一位顾客的时候，亚历山大给休斯敦总部的上司打了电话。征得上司批准后，亚历山大决定不解雇比尔。
项目目标	为亚历山大提供一份领导方式建议方案
项目工作内容和方法	1. 认真阅读“项目情景”。 2. 分析亚历山大的处理方式。 3. 思考亚历山大的处理方式是否合理？如果你是这个片区经理，遇到这样的问题，你会采取什么样的处理方式？ 4. 请运用管理方格理论说明亚历山大经理的领导方式。 5. 在每位成员完成以上工作的基础上，以小组（5~9人为一组）为单位进行研讨。
学习目标	通过训练，加深对领导理论的感性认识。培养识别和选择领导方式的能力。
学习提示	运用管理方格理论分析讨论亚历山大经理的领导方式。
说明	

项目活动计划与评价表

<table>
<tr><td colspan="4">项目名称</td><td colspan="6"></td></tr>
<tr><td colspan="4">项目负责人</td><td colspan="6"></td></tr>
<tr><td colspan="4">项目组成员</td><td colspan="6"></td></tr>
<tr><td colspan="4">项目实施时间</td><td colspan="6"></td></tr>
<tr><td rowspan="5">项目计划与成果</td><td colspan="3">项目实施计划</td><td colspan="6">包括（但不限于）：计划目标、实现计划目标的要素、计划进度。</td></tr>
<tr><td colspan="3">工作方案</td><td colspan="6">包括（但不限于）：工作流程、阶段任务、工作思路、工作方法措施。</td></tr>
<tr><td colspan="3">项目成果</td><td colspan="6"></td></tr>
<tr><td colspan="3">收获与建议</td><td colspan="6"></td></tr>
<tr><td colspan="3">说明</td><td colspan="6"></td></tr>
<tr><td rowspan="5">工作评价</td><td colspan="3" rowspan="2">团队及成员</td><td rowspan="2">团队</td><td colspan="5">成　员</td></tr>
<tr><td>1.</td><td>2.</td><td>3.</td><td>4.</td><td>5.</td></tr>
<tr><td rowspan="3">评语与成绩</td><td rowspan="2">团队评价</td><td>评价</td><td></td><td></td><td></td><td></td><td></td><td></td></tr>
<tr><td>成绩</td><td></td><td></td><td></td><td></td><td></td><td></td></tr>
<tr><td>教师评价</td><td>综合评价</td><td></td><td></td><td></td><td></td><td></td><td></td></tr>
</table>

案例分析

案例一　诺玛的管理困境[①]

资料：

鲍勃·罗斯别克公司（Bob Ross Buick，www. bobrossauto. com）不折不扣垄断着俄亥俄州代顿市的汽车市场。这家公司坐落于代顿市几条主要高速公路的交叉口上，连续五年来一直是俄亥俄州最大的一家别克汽车经销商。由于公司创建人老鲍勃·罗斯的意外早逝，他的太太诺玛·罗斯继任公司总裁兼首席执行官，儿子鲍勃·罗斯与女儿吉奈尔担任副总裁职务。诺玛说："我们从来就没有想过要把公司卖掉，或与其他公司重组，或脱离这个行当。"实际上，鲍勃去世仅一天后，诺玛就和孩子们建立起一道联合战线，他们要向员工、客户以及汽车代表证明他们有能力接手老鲍勃创建的产业。

老鲍勃创造了一个代表着卓越和繁荣的商业神话。他 1962 年做汽车推销员起家，由于 10 年间的杰出业绩而进入别克销售精英俱乐部（Buick Sales Master Club）。他的成就使他被选定进入十分知名的"通用汽车少数民族经销商学院"（General Motors Minority Dealer Academy）学习，而且鲍勃成为第一个得到通用汽车特许经销权的毕业生。而后近 20 年里，他在代顿地盘上建立了一个十分知名的汽车行。

这家公司所取得的卓越业绩不仅仅因为鲍勃敏锐的商业头脑。女儿吉奈尔说："父亲总是给我们灌输这样的思想，我们和员工都处于同样的地位"。他对员工的满意感很高，不少员工一直在公司里干了很多年。

现在诺玛不得不取而代之了。她面对的领导挑战是，自己的前任领导如此受到员工的爱戴和尊重！吉奈尔解释道："任何领导人去世时，都是一个人们可能会弃船而去的重大关头。"

问题：

现在假设你处于诺玛·罗斯的位置，你如何解决下列问题：

1. 领导者与被领导者有哪些区别？
2. 老鲍勃·罗斯的领导风格是什么？
3. 该建立怎样的新领导风格，使员工依然对组织具有忠诚感和奉献精神？

案例分析
参考答案

案例二　员工的喜悦与骄傲[②]

资料：

1953 年 11 月 14 日的美国《商业周刊》刊登了如下报道：

本周一批切萨皮克俄亥俄铁路公司员工走进董事会的豪华办公室中，展示他

① 斯蒂芬 P. 马丽 · 库尔特. 管理学：第二版［M］. 孙健敏，译. 北京：北京大学出版社，2010.

② 改编自彼得 · F. 德鲁克. 管理的实践［M］. 齐若兰，译. 北京：机械工业出版社，2006.

们的骄傲与喜悦：他们为重建亨廷顿工厂所构思的模型。

这个模型是由60位铁匠、电工、木匠、引擎技工和学徒出于对工作的热爱，经过6个星期马不停蹄的努力（而且大半利用工余时间）完成的。切萨皮克俄亥俄铁路公司高层估计，类似的规划可能要花30个月到3年的时间才能完成，由此可见这次集体努力的规模是多么庞大。

最初之所以会引发这个想法，是因为切萨皮克俄亥俄铁路公司领悟到亨廷顿工厂必须重建，才有办法维修柴油机引擎火车头。于是，在厂房中上班的员工开始在午餐时间讨论重建计划。

那天中午，谈话内容很快就落实为具体方案，每个人都提议如何解决自己厂房现有设计上的问题。他们的上司斯莱克仔细聆听各种建议，并且详做笔记。他找了绘图员把构思画成蓝图，然后邀请所有人参与整个规划工作。最后的成品就是本周在董事会中展示的模型。

整个计划除了让员工很开心外，还要个极具说服力的要点：整个重建工程的预估成本大约在250万美元，远低于管理层原本预期的1000万~1500万美元，真是大快人心。

案例分析
参考答案

问题：

根据这篇报道，思考下列问题：

1. 切萨皮克俄亥俄铁路公司的领导者对自己的员工基于怎样的人性假设？根据路径—目标领导理论和相关激励理论分析该公司重建厂房规划成功的原因。

2. 该案例对我们进行提高我国企业管理效率和领导者的管理技能有何启发？

项目六

培养沟通和合作能力

教学课件

课程思政

目标描述

知识目标：通过本项目学习，应明白指挥、沟通、群体、团队的含义；了解指挥原则、协调原则和内容、沟通的类型和原则、群体心理和谐的作用和处理群体心理冲突，团队的类型和作用；理解沟通方法、协调方法、有效团队的特征；掌握沟通技巧和团队建设要求。

技能目标：通过本项目学习和训练，应具有协调、沟通和处理群体冲突的基本能力；能够构建群体心理和谐，组建项目团队；具备管理团队的基本能力。

工作任务分解（WBS）（见图6－1）

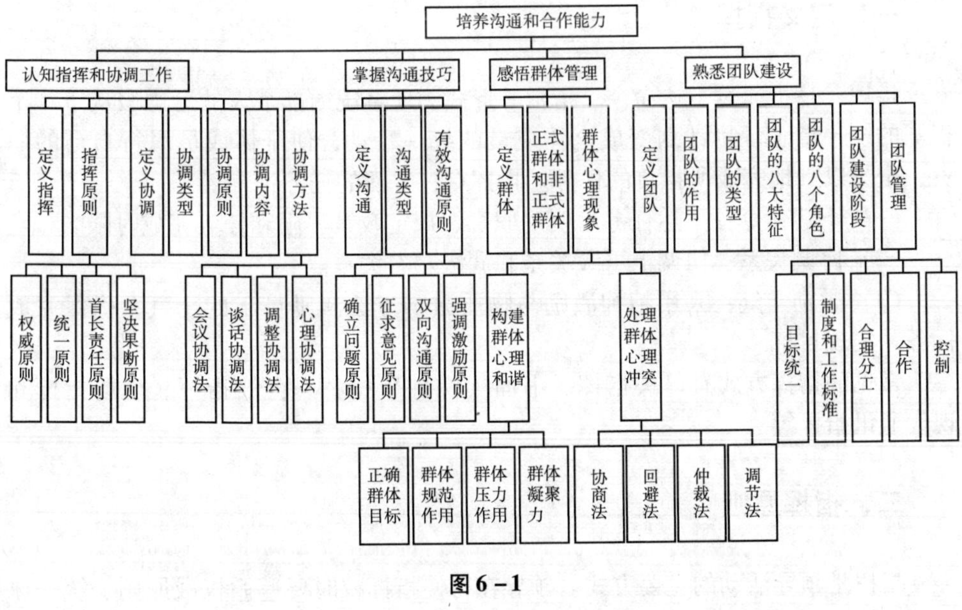

图6－1

任务一　认知指挥与协调工作

【管理情景 6－1】

王平的工作

王平大学毕业后一直在同一家贸易公司工作。他为人开朗、热情，乐于帮助别人，工作积极、主动，人缘很好，很快就从一般员工晋升为部门副职、正职、公司副总经理。在不同的工作岗位上他都干得有声有色，一年前他被推举为公司总经理。

担任总经理后，王平深信，作为公司的领导，必须深入基层，多方了解实际情况。为此，他经常深入基层，多方了解公司的实际情况。这时，一些员工就会向他反映自己工作上或生活上出现的一些问题，并提出一些要求。王平都会当场就给员工一个明确的答复，随时解决员工提出的问题。很多时候，王平深入基层了解情况的场景更像是一个现场办公会，气氛非常热烈。他认为这样才能提高管理的效率，公司员工也觉得王总经理很务实，很有效率，没有领导架子，遇到问题，喜欢直接找王总经理反映并提出要求。在公司里，“有问题找王总”逐渐成为大家的共识和习惯。可是，这样一来，公司的副总经理及中层干部的工作状态却在逐渐发生变化：工作不主动、不积极，凡事都等总经理拍板、指示，甚至把很多自己职责范围的事情都推给总经理，遇到矛盾都是请总经理亲自出面解决。

听故事
悟原理
（曹玮用兵）

这样，总经理也变得越来越忙，每天都有很多事情需要他处理和决策，他每天都被员工和中层干部提出的问题“牵着走”。

请思考：王平的工作是否存在问题？存在什么问题？你对他有什么建议？

一、定义指挥

指挥，是指通过下达命令、指示等形式，使系统内部个人的意志服从于一个权威的统一意志，将计划变成全体成员的统一行动，使全体成员履行自己的职责，全力以赴地完成所担负的任务。指挥有三方面的任务：

（1）下达命令：下达任务、明确职责、规定政策界限和任务完成时限。

（2）协调关系：协调上下级关系和同级左右关系。

（3）激励士气：采用精神激励与物质激励方法激励员工的士气，确保完成任务，实现目标。

常见的指挥方式有口头指挥、书面（文件）指挥、会议指挥、现场指挥和现代通讯指挥等。

二、指挥原则

指挥是领导活动的主要方式。领导在行使指挥权时要遵循权威原则、统一原则、责任制原则和坚定果断原则（已在项目五任务一阐述）。

指挥除了遵循以上四条原则之外，还必须注意指挥具有层级性。领导者应该把本单位（部门）各项工作纳入集中统一的指挥之中，但又不能想指挥谁就指挥谁。因为领导活动是有一定规律的，任何一个单位内部也是有一定章法的，领导者的指挥权也是具有客观规定性的，这就要求指挥不能违背“层次”这一要求。

指挥的层次性是指组织中的每一级都要接受上一级的命令并报告工作，同时向下一级发出命令并接受报告。这样，就形成了一级管一级，一级服从一级的等级系列。在这个系列中，存在着若干个不同的领导层次，可以保证“统一原则”的实现。如果超越了层次，上一级越过直接领导这个层次，径直向再下一级发命令，就会造成他们不得不接受两个人的命令，使之无所适从，同时也影响了直接下级的工作主动性和责任感。反之，如果下级超越层次向上请示工作，也会造成领导工作的混乱。我们把这些行为都称作“侵权”，亦即侵犯了别人的权力。

为了更好地使领导权通过层次起作用，保证领导者实现行之有效的指挥，各级领导者在行使指挥权时应注意以下几点。

（1）上一级不允许越级指挥（调查研究、听取意见等除外），下一级也不允许越级请示工作（反映情况等除外）。

（2）下级要按规定时间，定期向上级报告工作情况，上级要定期向下级传达上一级的精神并提出工作安排。

（3）下级在向上级请示问题时，必须提出解决问题的两个以上的方案，上级不直接解决问题，只对方案进行选择。

（4）当下级向第二个以外的领导请示同一个问题时，必须将在其之前的领导意见原原本本地讲出来，不允许用一个领导者的意见去否定另一个领导者的意见。如果领导者之间对该问题意见不一致，需经协商一致后再下达。

相关链接

行使指挥权的方法

1. 善于变通。

行政指挥不可能事事如意，总有一些变故会影响和干扰“造势”、“利导”。行政领导者的指挥，既要居高临下，善于谋划，精于部署、巧于调度，又要从实际出发，因人而异，因时而变，因地制宜，两者有机地结合起来，善于变通，顺乎自然，才能指挥如意。变通之果，实乃科学与艺术交融后的结晶。

2. 因势利导。

《史记·孙子吴起列传》中说：“置圆石于高山之巅，其势虽不可挡，但若不顺势而下，也是枉然。善战者因其势而利导之。”可见，在建立权威和指挥系统“造势”之后，还需“利导”。在行政指挥中，“利导”的方法是很多的；启发式——晓之以理，启发下属自觉地置身于所造之“势”中，并为之奋斗不倦；激励式——动之以情，激励下属在“顺势”而进时，满腔热忱，才智横溢，奋发有为；诱导式——授之以法，诱导下属不论遇到何种挫折，都能迎难而进，化险为夷，百折不挠。凡此种种，都优于命令式的指挥。对于下属，既可提高责任感，保护自尊心，还可得到磨炼，增长才干；对于指挥者，既可从具体业务中超脱出来，高瞻远瞩地进行指挥，又给指挥工作增添了科学的色彩和艺术的芳香。

3. 灵活巧用命令调度。

命令调度的形式很多，如行政命令、信息命令、规律命令、实践命令、信息命令、榜样命令、竞争命令、共守命令等，行政领导者应灵活运用，巧妙组合，自由转化，使命令具有最大的接受性。为此应做到：一是健全信息系统。掌握信息流通渠道，明文规定出组织系统中各种职位的职责、权限，同时使下属明确无误地处于信息传递线路的一定位置上，缩短传递路径，减少层次，降低信息失真度，提高命令接收程度；二是命令下达时，非特别紧急情况，均应由正常途径发出；三是重视命令的柔化，即改“强迫性”为“说服性”，改命令口气为协商口气，改教训口气为尊重口气、平等口气。柔化与刚化还应依实际情况而交替使用。

资料来源：彭玉靖．领导工作新鉴第三卷领导工作实务卷［M］．北京：中国经济出版社，1998.

三、定义协调

所谓协调，就是协商问题、调节关系。

领导者通过协调能够理顺组织内外关系，为组织谋求有利的发展环境，使组织各项工作有序、员工心情舒畅，增强组织的凝聚力。

协调和指挥都是领导的重要职能，指挥是领导者为实现目标而采取的各种命令性措施行为，协调是领导者为实现管理系统各种要素间良好的配合而采取的协商、调节性行为。协调和指挥间存在着对立统一关系：

1. 指挥的直接作用对象是人，即被领导者；协调的对象不仅是人，还包括财物，主要是对人。

2. 指挥的职能更着重于力量部署、确定方向和选择方法等；协调的职能主要在于对不统一、不和谐进行处理，主要目的是改善要素间的配合。

3. 指挥可以用于协调，从而具有协调的意义；协调可以通过指挥实现，提高指挥的有效性。

四、协调的类型

从不同的角度分析协调功能，可以对协调进行如下分类：

1. 根据协调对象不同：纵向协调和横向协调。纵向协调主要是协调上下级关系，一是协调同上级部门和单位的关系；二是协调同下级部门和单位的关系。横向协调是协调同级关系，一是协调同级管理部门和单位的关系；二是协调同级管理人员之间的关系。

2. 根据组织关系不同：内部协调和外部协调。内部协调就是对组织内部各部门、单位和人员之间的协调；对外协调就是对组织与外部环境的协调。

3. 根据协调内容不同：政策协调、事务协调、人事协调和社会协调。政策协调是指对政策涉及的组织关系、矛盾的协调；事务协调是指对组织内各种日常事务关系、矛盾的协调；人事协调是指对组织管理中各种人事关系、矛盾的协调；社会协调是指对组织的各种社会关系、矛盾进行的协调。

五、协调的原则

1. 统筹全局原则。

组织协调的主要目的是实现组织的最终总体目标，因此，要求以全局利益为基础前提，并兼顾局部利益。

2. 综合平衡原则。

各种组织要素的配比要合理，任何要素结构、功能的残缺都将导致整个组织的残缺。因此，对组织的协调活动必须不仅要使组织内的各部门、单位和人员的责、权、利对应，而且必须使组织各部门、单位和人员相互配合协作。

3. 主次有序原则。

任何组织内都存在主次关系，不可能在任何时候、任何情况下都能够进行均衡发展，只有在全局平衡的基础上有主有次、重点突出地进行协调才会真正实现整体利益。所以，进行组织协调时还必须遵从主次有序的原则。

4. 互相尊重原则。

组织内需要协调的问题，一般都是在利益不一致的对象中产生，因此，进行协调处理问题时，相互尊重、互相理解就成为解决问题的前提和基础。

5. 民主协商原则。

协调工作与指挥不同，不能通过指令性手段解决问题，如果当事者不能完全信服，问题就得不到有效解决，甚至会留下产生新问题的隐患。因此，协调倡导民主协商原则，营造和谐的氛围，多方参与意见，才可能获得正确的解决措施，协调工作才能真正见效。

6. 求大同存小异原则。

在组织系统中，各部门、单位和个体因所处地位、所负权责不同，以及个体需要不同，利益差异必然存在，不可能整齐划一。因此，协调工作允许以不损伤全局利益为基础坚持求大同存小异的原则。

六、协调的内容

协调对象、协调范围和协调方向的多元性决定了协调内容的广泛性。从协调对象分析，协调内容包括组织协调、工作协调和人际关系协调；从协调范围分析，协调内容包括系统内部协调和系统外部协调；从协调方向分析，协调内容包括水平方向协调和垂直方向协调。本文主要从协调范围和方向综合的角度分析协调内容。

（一）管理系统外部关系协调

管理系统外部关系协调可以从垂直方向和水平方向具体分析。

1. 垂直方向的协调。

外部垂直方向的协调，主要是与上级主管部门之间的关系协调。包括相关政策、方针、规定和计划等方面的协调，涉及人员、资金和物资等很多方面。

2. 水平方向的协调。

外部水平方向的协调，主要是与外部环境的关系协调。包括客户、其他单位、合作伙伴、政府机关、金融体系和其他社会团体等。任何组织都是介于从外部输入和向外部输出的中间环节，因此，与外部环境中任意对象的关系没有协调好，都会直接关系到组织目标的实现。

（二）管理系统内部关系的协调

管理系统内部关系协调也可以从垂直方向和水平方向具体分析。

1. 垂直方向的协调。

内部垂直方向的协调，主要是领导和群众、上级和下级的关系协调。协调的重点在领导和上级。

2. 水平方向的协调。

内部水平方向的协调，主要是同一层次的不同单位、部门和人员之间的关系协调。主要包括分工协调、目标协调和利益协调。

七、协调的方法

协调功能能够发挥有效作用，除了依靠科学的协调原则、明确协调内容，还必须应用灵活的协调方法。

1. 会议协调法。

会议协调方法是最为普遍和经常使用的协调方法。会议形式主要有以下3种：

（1）例会。

（2）合署办公会。

（3）现场会。

各种会议协调方法必须根据特定的协调问题而定，最终要形成明确而具体的决定。

2. 谈话协调法。

谈话协调法主要有以下 2 种：

（1）个别谈心。

（2）协商对话。

3. 调整协调法。

调整协调法主要有以下 2 种：

（1）调整组织结构。通过增设、合并等方式调整设置不合理的组织结构，理顺相互之间的职责。

（2）调整人员。通过调岗、调入或调出等方式合理分配人员，保证整个管理系统的正常、高效运行。

4. 心理协调法。

心理协调法就是把心理学的知识引入协调工作中，注重从心理学的角度进行调试。

协调方法除了以上介绍的几种，现实中经常应用的协调方法还有目标协调、制度协调和物资协调等多种行之有效的方法。

管理情景
分析 6－1

任务二　掌握沟通技巧

听故事
悟原理
（三个小金人）

【管理情景 6－2】

心情沮丧的小赵

小赵是一位已有 5 年工龄的模具工，工作勤奋，爱钻研。半年前，小赵利用业余时间独立设计制作了一套新型模具，受到设计部门的嘉奖。为了鼓励小赵的这种敬业精神，当时的生产部王主任特别推荐他上夜校学习机械工程学。从那以后，小赵每周有 3 天必须提早一小时下班，以便准时赶到夜校。这也是经原生产部王主任特许的，王主任当时曾说过他会通知人事部门。

然而，上周上班时，小赵被叫到现任生产部陆主任的办公室进行了一次面谈。陆主任给了他一份处罚报告，指责他工作效率低，尤其批评他公然违反公司的规定，一周内三次早退。如果允许他继续这样工作下去，将会影响其他员工。因此，陆主任说要对他进行处罚，并警告说，照这样下去，他将被解雇。

当小赵接到处罚报告时，感到十分委屈。他曾试图向陆主任解释原因，然而，每次陆主任都说太忙，没时间与他交谈，只告诉他不许早退，并要求他提高工作效率。小赵觉得这位新上司太难相处，心情十分沮丧。

请思考：造成小赵心情沮丧的原因。

一、定义沟通

沟通即信息交流，是指信息与思想在两个和两个以上主体与客体之间传递和交换的过程，目的是激励或影响人的行为。

通过沟通，可以起到协调各部门、各成员和各要素，使组织增强整体凝聚力；了解、激励下属；使组织与外部建立联系等作用。

二、沟通类型

根据各种标准，沟通的类型主要有：

1. 按照功能划分：工具式沟通和感情式沟通。

2. 按照方法划分：口头沟通、书面沟通和非言语沟通（如信号和标志等）等。

3. 按照组织系统划分：正式沟通和非正式沟通。

沟通类型有很多，除了上述主要种类外，还要按照方向划分的上行沟通和下行沟通、按照是否反馈划分的单向沟通和双向沟通等。

三、有效沟通原则

沟通过程中会存在由于信息的数量过大或过小、质量差、传播渠道或媒介出现问题、沟通双方对问题的认知或对利益诉求存在差异、管理体制与组织内部的风气、语言与表达方式、情感和心理方面影响等诸多的障碍，必须确定一些有效沟通的原则，才能更好地提高沟通效率。

1. 确立问题原则。

明确问题就是对问题解决了一半。如果领导者没有认清问题的本质，就难以清晰地界定问题，更不能正确地收集关于解决问题的资料，也难以尽快寻求到最佳的沟通方式。

2. 征求意见原则。

任何组织面临的问题都是复杂的。所以，要广泛与相关人员协商，征求大家的意见。

3. 双向沟通原则。

领导者在传递意见时，不仅要考虑传递的内容、对象、方法等，还要根据组织层次、行为人的心理特点顾及到一些组织上和心埋上的问题。

4. 强调激励原则。

组织内部意见下达着重于激励。只有让下属了解了指令的真正内涵和意义，并提示了工作意愿，才能体现沟通效果。

四、冲突管理

沟通的目的之一就是降低组织间的交易成本。但是由于组织间、组织内部的本质差别是不可能完全避免的，因而，组织间摩擦和人员间摩擦就不可避免，即产生冲突。所以，了解冲突的产生、类别及如何进行冲突管理就成为领导的研究内容之一。

（一）冲突的原因

产生冲突的原因是多种多样的，综合分析，主要有以下3类：

1. 沟通差异。

由于存在文化和历史环境的不同、语义困难、误解和沟通过程中噪声的干扰，都可能导致沟通者之间意见不一致。沟通不良是产生冲突的重要原因，但不是主要的。

2. 结构差异。

现实的管理过程中经常发生的冲突绝大多数是由组织结构的差异引起的。分工导致组织结构中形成垂直方向和水平方向的各种系统、各种层次和多种部门、单位及岗位，也就形成多种信息共同体、利益共同体。而且，组织愈庞大、复杂，分工愈细，各种共同体整合愈困难。信息不对称和利益不一致，就会在计划目标、实施方法、绩效评价、资源分配、劳动报酬及奖惩等问题上产生意见分歧，甚至冲突，这是由组织结构差异导致的。

3. 个体差异。

每个个体的社会背景、教育程度、阅历、修养等塑造了不同的性格、价值观和作风。个体间差异造成的合作和沟通困难很容易成为导致冲突的根源。

（二）组织冲突的类型

对组织冲突可以按照不同的标准进行分类，最常用的是按照冲突发生的层次分类，具体包括个人层次的冲突、团体层次的冲突和组织层次的冲突。

1. 个人层次的冲突。

个人层次冲突可以细分为个人内心冲突和人际关系冲突。

（1）个人内心冲突。个人内心冲突是指当个人面临着相互矛盾的目标、认识、相互矛盾的行动趋势或一个同时具有肯定和否定特征的目标时，内心发生的冲突。个人内心冲突的影响可能是肯定的，也可能是否定的，甚至两种可能都存在。个人内心冲突可以分为三种形式：双趋冲突，即在两个或两个以上具有肯定特征的目标中做出选择的冲突；趋避冲突，即对那些既有肯定特征又有否定特征的目标进行决策时的冲突；双避冲突，即在两个或两个以上具有否定特征的目标中做出选择的冲突。

（2）人际关系冲突。人际关系冲突是指两个或两个以上的个人在其目标实现的过程中发生的对抗。组织中人际关系冲突具有如下特征：其一是一方的结果依赖于另外一方的决定；其二是强调个人行动结果和合作行动结果的差别；其三是冲突的解决需要双方相互信任，但往往事与愿违。

2. 团体层次的冲突。

团体层次的冲突包括团体内冲突和团体间冲突。

（1）团体内冲突。组织内的团体是由许多个体组成，却不是个体的简单加总。因此，团体内冲突不仅包括个人层次的全部冲突，还包括个人与团体间的冲突。个人与团体间的冲突主要来源于团体目标对个人行为“非人格化”的要求与个人利益意愿现实存在的矛盾。

（2）团体间冲突。团体间冲突是组织内的团体间由于各种原因发生的对立情形。其根源在于各个团体片面强调自己利益而忽视对方的和共同的利益。组织内的团体间的冲突主要有以下表现形式：其一是垂直冲突，即组织纵向分工形成的不同层次间的冲突；其二是水平冲突，也称为功能冲突，即组织横向分工形成的不同职能部门间的冲突；其三是指挥系统与参谋系统冲突，即组织中直线指挥人员和参谋人员的冲突；其四是正式系统与非正式系统间的冲突。

3. 组织层次的冲突。

组织层次的冲突不仅包括上述两个层次的冲突组成的组织内的冲突，还包括组织间的冲突。组织内的冲突主要是由组织内的工作设计、组织结构和内部权力的分配造成的，组织间的冲突主要是与其生存环境有关。

（三）冲突管理

组织冲突产生的原因各不相同，对组织发展既有积极作用又有消极作用，因此需要让组织冲突保持在一个合理水平，使其既不能过低，阻碍对组织成员的创造力和创造精神的激励，也不能过高，妨碍组织目标的实现。因此，必须对组织冲突进行有效管理。

1. 托马斯的人际冲突处理模式。

这是美国行为科学家托马斯提出的二维模式，如图 6－2 所示。

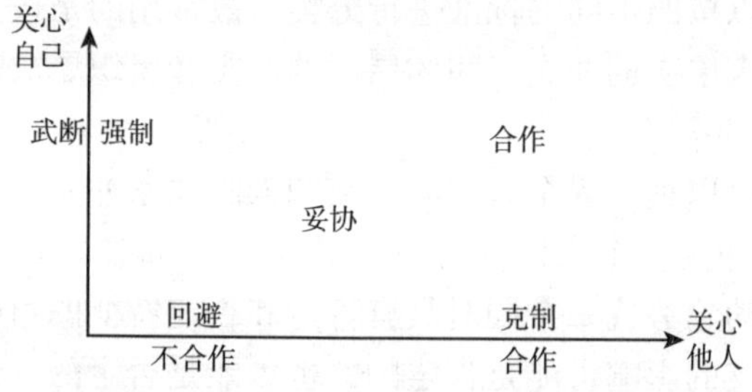

图 6－2　人际关系冲突处理的二维模式

托马斯的研究确定了人际关系冲突处理中两个重要维度：关心自己和关心他人，关心自己用武断程度表示，关心他人用与他人的合作程度表示，两种程度的组合能够形成五种处理人际关系冲突的策略。

（1）回避策略。即采取既不合作也不武断的策略。完全把自己置身于冲突之外，忽视双方的差异，或者保持中立态度。该方法虽然可以避免问题扩大化，但因为忽略了一些重要的意见、看法，易遭对手非议，长期使用效果不佳。

（2）强制策略。即高度武断而不合作的策略。通常是一方在冲突中具有占绝对优势的权力和地位，为了自己的利益牺牲他人的利益。该策略可以达到自己的目的，但不受对手的欢迎。

（3）克制策略。即具有高度合作精神而相对武断程度较低的策略，也就是为了从长远利益出发，暂时牺牲自己的利益而换取对方的合作。该策略最受对手欢迎，但容易被对手认为过于软弱或是屈服的表现。

（4）合作策略。即高度的合作精神和高度武断的策略，代表了冲突解决的“双赢”局面，既考虑了自己的利益，又考虑了他人的利益。

（5）妥协策略。即合作性和武断程度都处于中间状态的策略。它以“有予必有取”为基础，通过一系列的谈判和让步获得。该策略是最为常用、被广泛接受的解决冲突的策略。

2. 解决冲突的方法。

根据冲突产生的原因、冲突双方的态度，存在下列解决冲突的方法：

（1）调解法。是指冲突双方通过协商或谈判，订立一个协议或公约来解决冲突的方法。通常领导者充当调节者，全面了解冲突双方的分歧，并进行客观分析，再提出合理建议，促使双方拟定和执行协议或者公约。其过程如图6－3所示。

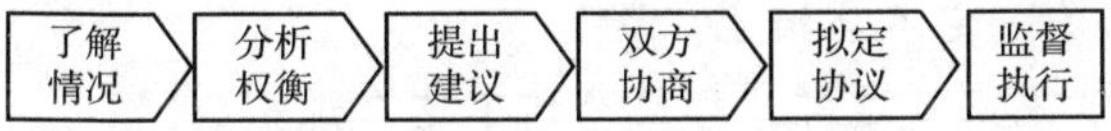

图6－3　协商解决冲突的程序

调解法解决冲突的前提是存在需要解决的客观问题，而不是冲突双方的不合理要求。这是解决冲突比较好的方法，其消极因素小，但较为费时。

（2）互助法。是指冲突双方在第三方（专家或领导）的协助指导下，通过充分讨论来解决冲突的方法。这也是较好地解决冲突的方法之一，它通过在专家协助下双方形成共识基础，再确认解决方案。这样能够使分歧得到较为彻底的消除，也可以较快地调动积极性，生成的解决冲突的方案比较合理，但是过程长，耗费时间和精力。

（3）裁决法。是指掌握权力者或组织对冲突做出裁决的方法。该方法简单、省力。但其最终结果的正确性和公正性要取决于裁决者的能力和公正心。抽签方法也被认为是裁决法的一种形式。无论是权威仲裁还是抽签决定解决冲突的方法都是在情况紧迫时才能发挥其特殊作用。

（4）改组法。组织调整的具体做法有这样几种：其一是吸收合并，以复制方式加以分离；其二是采用矩阵式组织将冲突表面化，让冲突者一起参与讨论解决冲突的过程；其三是使互相冲突的岗位、人员相互轮换，以进行角色体验，加深彼此了解；其四是调整个人职责，使分工单一，简化角色要求和角色冲突；其五是利用缓冲物加以分离或利用连缀角色加以缓冲。如A与C难以达成共识，第三方B介入分别与双方对话。

（5）支配法。是指冲突的一方利用手中的权力、权威与实力迫使冲突的对方退却、放弃的方法。这种方法过于简单，效果欠佳。

（6）拖延法。是指拖延一些时间，等待矛盾双方冷静下来，使问题的实质充分显示清楚后再加以处理的方法，又被称为“冷却法”。该方法比较谨慎，更稳妥，消极作用小，适用于对人的处理。

相关链接

良好沟通应避免的错误

在工作中，您需要与您的上级、下级、相关部门，尤其是您的客户进行各种不同层次的沟通，如果您发现自己与人交流沟通不当，想一想是否因为自己没能重视沟通？

有了良好的沟通，办起事来就畅行无阻。沟通涉及获取信息或提供信息，在这种或那种之间，或对他人施以影响以理解您的旨意并愿意根据您的愿望行事。

然而，许多问题都是由沟通不当或缺少沟通而引起的，结果会不可避免地导致误传或误解。

1. 沟通不当的标记。

下面这些话您一定不会陌生：

“如果您的意思正是这样，那又为何不这么说？”

而通常这些话您根本就不会说出口，只是以皱眉或叹息的形式表达出来。从这一点可以看出，沟通的内容与接受的内容并非只字不差，因此，想法子填补两者的鸿沟是至关重要的。

不能正确表达自己的意思，沟通没有注意自己的沟通方式，沟通环境也是是否成功的标准。

2. 没有正确地阐述信息。

不能对沟通的内容进行清晰而有逻辑的思考。例如，当要表达“我们需要些信封”时却说“信封用完了。”

不能理解对方的关注所在并正确地表达信息，以便获得对方的全部注意力和理解。例如，该用通俗上口的口语时，却用了晦涩拗口的学术语。

如果您的信息没有得到清晰的表达，它便不能被听者正确地理解和加工，有效的沟通也无从谈起。

3. 给人以错误的印象。

三个方面最值得注意：

外表：着装时不拘礼节表明您要么对交流沟通的另一方漠不关心，要么您想先声夺人。

破烂的牛仔裤和邋里邋遢的运动鞋与笔挺气派的西装给人以截然不同的印象。根据场合的不同，两种着装风格都会给人以完全错误的信息。

措辞：不假思索地使用乡言俚语会得罪他人，也会扭曲信息。举个例说，私下里把顾客或主顾叫作“伙计”似乎给人以一种哥们义气的感觉。但它也不知不觉地传达出对别人的轻慢。

拖沓：不准时赴约表明您不把别人当回事。如果某人守时，别人就会认为他很在意，把别人放在心上，但如果总是迟到，就会给人这样的印象，即沟通的内容是不重要的。

4. 没有恰当地聆听。

即使您说话时人们在干些其他事，如看报，或者转着手上的笔，他们也会告诉您，他们在听您说话。但是，如果听者没有按您的要求行事，您就有理由怀疑，认为他们根本就没有把您的话听进去，因为他们把“听”和“听进去”混为一谈了。

如果人们没有聆听，他们也是有可能听到片言只语的，但会错失至关重要的部分，因为他们的注意力已开小差了，或者，他们只拾得您的一些牙慧，反把它当做全部了。这些话可能被听到并进行了加工，但不会照单全收而进入他们意识的深处。

很明显，如果人们没有用心聆听信息或注意说的内容，他们是很难记住的。如果没有适当的汲取说话的内容，错误理解的余地就大了。

怎样才能做到与同学更广泛的交往呢？

第一，要做的是站在他人的角度设身处地地为他人着想，在接纳和谅解的基础上去适应他人。

第二，要注重自己的能力培养和人格塑造。

一般来讲品质好、能力强或具有某种特长的人容易受到他人的喜爱和尊重，所以在与他人接触的过程中要热情、真诚、坦率、友好、有责任感、真诚地赞美他人（比如：“您太棒了！”“您的这个建议对我启发很大，谢谢您！”“我在这方面有欠缺，我拜您为师”）等，同时在抓紧学习的前提之下适当施展自己的才华，表现自己的特长，使同学接纳、信任和尊重您。

第三，在交往中要学会做个有心人，善于体察他人的心境，主动关心他人，采取不同的方式使他们感受到您的善意和温暖。

在承认、理解、接纳和尊重他人的基础上，才能赢得他人的承认、理解、接纳和尊重，所以以换位思考、将心比心、以诚换诚的心态和行为来与他人相处，这样才能达到心灵的沟通和情感的共鸣。只有这样，才可能获得他人的支持、鼓励、认可和肯定；也只有这样，才能感受到愉悦、快乐、幸福与和谐的情绪体验而体现出自我价值来。

第四，多观察周围的同学，特别是那些您觉得交往能力和沟通能力特别强的同学，看他们是如何与人相处的。

通过观察和模仿，您会渐渐地发现，自己的人际交往能力有意想不到的改进。

第五，要培养一种兴趣。很多在事业上有所建树的人都不是只会闭门造车，他们大多都有自己的兴趣和爱好。业余爱好不仅是人际交往的一种方式，还可以让大家发掘出自己在工作以外的潜能。例如，体育锻炼既可以发挥您的运动潜能，也可以培养您的团队合作精神。

要遵循人际交往的原则：

①充分尊重对方的内心秘密或隐私；

②会话交谈时，目光注视对方；

③在听到对方的内心秘密后不要把内容泄露给他人；

④不在背后批评别人，保住对方的面子。

在遵守以上四条原则的基础上注意做好以下几点：

①承认“真实的自我”，并将它展示在众人的面前，即老老实实地承认自己反映在别人心目中的形象。心理学研究表明：人们并不喜欢一个各方面都十分完美的人，而恰恰是一个各方面都表现优秀而又有一些小小缺点的人最受欢迎。所以您不用太在意自己的缺点，对这点要有足够的信心。

②要时时处处站在他人的角度来考虑问题，经常要与别人合作，在取得成绩之后，要与他人共同分享；给他人提供机会，帮助其实现生活目标；当他人遭遇到困难、挫折时，伸出援助之手，给予帮助。

③要胸襟豁达乐于接受他人及自己。当别人取得成绩时，要不失时机地给予赞扬和祝贺。这种赞美的话语会给被赞扬者带来快乐，引起积极的情绪反应。情绪具有传染性，即也会传染给周围的人给周围所有人带来快乐。“快乐”则会消融人际关系的僵局，使人际关系变得融洽。

④要掌握沟通的技巧。与人沟通时，要注意倾听，倾听的时候，要面带微笑，最好别做其他的事情，并给予以表情、手势、点头等方面适当的反馈，特别是当对方有怨气和不满需要发泄时的倾听，更能显示一个人的素质和修养水平；在表达自己思想时，要讲究含蓄、幽默、简洁、生动，给他人提意见、指出错误时，要注意场合，措辞要平和，以免伤及他人自尊心；与他人谈话时要有自我感情的投入，这样才会以情动人。

资料来源：

1. 衡水人才网［引用日期 2012－12－11］，沟通中 7 句最致命的“同情话”不能说。
2. ASK123 学习培训网［引用日期 2013－01－23］，工作中最 bad 的 10 种沟通模式。

管理情景分析 6－2

任务三　感悟群体管理

听故事悟原理（惠普的敞开式办公室）

【管理情景 6－3】

蔡经理的协调难题

兴盛电子公司开发部最近要提拔一位副经理。在民主推荐时产生了严重的分歧。一部分参加工作多年、资历较老的员工极力推荐一位老资格的工程师；而一些年轻的、有学历的员工则极力推荐一位毕业于某高校、刚任职三年的硕士研究生。前者认为应提拔一位有丰富经验的人担任副经理，可以尽快提升知名度；后者则认为，应提拔一位学历高、有开创精神的年轻人，以迅速开拓市场。双方观点鲜明，旗鼓相当，争执不下，甚至有演变成两大阵营，影响团结与工作之势。这种危险态势却令开发部蔡经理深感忧虑。他决定着手协调解决双方矛盾。可是大家说的都有道理，又带有明显的对立情绪，他感到无从下手。

请思考：

1. 你认为这两派之争的实质是什么？你知道什么是“正式群体”与“非正式群体”吗？这两派属于哪种性质？
2. 你认为应怎样协调解决这一冲突？
3. 在重建和谐群体氛围上，你能向蔡经理提出建议吗？

建立有效的群体与团队，是现代管理极为重要的内容与目标，是增强组织活力与战斗力的重要途径。

人们组合到一起，会在组织内形成各种群体。而群体内关系的融洽协调，进而能否建设有效群体，直接关系到组织的有效性。

一、定义群体

群体是指为了达到共同的目标，能够直接交往沟通的、相互作用的、由若干人组成的集合体。群体是介于个人与组织之间的一种形态，群体是由个人构成的，再由群体构成组织。

有效群体的主要标志从管理的角度看主要有两个：

（1）能较好地完成组织的任务，主要通过群体的生产性（工作）或创造的成果加以衡量。

（2）能较好地满足其成员的需求，主要通过该群体对其成员欲望的满足程度和士气高低来加以评估。显然，一个群体，既能完成组织的目标任务，又能满足其成员的需要，就是一个有效的群体。

二、正式群体与非正式群体

组织中的群体，可以划分为正式群体与非正式群体。

1. 正式群体。

正式群体是指为实现组织目标，按照组织规程正式建立起来的组织内部的群体。正式群体的特征：

（1）正式群体是为实现组织目标而建立起来的，其基本职能是完成组织任务。

（2）正式群体是按组织的章程和组织规程建立起来的，列入组织的正式机构的序列之中。

（3）正式群体的成员有明确的编制，其领导者有正式的职务头衔，由组织赋予明确的职权与职责。

（4）正式群体是建立在组织效率逻辑和成本逻辑的基础之上的，是按照组织的规程行事的。例如，工厂里的班组、工段、科室等。

2. 非正式群体。

非正式群体是指为满足组织成员的个人需要，在共同工作与生活交往中自发组合到一起的一小群人。其特征：

（1）非正式群体是适应组织成员的某种需要而逐步形成的，包括工作上的、感情上的、社会性的需要等。

（2）非正式群体是在长期的共同工作和生活交往中自发形成的，而非组织干预的结果。

（3）非正式群体没有正式的组织形态、名称与规程，但却有不成文的群体规范与内在影响力。

（4）非正式群体是建立在感情逻辑基础上的，主要追求成员之间的亲密感情、友好相处。

3. 非正式群体对正式群体的影响。

非正式群体存在于正式群体之中，每时每刻对正式群体产生潜移默化的影响。这种影响既有消极的一面，又有积极的一面，具体表现为：

（1）对正式群体内部关系的影响。非正式群体作为一个有共同情感的亲密关系的群体，可以促进正式群体成员之间关系融洽、友好、亲密；但是，如果协调得不好，也可能产生相反的作用，会给内部关系带来危害，甚至肢解这个群体。

（2）对正式群体目标的影响。这种影响具有两重性：如果非正式群体与正式群体的目标一致，非正式群体的群体规范、内聚力会激励其成员努力工作，争作贡献，会有力地促进正式群体目标的实现；如果两者的目标相冲突，那么，非正式群体的规范、内聚力就会反过来冲击正式群体目标的实现，甚至直接危害正式群体目标的实现。

4. 正确处理正式群体与非正式群体的关系。

（1）正确分析与对待非正式群体。非正式群体的存在是一个客观事实，必须正视。要通过认真地分析，弄清其人员结构、目标、规范等，并同正式群体的目标与规范加以比较，努力加以协调，发挥其积极作用，克服其消极作用。

（2）对非正式群体积极引导，创造一种更高层次的归属感。对非正式群体一些合理的要求要给予支持，积极的行为要给予鼓励，并将小群体的归属感发展为对正式群体的大归属感，形成一致的内聚力。

（3）做好非正式群体核心人物的工作。任何群体中都有自己的核心人物，无论是正式群体的负责人还是非正式群体的领袖，他们在群体成员中都有较高的威信，他们个人的认知、态度和情感很容易影响群体中的成员。做好这些人的工作，就能有效地引导、影响非正式群体成员的思想与行为，从而有利于组织目标的实现。

（4）在组织上实现非正式群体与正式群体的统一。如果条件允许，可以参考非正式群体的人员构成，调整正式群体的人员，并可以挑选具备条件的非正式群体的核心人物担任正式群体的负责人，实现两者在组织上的融合。

三、群体的心理现象与群体管理的任务

在群体内部，有两类基本的心理现象，即心理和谐和心理冲突。管理者的任务就在于有效促进心理和谐，正确处理心理冲突。

1. 心理和谐。

群体的心理和谐，是指群体成员之间在认识、情感、态度、行为等方面趋同，形成和谐一致的群体心理。影响群体心理和谐的主要因素有：群体目标、群体规范、群体压力、群体凝聚力和群体士气等。

2. 心理冲突。

群体的心理冲突，是指在群体内部存在两种互不相容或相互排斥的对立状态，造成失衡、矛盾的群体心理。影响群体心理冲突的主要因素有个体差异、利害冲突、工作矛盾等。

3. 群体的心理和谐。

群体的心理和谐，是由正确的群体目标、科学的群体规范、适宜的群体压力和较强的群体凝聚力综合作用而形成的。

4. 建立正确的群体目标。

正确的群体目标应该是，既能与企业的基本目标保持一致，使经营效率化、效益化，又能够满足群体成员的情感等各种社会心理需要。为此，要加强以下几方面工作：

（1）组织的积极领导。群体的目标不能靠组织强加形成，但组织积极的思想教育和必要的行政干预，使群体在自觉的基础上接受组织的要求，制定出有利于组织目标实现的群体目标。

（2）提高群体成员的素质。组织要提高群体成员的政治思想素质和业务素质，并形成健康向上的群体意识和氛围，促使正确群体目标的建立。

（3）引导并发挥群体核心人物的作用。只有通过恰当的方式，影响与引导核心人物的思想和行为，并发挥他们的作用，才能有利于建立正确的群体目标。

5. 有效发挥群体规范的作用。

群体的规范，是指在群体中形成的行为标准。它对群体中的每个成员都具有指导约束作用。其作用主要表现为产生成员认识的标准化和行为的一致性。这种作用主要是通过以下两种途径实现的：

（1）自律作用。即群体的规范为其成员所认可，于是，每个群体成员都自觉地遵守群体规范。这样通过自律来实现成员行为的一致与规范化。例如，当商场的营业员深刻地认识到服务竞争的重要意义，就会更加自觉地遵守所在群体的服务规范。

（2）他律作用。即当群体的个别成员忽视或违背群体规范时，群体规范则以一种群体制裁的形式，迫使个别成员服从群体规范。

6. 适当发挥群体压力的作用。

群体压力是指群体中的个别成员发现自己的行为和意见与群体不一致，或与

群体大多数人有分歧时而产生的一种心理压力。群体压力的作用，主要是迫使个别成员的态度和行为与群体或多数成员保持一致。这种作用是通过群体舆论表现出来的。群体压力的作用包括正、反两方面。一方面，属积极的作用，即对不利于组织目标实现的行为进行群体制裁，从而导致其采取有利于组织目标的行为；另一方面，则属消极作用，即落后的群体舆论，将打击个体的积极行为，从而使其与群体中多数后进者同流。

7. 提高群体凝聚力。

群体凝聚力是指群体对其成员的吸引力，即成员之间的亲和力。群体凝聚力提高的主要途径包括：

（1）教育与思想工作。要利用多种有效的形式，对群体的成员进行人生观和价值观教育，倡导奉献精神，努力提高群体成员的思想觉悟，营造健康、向上、亲和、融洽的群体氛围。建立合理的目标结构与激励模式。要尽可能使群体目标与成员利益统一，使目标标准适宜。

（2）注意采用更加有效的激励模式，以调动群体成员的积极性。

（3）提高领导者的威信。要努力提高领导者自身素质，塑造具有魅力的形象，吸引与带动群体的全体成员去争取目标的实现。

（4）感情融通与关系协调。要注意协调上下级之间、成员之间的关系，融通群体成员之间的感情，并通过感情与关系的纽带，增强群体成员之间的吸引力，营造亲和协调的群体氛围。

（5）善于运用外部环境压力。群体必须冷静分析群体所处的外部环境，正确地认识外部现实或潜在的威胁，树立全员危机意识，在群体中营造一种面对危机，和衷共济的氛围，从而大大增强群体的凝聚力。

四、群体的心理冲突

1. 群体心理冲突的作用。

群体心理冲突的消极作用。这是指具有破坏性的群体心理冲突，使群体成员在认知上产生分歧，成员之间关系紧张，组织不能形成统一的意志和行动，组织的目标难以实现。

群体心理冲突的积极作用。这是指建设性冲突。具有积极意义的心理冲突，有利于群体观念的更新，有利于决策方案的多重优化，有利于激发成员间的竞争心理，有利于发挥成员的创造性等。例如，为了开拓一个新的市场，群体成员见解不同，引发激烈的争论，这样有利于拓宽视野，寻找市场开发的多种可能途径，从而使决策更为科学。

2. 群体冲突的处理原则。

（1）分清冲突的性质，区别对待。处理群体冲突，首先应进行冷静的分析，区分是建设性冲突还是破坏性冲突，从而采取不同的方法进行科学、适宜的处理，以发挥冲突的积极作用，限制冲突的消极作用。例如，当群体的成员由于奖金发放不当而产生矛盾时，对于这种具有破坏性的冲突，就应千方百计的化解，如改进分配方法，做好相应的思想工作；而如果是由于生产业绩上差别而使得奖金差别大，群体成员产生竞争压力，那么，应将这种积极作用的心理冲突强化，以推进更为有效的竞争，在生产上形成“比学赶帮超”的竞争局面。

（2）依冲突强度，采取不同的策略。当冲突强度过大时，管理者应运用多种手段，增强群体成员之间的相互依赖感，强调团结合作的重要性；强调群体成员之间利益的一致性，尽可能使群体成为利益统一体：加强统一领导，进行有效协调；建立更加明确的制度规范体系，以保证活动的规范性、协调性和一致性。例如，一个营销部内部群体成员之间为争夺市场，导致内部竞争激烈时，就应强调整个营销部目标与利益的一致性，并调整营销员指标与奖酬挂钩的形式，尽量使每个群体成员的奖酬都与整个营销部门的销售业绩紧密相连，从而有效地限制冲突的发展。

当冲突强度过小时，管理者应划小责任单位，强调各责任中心的界限；强调群体与个人及个人之间的利益差别，拉开奖酬档次；利用各种有效手段，鼓励各成员之间的竞争；强调各责任中心的独立性，扩大其自主权。例如，当一个车间内部成员间一团和气，工人不求进取，生产业绩不佳时，则应实行各种形式的承包制，使奖酬与生产业绩紧密挂钩，并千方百计地鼓励各工段及其成员之间在生产上的竞争等，从而发挥建设性冲突的积极作用，大大提高生产业绩。

3. 群体冲突的处理方法。

对待一些破坏性冲突或有消极作用的冲突，可以采取一些有效方法来加以化解：

（1）协商法，即冲突双方通过有效沟通进行协商，各自做出妥协，化解冲突。

（2）回避法，即对一些不适宜大刀阔斧解决的冲突，通过适当方式进行回避，减缓冲突带来的破坏作用。

（3）仲裁法，即由高层领导出面干预或专门机构进行仲裁，以求冲突的解决。

（4）调节法，即由第三者出面为冲突双方进行调节，从而化解矛盾的方法。

管理情景分析 6－3

任务四 熟悉团队建设与管理

【管理情景 6－4】

听故事悟原理（王珐鉴才）

恐怖的蚂蚁军团

在非洲的草原上如果见到羚羊在奔逃，那一定是狮子来了；如果见到狮子在躲避，那就是象群发怒了；如果见到成百上千的狮子和大象集体逃命的壮观景象，那是什么来了——蚂蚁军团！

请思考：为什么蚂蚁军团来了，会造成成百上千的狮子和大象集体逃命的壮观景象？

比尔·盖茨说，“大成功依靠团队，而个人只能取得小成功”。“没有完美的个人，只有完美的团队”。团队能够完成个人所不能完成的任务。

一、定义团队

团队是指两个或者两个以上成员组成的互相影响、互相协调以完成特定目标的单位。

团队包含以下含义：

（1）团队要求有两个或者两个以上的成员；

（2）团队中的成员经常相互作用。没有相互作用的人，是不能构成团队的。如排队购物的人群或电梯传送带上的人员等。

（3）团队成员必须有一个共同目标。如共同设计一种新式的手持计算机，制造一辆汽车等。尽管团队和群体都是由人群组成的，但团队与群体是不同的，只有正式的群体才能成为团队。群体的绩效常常是每个群体成员个人贡献的总和，而团队则不同，它是通过来自不同职能部门的团队成员的共同努力才能够产生的协同效应，使团队的绩效水平远远大于群体成员绩效水平的总和。

二、团队的作用

（一）创造集体精神

以团队方式开展工作，促进了成员之间的合作并提高了员工的士气。我们可以看到，团队规范在鼓励其成员工作卓越的同时，还创造了一种增进工作满意度的氛围。

（二）使管理层有时间进行战略性的思考

采用团队形式，尤其是自我管理工作团队形式，可以使管理者得以脱身去做更多的战略规划，以减少管理者花大量时间监督和解决下属出现的问题。

（三）提高决策速度

团队成员对工作相关的情况常常要比管理者知道得更清楚，把一些决策权下放给团队，能够使组织在做出决策方面具有更大的灵活性。因此，相比以个体为基础的工作设计来说，采用团队形式，决策常常迅速得多。

（四）促进员工队伍多元化

由不同背景不同经历的个人组成的群体，看问题的角度要比单一性质的群体更多样化。同样，由风格各异的个体组成的团队所作出的决策，要比单个个体的决策更有创意。

（五）提高绩效

上述各因素组合起来能使团队的工作绩效明显高于单个个体的工作绩效。许多公司经过实践都已发现，相比传统的个体为中心的工作设计，团队方式可以减少资源浪费，减轻官僚主义作风，鼓励创新并提高工作质量。

三、团队类型

（一）正式团队

正式团队是正式的组织结构的一部分。常见的有以下 2 种：

1. 纵向团队。

也称为“功能型团队”或者“指挥型团队”，它是由管理者及其下属组成的，有着正式的指挥链。最典型的纵向团队包括组织内的一个部门。如公司的销售小组、会计部、人力资源部等都属于指挥型团队。

2. 横向团队。

它是由来自同一层级但具有不同专业特长的人员所组成的团队。常见的横向团队有任务小组和委员会两种。

（1）任务小组。它是由不同部门人员临时建立起来处理特定问题或事情的正式团队。如某公司为处理因产品质量问题所引发的公关危机而成立的应急小组。

（2）委员会。它是为了履行不间断的特定的组织任务而建立的长期或永久性的团队。委员会一般是为了解决经常出现的问题而存在。例如，学院学术委员会主要是负责学院有关学术研究、职称评审工作的；学生申诉委员会主要是负责学生的申诉工作的。

（二）非正式团队

非正式团队是在正式的组织结构中自发形成的一种临时性社团。它包括各种各样的形式，如下课后一起打球的一群学生或者是每天中午一起用餐的一群员工。他们是自发组成的、无特定任务或目标的群体，但是对于组织来说也是非常重要的。

（三）自我管理式团队

自我管理式团队也称为跨职能团队，兼有正式团队和非正式团队的性质，一般由管理当局批准组建而成。自我管理式团队一般由 5 ~ 12 人组成，他们的工作是聚集在一起解决一般性的工作问题。

此外，按照团队的模型来划分，还可以把团队分为执行团队、跨职能团队、业务团队、后勤团队、专责团队、应变团队、头脑团队、临时工作组等。

四、高效团队的特征

团队形式并不能自动地提高生产力，它也可能让管理者失望，只有高效运作的团队才可以真正带来组织目标的实现。无论组织采取何种形式的团队运作方式，高效团队具有以下的主要特征，如图6－4所示。[①]

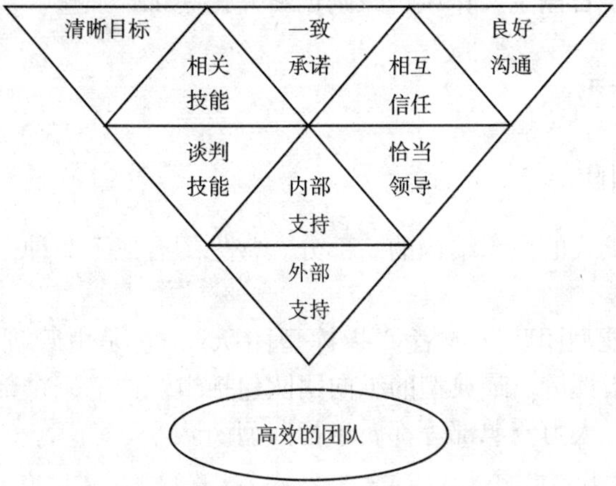

图6－4　高效的团队

（一）清晰的目标

高效的团队对要达到的目标有清楚的理解，并坚信这一目标包含重大的意义和价值，成员愿意为团队目标做出承诺，清楚地知道希望他们做什么工作，以及他们怎样共同工作并实现目标。

（二）相关的技能

高效的团队是由一群有能力的成员组成的。他们具备实现理想目标所必需的知识、技术和能力，而且相互之间有能够良好合作的个性品质，从而能出色完成任务。

（三）相互的信任

成员间相互信任是有效团队的显著特征，也就是说，每个成员对其他人的品行和能力都确信不疑。

（四）一致的承诺

高效的团队成员对团队表现出高度的忠诚和承诺，为了能使群体获得成功，他们愿意去做任何事情，我们把这种忠诚和奉献称为一致承诺。承诺一致的特征表现为对群体目标的奉献精神，愿意为实现这一目标而调动和发挥自己的最大潜能。

（五）良好的沟通

群体成员具有畅通的渠道交流信息，包括各种言语和非言语交流，此外，管理层与团队成员之间健康的信息反馈也是良好沟通的重要特征，它有助于管理者

① 斯蒂芬·P. 罗宾斯，等. 管理学［M］. 北京：中国人民大学出版社，2001：278.

指导团队成员的行动，消除误解。就像一对已经共同生活多年、感情深厚的夫妇那样，高效团队中的成员能迅速而准确地了解彼此的想法和情感。

（六）谈判技能

对高效的团队来说，其成员角色具有灵活多变性，总在不断进行调整。这就需要成员具备充分的谈判技能。由于团队中的问题和关系时常变换，成员必须能面对和应付这种情况。

（七）适当的领导

团队领导者应具有善于沟通、视野广阔、有合作精神、专心、有想象力、有先见之明、自信、正直、有勇气、遵守承诺等特质。有效的领导者能够让团队跟随自己共同度过最艰难的时期，因为他能为团队指明前途所在，他们向成员阐明变革的可能性，鼓舞团队成员的自信心，帮助他们更充分地了解自己的潜力；能够使团队的目的、目标和方式密切相关，并且有意义；能够促进团队中各种技能的组合，并提高技术水平；能够搞好与外部人员关系，为团队的发展清除障碍；能够为团队中的其他成员创造机会。

（八）内部和外部支持

要成为高效团队的最后一个必需条件就是它的支持环境。从内部条件来看，团队应拥有一个合理的基础结构。这包括适当的培训、一套易于理解的并用以评估员工总体绩效的测量系统，以及一个起支持作用的人力资源系统。恰当的基础结构应能够支持并强化成员行为以取得高绩效水平。从外部条件来看，管理层应给团队提供完成工作所必需的各种资源。

五、团队的角色分析

团队是由充当不同角色的成员组成的群体。团队中一般有实干者、协调者、推进者、创新者、信息者、监督者、凝集者、完善者八种不同的角色，如图6－5所示。

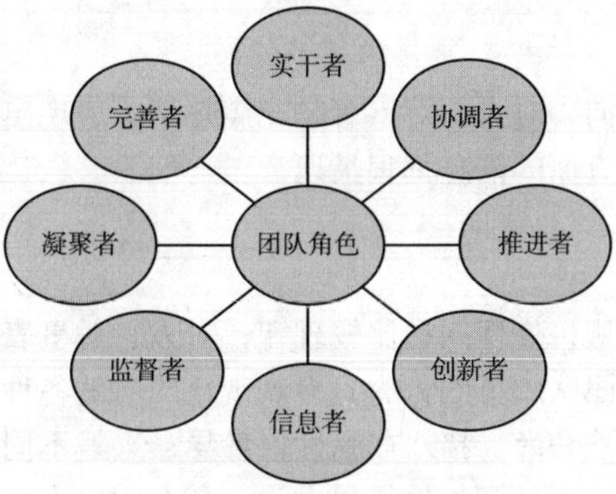

图6－5　团队的角色

（一）凝聚者

他们比较擅长日常生活中的人际交往，能与人保持和善友好的关系，为人处世都比较温和，对人、对事都表现得比较敏感。

（二）完善者

他们做事情很勤奋努力，并且很有秩序；为人处世都很认真，对待事物力求完美。

（三）实干者

他们对社会上出现的新生事物从来不感兴趣，甚至对新生事物存在着一种本能的抗拒心理。他们对喜欢接受新生事物的人很是看不惯，常常是水火不相容。他们对自己的生活环境很是满足，并不主动去寻求什么改变，给人一种逆来顺受的感觉。当上司交给他们工作任务时，他们会按上司的意图兢兢业业踏踏实实地把事情做好。他们给别人特别是领导留下一种务实可靠的印象。

（四）协调者

对事物具有判断是非曲直的能力；对自己把握事态发展的能力有充分的自信；处理问题时能控制自己的情绪和态度，具有较强的抑制力。

（五）推进者

他们常常表现得思维敏捷，对事物具有举一反三的能力。看问题思路比较开阔，对一件事情能从多方面考虑解决问题的方法。这种人往往性格比较开朗，容易与人接触，很快能适应新的环境；能利用各种资源，善于克服困难和改进工作流程。

（六）创新者

他们具有鲜明的个性，思维比较深刻，对许多问题的看法与众不同，对一些问题有自己独到的见解，考虑问题不拘一格，思维比较活跃。

（七）信息者

他们性格比较外向，对人、对事总是充满热情，表现出很强的好奇心，与外界联系比较广泛，各方面的消息都很灵通。

（八）监督者

他们头脑比较清醒，处理问题比较理智，对人、对事表现得言行谨慎，公平客观。他们喜欢比较团队成员的行为，喜欢观察团队的各种活动过程。

唐僧、孙悟空、沙和尚、猪八戒是性格各异、兴趣不同的四个人，他们之所以能容在一个群体中，而且能相处得很融洽，甚至做出去西天取经这样的大事情来，正是他们在取经的团队中分别扮演了不同的角色的结果，唐僧起着凝聚和完善的作用，沙和尚起着协调和实干的作用，孙悟空起着创新和推进的作用，猪八戒起着信息和监督的作用。

六、团队的建设阶段

（一）组建阶段

在组建阶段，团队成员从原来不同的组织调集在一起，大家开始互相认识，这一时期的特征是队员们既兴奋又忧虑，而且还有一种主人翁感，他们必须在承担风险前相互熟悉。一方面，团队成员收集有关项目的信息，试图弄清该团队是干什么的和自己应该做些什么。另一方面，团队成员谨慎地研究和学习适宜的举止行为。他们从团队领导处寻找或相互了解，以期找到属于自己的角色。

当成员了解并认识到所在团队的基本情况后，也就明确了自己的角色。当解决了定位问题后，团队成员就不会感到茫然而不知所措，从而有助于其他各种关系的建立。所以，团队领导要进行团队建设工作，向团队成员说明团队的目标，并且公布每个团队成员在团队中的职位。

（二）磨合阶段

团队发展的第二个阶段是磨合阶段。团队形成之后，队员们已经明确了团队的工作以及各自的职责，于是开始执行分配到的任务。在实际工作中，各方面的问题逐渐显露出来，这预示着磨合阶段的来临。现实可能与当初的期望发生偏离，于是，成员们可能会消极地对待团队工作和团队领导。在此阶段，工作气氛趋于紧张，问题逐渐暴露，团队士气较组建阶段明显下沉。

团队的冲突和不和谐是这阶段的一个显著特点。成员之间由于立场、观念、方法、行为等方面的差异而产生各种冲突，人际关系陷入紧张局面，甚至出现敌视、强烈情绪以及向领导者挑战的情形。在这一时期，团队队员与周围的环境之间也会产生不和谐，如队员与工作技术系统之间的不协调，团队队员可能对团队采用的信息技术系统不熟悉，经常出错。另外，团队在运行过程中，与团队外其他部门要发生各种各样的关系，也会产生各种各样的矛盾冲突，这需要进行很好的协调。

因此，团队领导要对他们进行适当的指导，但是这种指导比形成阶段要小得多，并且要引导每个团队成员对自己的角色及责任进行调整。另外，团队领导还要明确团队成员相互之间的关系和行为规范，使每个成员都清楚地了解自己的责任以及和别人的关系。

（三）正规阶段

经受了磨合期的考验，团队成员之间、团队与团队领导之间的关系已确立好了。绝大部分个人矛盾已得到解决。成员的不满情绪也就减少了。团队成员接受了这个工作环境，团队的规程得以改进和规范化。团队的部分决策权从团队领导移交给了团队成员，凝聚力开始形成。

这一阶段，团队成员之间开始建立相互信任、相互帮助的关系，开始互相交流信息、观点和感情，合作意识增强。团队经过这个社会化的过程后，建立了忠诚和友谊，也有可能建立超出工作范围的友谊。所以，团队领导要逐步减少指导性工作，对团队成员的工作要给予支持，并且对团队成员所取得的成果进行表扬。

（四）成效阶段

这一阶段的工作绩效很高，团队有集体感和荣誉感，信心十足。团队成员之间能开放、坦诚、及时地进行沟通。在这一阶段，团队根据实际需要，以团队、个人或临时小组的方式进行工作，团队成员之间相互依赖度高。团队精神和集体的合力在这一阶段得到了充分的体现，每位成员在这一阶段的工作和学习中都取得了长足的进步和巨大的发展，这是一个 1 +1 >2 的阶段。在这一阶段，团队领导的工作就是协助团队制定、修正并执行工作计划。

（五）提高阶段

团队及其成员应该及时地评价他们实际的功能状态，评估所取得的成绩和存在的不足，从而认识到团队的动力来源的制约条件。进而，扬长避短，发扬优点，弥补不足，使团队获得不断的提高。

七、团队管理

团队需要管理。科学的团队管理，是培养团队精神，提高团队协作能力，发挥团队作用的根本保证。

团队管理有五个基本的要素：

（一）目标统一

团队成员方向一致、目标一致，形成合力，而不是各走各道、各行其是，才能保证整个团队实现预定的目标。

（二）制度和工作标准

制度是团队成员统一遵循的规矩，它既能促进团队的一致性，还能确保工作有序开展。工作标准既是业务开展的依据，也是工作的指导书，避免出现随意和偏差。

（三）合理分工

要很好地发挥每个人的特长实现团队价值，首先要进行合理分工。合理分工的目的，是为了让员工可以有良好的工作感觉，并发挥每个员工的工作特长，最高效地完成工作任务，体现团队的价值。

（四）合作

团队必须要有很强的凝聚力，成员之间团结合作，才能最大地发挥整体效应和集体战斗力。

（五）控制

有了统一的目标、合理的分工，并制定了制度和工作标准，还需要对团队成员的工作进行有效控制，通过沟通，协调团队成员人际关系和工作关系，才能在团队合作中达到预期的目标。

管理情景分析6－4

管理情景讨论和能力训练

测一测心有底

项目工作任务书

项目名称	选择有效沟通方式
项目负责人	
项目组成员	
项目情景	假定你是一家集团公司的一个分支机构经理，你对地区事业部经理负责。你的分支机构有120名员工，在他们与你之间有两个层次的管理人员——作业监督人员和部门负责人。你所有下属人员都在本分支机构的所在地工作。两个月前，你任命了一个新的部门经理，这名新任命的部门经理明显地没有达到该部门预算的目标。销售监督人员的分析报告表明，该部门在新部门经理到任的当月，只完成销售任务的70%，第二个月只完成销售任务的65%，而这两个月其他的部门都完成或超额完成了销售任务。
项目目标	分析新任命的部门经理没有完成预算目标的原因及改进方案。
项目工作内容和方法	1. 认真阅读“材料”。 2. 思考如果遇到这种问题，你会怎么做？ 3. 说明你是否会把这个经理换掉？你会采取怎样的方式与新经理沟通？ 4. 在每位成员完成以上工作的基础上，再以小组（5～9人为一组）为单位进行讨论。
学习目标	通过训练，加深对“有效沟通”相关知识的感性认识，培养沟通技能。
学习提示	遵循有效沟通原则，选择合适的沟通方法
说明	

项目活动计划与评价表

<table>
<tr><td colspan="4">项目名称</td><td colspan="6"></td></tr>
<tr><td colspan="4">项目负责人</td><td colspan="6"></td></tr>
<tr><td colspan="4">项目组成员</td><td colspan="6"></td></tr>
<tr><td colspan="4">项目实施时间</td><td colspan="6"></td></tr>
<tr><td rowspan="5">项目计划与成果</td><td colspan="3">项目实施计划</td><td colspan="6">包括（但不限于）：计划目标、实现计划目标的要素、计划进度。</td></tr>
<tr><td colspan="3">工作方案</td><td colspan="6">包括（但不限于）：工作流程、阶段任务、工作思路、工作方法措施。</td></tr>
<tr><td colspan="3">项目成果</td><td colspan="6"></td></tr>
<tr><td colspan="3">收获与建议</td><td colspan="6"></td></tr>
<tr><td colspan="3">说明</td><td colspan="6"></td></tr>
<tr><td rowspan="5">工作评价</td><td colspan="3" rowspan="2">团队及成员</td><td rowspan="2">团队</td><td colspan="5">成　员</td></tr>
<tr><td>1.</td><td>2.</td><td>3.</td><td>4.</td><td>5.</td></tr>
<tr><td rowspan="3">评语与成绩</td><td rowspan="2">团队评价</td><td>评价</td><td></td><td></td><td></td><td></td><td></td><td></td></tr>
<tr><td>成绩</td><td></td><td></td><td></td><td></td><td></td><td></td></tr>
<tr><td>教师评价</td><td>综合评价</td><td></td><td></td><td></td><td></td><td></td><td></td></tr>
</table>

案例分析

张经理的问题[1]

资料：

2010年12月20日，上海IMC公司输出部的中班员工在包装时应该使用法国客户指定的新包装盒，结果却使用了英国客户的包装盒。而这个问题的出现是由于中班的江主管和早班的杨主管沟通不畅造成的，杨主管在交接班记录本上注明了注意使用法国包装盒，但是却没有写什么产品什么时候开始使用。江主管指责杨主管没有交待清楚，而杨主管指责其没有询问。其实输出部的问题早已生成，而目前将三班制改为四班制，需要提拔新的主管，考虑到目前出现的沟通问题，输出部的张经理陷入了困境。

案例分析
参考答案

问题：

在管理沟通方面，张经理遇到了什么样的问题？

提示：

可以从以下几个方面进行思考：横向沟通、跨组织（班次）沟通、纵向沟通、人际冲突。

---

① 改编自原动力文档：https：//max. book118. com/html/2020/0120/8057072130002073. shtm.

教学课件

课程思政

项目七

培养控制与纠偏能力

目标描述

知识目标：本项目介绍管理的控制职能。通过学习，应能够掌握控制的定义；理解控制的类型、过程和有效控制的要求；熟悉控制的原则、方法。

技能目标：通过本项目学习和训练，能够运用控制职能的相关知识，进行管理控制活动，能够运用财务控制、人员控制和质量控制等方法。

工作任务分解（WBS）（见图 7－1）

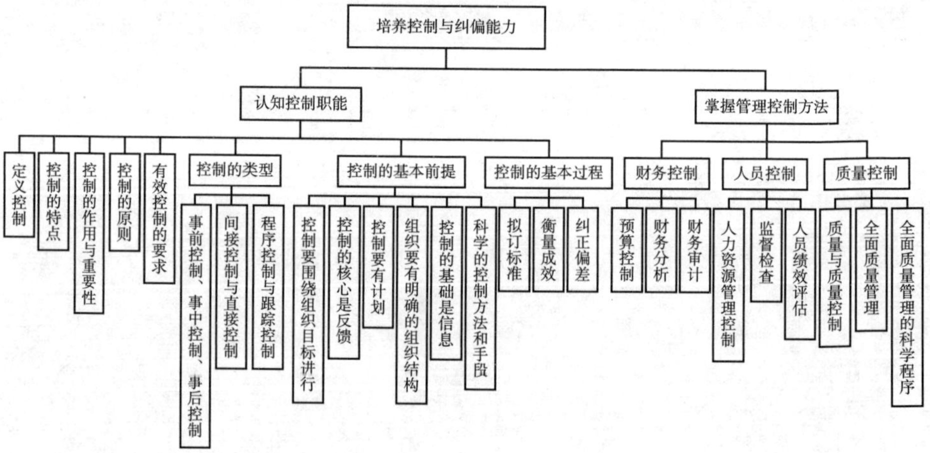

图 7－1

任务一　认知控制职能

【管理情景7－1】

扁鹊的医术

魏文王问名医扁鹊说："你们家兄弟三人，都精于医术，到底哪一位最好呢?"扁鹊答："长兄最好，中兄次之，我最差。"文王再问："那么为什么你最出名呢?"扁鹊答："长兄治病，是治病于病情发作之前。由于一般人不知道他事先能铲除病因，所以他的名气无法传出去；中兄治病，是治病于病情初起时。一般人以为他只能治轻微的小病，所以他的名气只及本乡里。而我是治病于病情严重之时。一般人都看到我在经脉上穿针管放血、在皮肤上敷药等大手术，所以以为我的医术高明，名气因此响遍全国。"

听故事
悟原理
（老虎之死与风险防范）

请思考：结合管理控制的类型想想，为什么扁鹊说："长兄最好，中兄次之，我最差"。

控制是管理工作最重要的职能之一，是管理过程不可分割的一部分。管理中的计划、组织和领导等其他职能，必须伴随有效的控制职能，才能真正发挥作用。组织的整个管理过程只有依靠控制职能才能得以有效运转，循环往复。同其他管理职能一样，控制职能是组织中各个层次的管理者必须承担的主要职责。

一、定义控制

控制是指在对各项活动进行科学监测的基础上，保证各项行动按计划进行并纠正各种显著偏差的过程。

控制的含义包含以下内容：

1. 控制是一个发现问题、分析问题和解决问题的全过程。

组织开展业务活动，由于受外部环境、内部条件变化和人认识问题、解决问题能力的限制，实际执行结果与预定目标完全一致的情况是不多的。因此，管理者应能够发现偏差，找出造成偏差的原因、环节和责任者，并采取针对性的措施，纠正偏差，以保证实际工作按计划完成。

2. 控制必须建立在对各项活动进行科学监测的基础上。

只有进行科学监测，才能发现计划执行过程中出现的各种问题和偏差。

3. 控制只是对异常的偏差进行纠正，而不是对所有的偏差进行纠正。

只有那些会使计划执行结果偏离计划目标，影响计划目标实现的异常偏差才需要进行纠正。

4. 控制必须有控制标准。

如何衡量这些偏差是正常偏差还是异常偏差？这需要有控制标准。控制标准是指反映或衡量系统预期稳定状态的水平或尺度。这些标准实际上是一些特定目标，是在计划的过程中产生的，依据这些目标可以对实际行动进行衡量。

如图 7－2 所示，异常偏差是指超出控制标准上下限的区域。这里所讲的控制，即只需对异常偏差区域进行调整和纠正即可。

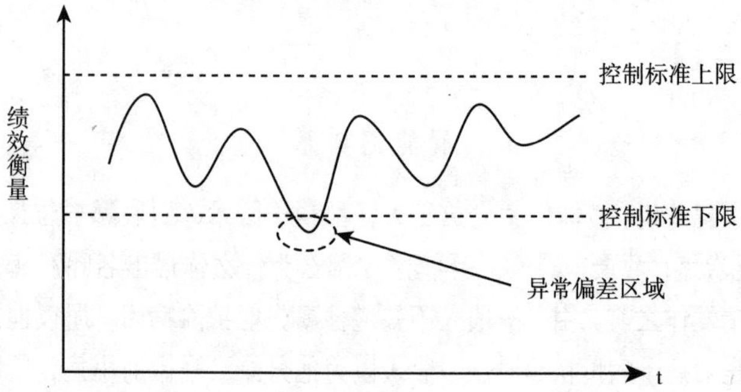

图 7－2 控制示意

二、控制的特点

管理控制不同于物理、生物、经济及其他方面的控制，有其自身的特点。具体表现在如下几个方面：

1. 管理控制具有整体性。

这包括两层意思：从控制的主体来看，因为计划需要依靠全体成员来共同完成，因此，管理控制是全体成员的职责，而不单单是管理人员的职责。再从控制的对象来看，管理控制覆盖组织活动的各个方面，人、财、物、时间、信息等资源，各层次、各部门、各单位的工作，以及组织生产经营的各个不同阶段等，都是管理控制的对象。不仅如此，管理控制中需要把整个组织的活动作为一个整体来看待，使各方面的控制能协调一致，达到整体的优化。

2. 管理控制具有动态性。

由于组织不是静态的，其外部环境和内部条件随时都在发生着变化，从而决定了控制标准和方法不可能固定不变。管理控制应具有动态的特征，这样可以保证和提高控制工作的有效性和灵活性。

3. 管理控制是对人的控制并由人执行的控制。

管理控制木质上是由人来执行的，而且主要是对人的行为的控制，管理控制应该成为提高员工工作能力的工具。控制不仅仅是监督，更重要的是指导和帮助。管理者可以制定偏差纠正计划，但这种计划要靠员工去实施，只有当员工认识到纠正偏差的必要性并具备纠正能力时偏差才会真正被纠正。

4. 管理控制是提高职工工作能力的重要手段。

通过控制工作，管理者可以帮助员工分析偏差产生的原因，端正员工的工作态度，指导他们采取纠正的措施。这样既能达到控制的目的，又能提高员工的工作和自我控制能力。

三、控制的作用与重要性

1. 控制的作用。

控制在管理中的作用有两方面：一方面起检验作用，它检验各项工作是否按预定计划进行，同时也检验计划的正确性与合理性；另一方面起调整作用，它调整行动或计划，使二者相吻合。

2. 控制的重要性。

控制是管理的四大职能之一，在管理活动中占有重要地位。控制的重要性主要体现在以下两个方面：一方面，控制活动提供了组织活动回到计划的关键联系。计划、组织、领导和控制四大职能顺次形成一个计划—控制链，如图 7－3 所示。控制环节既能保证前三个环节中行动的结果同计划目标相一致，不出现明显的偏差；又能在下一个循环中，保证计划制订得更加科学合理。另一方面，控制能监督目标是否按计划实现和上级的权力是否被滥用。在现代管理活动中，授权日益普遍。为保证授权者能够及时获悉被授权者对权力的运用情况，防止出现滥用权力等现象，控制就成为必然活动。

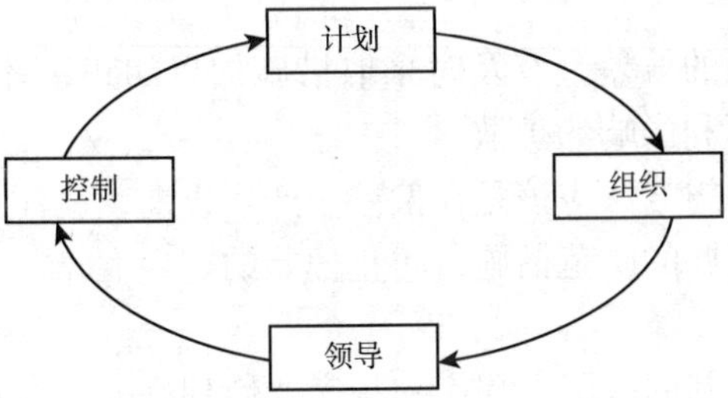

图 7－3　计划—控制链

四、控制的原则

为了使控制工作能真正发挥作用，在建立控制系统和实施控制行为的过程中，应该遵循以下控制原则：

1. 与计划相适应原则。

控制的目标是保证计划得到顺利实现。由于每项计划都有各自的特点和产生背景，也就要求与其对应的控制系统及控制工作，在控制标准、关键点、绩效衡量方法、矫正措施等方面，都必须依据不同计划的具体情况与特殊要求来设计和操作。

2. 战略要点原则。

战略要点是指与诸工作要素相互联系，并能综合、集中反映与统领制约这些工作因素的关键性环节。任何控制不可能面面俱到，事无巨细同等对待，而是应根据具体情况选择关键性环节实行重点控制以取得事半功倍的效果。把控制放在合适的战略要点上，还能透过这些战略要点，准确识别受控对象的实际状态，从而通过控制战略要点以实现控制全局，收到事半功倍的效果。

3. 例外原则。

例外原则是指管理者要特别注意例外偏差，即那些超出一般情况的特别好或特别差的情况。强调例外，就是要把控制工作着重于计划实施中的异常情况，针对异常偏差采取调整和纠正行动，而不是对所有的偏差进行调整和纠正。但是，对例外的关注，不应仅仅依据偏差的大小而定，还必须考虑相应的工作或标准的重要性，即强调例外和关键点相结合，关键点上的例外偏差是最应予以重视的。例如，管理费用高出预算5%可能对企业影响不大，而产品不合格率上升1%却可能造成产品滞销。

4. 灵活性原则。

在实施控制的过程中，控制的措施与方法应能根据实际的偏差情况及原因进行灵活调整。只有在控制设计中保持灵活性，才能保持控制的有效性。

五、有效控制的要求

1. 适时控制。

组织活动中产生的偏差只有及时采取措施加以纠正，才能避免偏差的扩大，或防止偏差对组织不利影响的扩散。

纠正偏差的最理想方法应该是在偏差未产生以前，就注意到偏差产生的可能性，从而预先采取必要的防范措施，防止偏差的产生。

2. 适度控制。

适度控制是指控制的范围、程度和频度要恰到好处。这种恰到好处的控制要注意以下几个方面的问题：

（1）防止控制过多或控制不足。

（2）处理好全面控制与重点控制的关系。适度控制要求组织在建立控制系统时，利用ABC分析法和例外原则等工具找出影响组织活动成果的关键环节和关键因素，并据此在相关环节上设立预警系统或控制点，进行重点控制。

3. 客观控制。

有效的控制必须是客观的、符合组织实际的。为此，控制过程中必须做到：

（1）要贯彻“实事求是”的思想，克服管理工作带有的主观成分。

（2）控制标准应客观、恰当。

（3）采用的检查、测量的技术和手段应能正确地反映被控制对象的活动状况及其变化。

4. 弹性控制。

组织在其活动过程中经常可能遇到某种突发的、无力抗拒的变化，这些变化使组织计划与现实条件严重背离。有效的控制系统应在这样的情况下仍能发挥作用，维持组织的运营，也就是说应该具有灵活性或弹性。

一般来说，弹性控制要求组织制订弹性的计划和弹性的衡量标准。

六、控制的类型

（一）事前控制、事中控制、事后控制

按控制的时点不同，控制可分为事前控制、事中控制和事后控制。如图7-4所示。

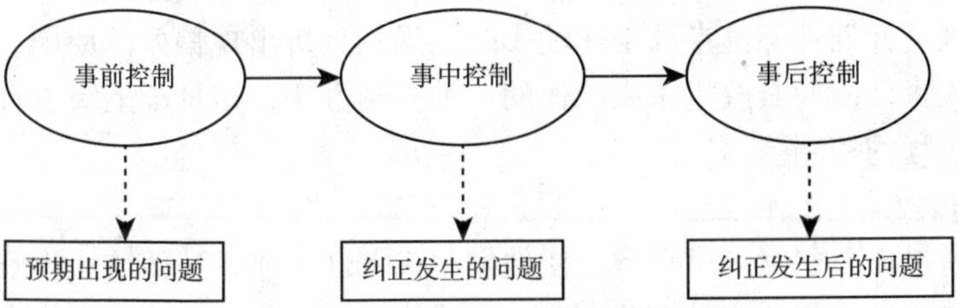

图7-4 三种控制类型

1. 事前控制。

又称为前馈控制或预先控制，是指为避免预期出现的问题与偏差，而在计划实施之前所采取的管理行动。事前控制主要是通过搞好资源配置，包括人员挑选与配置、物质技术设备、商品、材料等保证业务需要及资金的控制等。比如，航空公司进行的预防性飞机维护，就是用来发现和阻止可能导致发生意外的结构性损伤。再如，公司为了防止员工公差期间利用公款奢侈消费，制订的公差报销标准等都是事前控制的例子。

事前控制是未来导向的，它以预期为基础，它是管理者最渴望采取的控制类型。

2. 事中控制。

又称为同步控制或同期控制，是指在计划执行过程中，对所出现的问题与偏差进行及时调整和纠正的管理行动。事中控制不是指偏差的发生和纠正同时进行，而是指偏差发生后的短时间内，即可实施纠正行动，防止偏差导致大量资源浪费或重大损失。最常见的事中控制方式是直接视察。比如，管理人员巡视生产车间，发现有员工违规操作时，即刻纠正员工的错误行为；再如，生产车间的员工巡视生产线时，对小故障进行的及时修理和排除等都是事中控制的例子。

事中控制就是在工作过程中，一旦发生偏差，就马上予以纠正，保证本次活动尽可能少地发生偏差，改进本次而非下一次活动的质量。

3. 事后控制。

又称为反馈控制，是指计划执行完毕后，对计划执行结果与计划目标之间的偏差进行调整的管理行动。事后控制主要是通过财务分析、质量分析、绩效考核等手段，测定与分析产生的偏差，以改进下一个过程中的资源配置及运作过程。事后控制纠偏的对象不是测定出的各种结果，而是执行的下一个过程的资源配置和活动安排。比如，管理者对比年终销售额与年初销售目标，寻找并分析差距，以希望下年度能有所改进就是事后控制的例子。

控制的三种方式，不是决然分开的。事后控制得出的一些经验与结论可以用

于下个周期的事前控制；事中控制发现的各种问题，也可以给事后控制和下个周期的事前控制提供相关的信息和依据。管理者应该综合运用这几种控制方式，充分发挥其积极作用。

（二）间接控制与直接控制

按控制手段的不同可以将控制分为间接控制和直接控制。

1. 间接控制。

是指根据计划和标准考核工作的实际结果，分析出现偏差的原因，并追究责任者的个人责任以使其改进未来工作的一种控制方法，多见于上级管理者对下级人员工作过程的控制。

2. 直接控制。

是指通过提高主管人员素质，使他们改善管理工作，从而防止出现因管理不善而造成的不良后果的一种控制方式。

这种控制模式的特点是通过培训等形式，着力提高主管人员的素质和责任感，并在控制过程中实施自我控制。

（三）程序控制与跟踪控制

根据确定控制标准 Z 值的方法，可以将控制过程分为程序控制和跟踪控制。

1. 程序控制。

程序控制是指在已知系统的状态变量和控制变量的前提下，预先确定出控制变量的时间序列，保证系统状态的时间序列沿着既定的步骤运行的一种控制方式。

在企业生产经营活动中，大量的管理工作都属于程序控制性质。例如计划编制程序、统计报告程序、信息传递程序等都必须严格按事前规定的时间进行活动，以保证整个系统行动的统一。

2. 跟踪控制。

跟踪控制是在某些情况下，系统的预定状态随时间变化的规律预先并不知道，而应在实际控制过程中按某些外部信息来确定。

在企业生产经营活动中，税金的缴纳，利润、工资、奖金的分配，资金、材料的供应等都属于跟踪控制性质。例如，企业产品的销售额是先行量，税金是跟随量，控制标准就是各税种的税率，这是一种动态的跟踪控制。国家通过制定各种税种和税率，就可有效地控制国家与企业在经济利益上的分配关系。随着企业生产的情况，销售额增减，国家的税金收入也水涨船高，水降船落。

七、控制的基本前提

组织中的控制活动是通过组织的控制系统来完成的，控制系统主要包括控制的目标、控制的主体、控制的对象、控制的方法和手段。主管人员建立和维持一个控制系统，必须要先具备一系列的前提条件，这是由控制活动本身的特点所决定的。

（一）控制要围绕组织目标进行

组织管理的整体目标规定了控制活动的内容和方向，控制要为实现目标服务。所以，控制要以目标为中心，紧紧围绕目标进行，当环境变化必须改变决策目标时，控制工作也要跟随目标做相应的改变。

（二）控制的核心是反馈

反馈是指系统的输出信息传送到输入端，与输入信息进行比较，并根据二者的偏差进行控制的过程。如果反馈使得受控系统的输入对输出的影响增大，导致系统更大的偏差，这种反馈称正反馈；如果反馈使得受控系统的输入对输出的影响减少，使系统偏离目标的现象收敛，这种反馈称为负反馈。一般利用负反馈使系统保持稳定性，以合乎给定的目标。管理系统的反馈如图 7－5 所示。

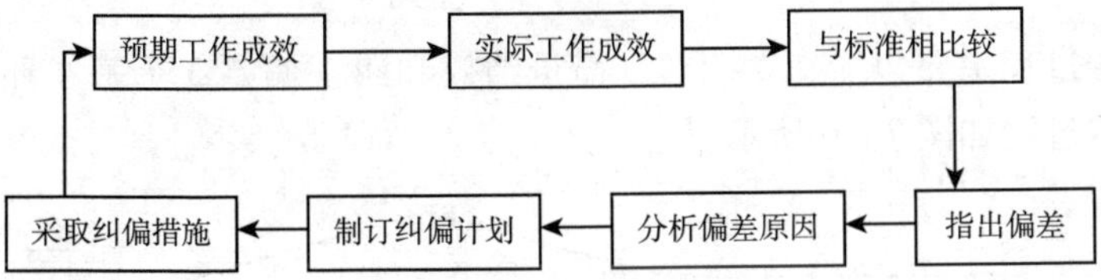

图 7－5 反馈示意

（三）控制要有计划

在运用控制方法或建立控制系统之前就必须先有计划，控制是建立在计划基础之上的。计划拟订得越明确、越全面、越完整，控制工作就会越有效。控制和计划是一对“孪生兄弟”，是互相依存的。没有计划，控制就没有目标；没有控制，计划也得不到保障。

（四）组织要有明确的组织结构

控制工作的目的就是发现偏差、纠正偏差，进而保证组织目标的实现，所以我们必须知道一个组织中应由谁来对计划执行中的偏差负责，应由谁来采取措施纠正这一偏差。通过建立专职控制职能的组织机构，配备专门的人员并规定其权力和责任，可解决由谁来控制的问题。如制定标准的工作可以由计划人员来做；收集信息、分析偏差和造成偏差的原因工作可以由财务人员、统计人员、销售人员来完成。但是，采取纠偏措施的职责，必须由直线主管人员来履行，因为他们掌握着直线职权，承担着实现组织目标和计划的主要责任。组织结构越明确、越完整，控制工作就越有效。

（五）控制的基础是信息

一切信息的传递是为了控制，而一切控制又都有赖于信息的传递，信息是经过加工处理后对组织目标实现有参考价值的数据。在当今“信息爆炸”的时代，管理者要提高控制工作的效率和效果，必须能够对信息进行有效管理，使信息能够及时、准确、适用、经济地提供给组织的各级管理人员及其他相关人员。这是一项很艰巨的工作，通常借助管理信息系统（MIS）、决策支持系统（DDS）等计算机化的强有力手段。

（六）科学的控制方法和手段

控制的目标是使实际运行情况和计划方案相一致。而实际运行情况却需要通过一定的控制方法才能得到，如果发现偏差，纠偏措施也要通过一定的控制方法和手段来实现。在实际控制过程中，应根据具体的控制目标，采取相应的控制方法，才能取得较好的控制效果，否则就会事倍功半。

八、控制的基本过程

控制的过程主要包括确立标准、衡量绩效和纠正偏差 3 个基本环节的工作。控制的基本过程如图 7－6 所示。

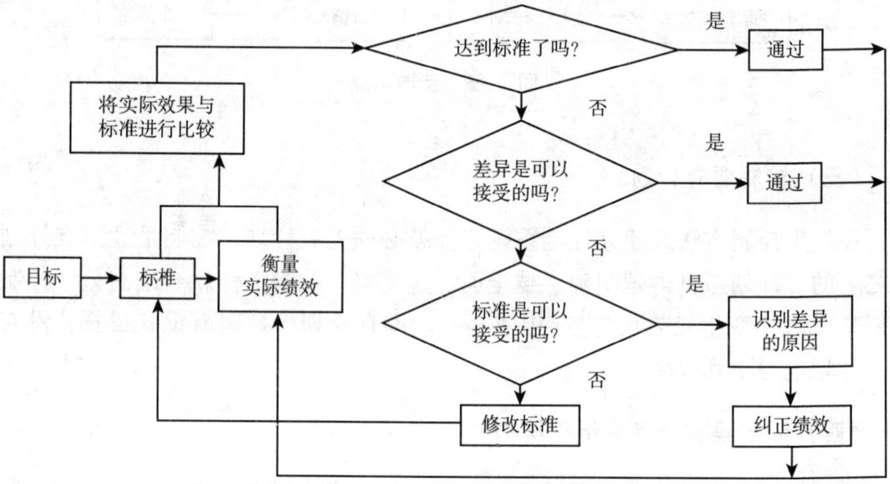

图 7－6　控制的基本过程

（一）拟订标准

标准是衡量实际或预期工作成果的尺度。由于计划工作是进行控制的依据，因此从逻辑上讲，控制过程的第一步是制订计划。

控制标准是从一个完整的计划中遴选出来的，对工作成果的衡量具有重要意义的关键点。从计划中选择关键控制点的能力是一种艺术，有效的控制取决于这种能力。

最理想的控制标准是可考核的标准。常用控制标准有：

1. 实物标准，或物理标准。

实物标准是非货币形式的衡量标准，普遍使用于基层单位，如使用原材料、雇用劳动力、提供产品或服务等的标准。从某种意义上讲，实物标准是计划工作的基石，也是控制的基本标准。

2. 费用标准，或成本标准。

费用标准是货币形式的衡量标准。费用标准是以货币价值来衡量因作业造成的消耗，即作业消耗的货币价值形式。同实物标准一样，费用标准也适用于基层单位。

3. 资金标准，或资本标准。

这是费用标准的变种，是用货币来计量实物项目而引起的。资金标准与投入一个组织的资金有关，而与经营费用无关。如投资回收率、流动比率、资产负债率等。资金标准与损益表无关。

4. 收入标准，或收益标准。

收入标准是销售额的货币价值形式。

5. 计划标准，或程序标准。

在一些工作或任务的评价中需要运用主观判断，时间或其他因素通常被作为客观的判断标准。

6. 无形标准。

一些问题要建立清晰的定量和定性标准是极其困难的。例如，主管人员对下属的人事科长或医务主任的能力的评价。在任何一个组织中，都存在着许多无形标准。在这些情形下，主观判断、反复试验、直觉便成为衡量的依据。

（二）衡量成效

这一阶段的具体内容包括：确定衡量的手段和方法；落实进行衡量和检查的人员；通过衡量对比过程获得偏差信息，即确定实际业绩是否满足了预定或计划的标准。

按照标准来衡量实际成效的最好办法应当建立在向前看的基础上（即事前控制），这样可使差错在其实际发生之前就被发现并采取适当的措施加以避免。富有经验与远见的主管人员常常能预见可能出现的偏差。

有些工作其成效是很难精确衡量的，甚至其标准也是难以精确确定的。在这种情况下，尽量要拟定一些可考核的标准，用定量的或定性的“有形”标准去取代那些无形的、笼统的、往往掺杂着许多主观因素的标准。

（三）纠正偏差

纠正偏差是控制的关键，体现了执行控制职能的目的。这一阶段可具体分为两个环节：

1. 纠偏措施。

当实际业绩（产出）与计划（预定）的业绩标准发生重大差异时，必须采取特殊的行动去纠正这些情况。下面是纠偏措施的重要步骤：

（1）经营阶段。及时调查偏差原因；决定所需纠偏措施；根据决策，对纠正情况及时予以指导；紧密监督纠偏措施，从而确保它是根据指导的要求得以实行的，并确保其有效性。

（2）行政管理阶段。调查重复出现的问题，确定对此负有责任的人为或物质的基本因素；根据情况的要求，采取积极的或消极的惩罚措施；制订创造性计划防止偏差情况的重复出现；认清所处的环境状况，并引入已计划好的措施。

2. 贯彻阶段。

仅仅建议纠偏措施是不够的，我们必须建立具体的程序，并清晰地分配责任以确保纠偏措施得以贯彻执行。

在现代管理活动中，无论采取哪种方法来进行控制工作，其基本目的是要“维持现状”，即通过有效控制，实现既定目标。

控制工作要达到的第二个目的，是要“打破现状”，即通过有效的控制，使组织适应环境的新变化、新趋势，开创组织发展的新局面。为此，就需要打破现状，修订既定的计划，确定新的发展目标和管理控制标准，使之更先进、更合理。

在一个组织中，往往存在两类问题，一类是经常产生的、可迅速而直接影响组织发展的“急性问题”，另一类是长期存在于组织中、影响组织发展潜力的“慢性问题”。解决急性问题大多是为了维持现状，而打破现状，主要是为了解决慢性问题。要打破现状，解决慢性问题，是需要一定时间的。这段活动时间就叫“管理过程突破”。

此外，在管理过程突破中，还必须注意“问题的诊断”和变革过程中的“克服阻力”。

管理情景分析 7－1

任务二　掌握管理控制方法

【管理情景 7－2】

听故事悟原理（破窗理论）

某著名快速消费品厂商营销督导实施状况

国内某著名快速消费品企业在快速发展过程中，为进一步规范市场行为，该企业在2012年进行一次市场大变革，为保证企业新型政策的不变形，专门设立了由市场部直控的市场督导队伍。督导队伍的成立确实对此政策的有效执行起了很大作用。但时至今日，督导的负面作用也逐步暴露出来：

1. 企业抽出的人部分督导人员没有一线工作经验，学历高，但业务素质低，只查问题，不找方法，找出了分公司（办事处）和业务人员工作上、生活上的许多小问题，而一些对市场影响较大，隐藏较深的根本性问题却没能查出来。

2. 造成分公司穷于应付“钦差大臣”——总部督导人员（由于督导人员直接受上级领导直控，而分公司经理的职位又是一票否决制，只要出现问题，立即下课），影响到分公司正常业务的开展。

3. 有些督导人员和分公司人员相处时间长了，比较熟悉，就共同掩盖存在的问题，共同欺骗上级领导。

4. 督导人员让分公司请吃请喝，买车票……谁来检查督导人员?

5. 由于没人监督，督导人员不去分公司查问题，出差成了免费旅游。

6. 督导人员以后还有可能分到公司做业务员，如果查出某一公司的问题后，担心以后分公司经理报复，干脆查出问题也不上报；分公司人员穷于应付督导人员，由于督导人员由市场部垂直领导，加上分公司对上沟通有限，因此对于督导人员的不合理要求，也是敢怒不敢言。

最终，形成了一个恶性循环。分公司的人员为了应付各位“钦差大臣”，就请督导人员吃喝，从而达到掩盖问题，渡过难关的目的，督导人员为了不得罪人，也不认真查问题，最终导致整个销售团队风气恶化，士气低落。分公司业务人员不再去积极主动开发市场，寻找完成市场和销售任务的办法，而是去找如何掩饰问题的办法和如何搞好督导人员的关系。

请思考：

1. 你认为造成督导失控的原因有哪些?
2. 你认为应如何完善督导控制系统?

一、财务控制

财务控制，是指组织对组织财务活动的控制，也就是对资金的取得、投放、使用和分配的控制。资金是组织的血液，组织的运行离不开资金的运动。常见的财务控制方法有预算控制、财务分析和财务审计。

（一）预算控制

1. 预算的内容。

预算是一种计划，是用数字编制的反映组织在未来某一时期的工作计划，预算通过财务形式把计划数字化，并把这些计划分别落实到组织的各层次和各部门中去，这样预算和计划相联系，且与组织系统相适应，能达到实施管理控制的目的。

预算控制就是根据预算规定的收入与支出标准来检查和监督各个部门的生产经营活动，以保证各种活动或各个部门在完成既定目标、实现利润的过程中对经营资源的利用，从而使费用支出受到严格有效的约束。

预算控制的内容一般包括：

（1）深入了解组织在过去财政年度的预算执行情况和组织在未来年度的发展战略规划，以此作为组织制定预算的重要依据。

（2）围绕组织的发展战略规划和企业内外环境条件，制定组织的总预算，主要包括收入总预算、支出总预算、现金流量总预算、资金总预算等，并编制组织的预算资产负债表。

（3）将组织总预算中确定的任务层层分解，由各个部门、基层单位以及个人参照制定本部门、本岗位的预算，上报组织高层管理部门。

（4）组织高层决策者在综合组织各个部门的上报预算之后，调整部门预算，甚至调整总预算，最终确定预算方案，并下发各部门。

（5）组织贯彻落实预算确定的各项目标，在实施过程中予以监控，及时发现问题并采取相应的措施。

2. 预算控制的优缺点。

预算的实质是用统一的货币单位为组织各部门的各项活动编制计划。预算的优点主要体现在：

（1）明确工作目标。

（2）协调部门关系。

（3）控制日常活动。

（4）考核业绩标准。

3. 预算的缺点。

（1）它无法用货币计量组织文化、组织形象等重要企业活动。

（2）预算通常是参照上期的预算项目和标准制定的，从而忽视本期活动的实际需要。

（3）预算不能适应变化了的外部环境，进而可能会束缚管理者的行动。

4. 现代预算方法。

现代预算方法主要包括弹性预算、程序性预算以及零基预算。

（1）弹性预算。预算是针对未来计划活动所实施的资源分配，而未来的环境是不断变化的。为使预算适应将来可能出现变化的环境，在编制预算中必须注意预算的弹性问题。实行弹性预算的方法主要包括变动预算和滚动预算。

变动预算是指根据不同的预期产量，编制变动成本不同的预算方法。我们知道，成本一般分为固定成本和变动成本。固定成本在一定时期内是不变的，不随产量的变化而变化；变动成本则随着产量不同而变化。变动预算就是根据产品成本的这个特征，根据预期产量，只调整相应的变动成本的预算。

滚动预算是指先确定一定时期的预算，然后每隔一定时间，就要定期修改以使其符合新的情况，从而形成时间向后推移一段的新预算。

（2）程序性预算。程序性预算是按照制订计划——编制程序——制定预算这个步骤进行预算的方法。程序性预算完全是以计划为基础的，按照计划目标的实际需要来分配资源，使资源最有效地保证目标的实现。

（3）零基预算。零基预算是指在制定某项职能预算时从零起点开始其预算过程，即每次的预算都是重新由零开始编制预算。预算人员采用零基预算，可以根据各项活动的实际需要安排各项活动以及各个部门的资源分配和收支。零基预算的缺点是预算编制的工作量大，费用高。

（二）财务分析

财务分析是运用财务报表数据对组织过去的财务状况和经营成果及未来前景的一种评价，它包括财务比率分析和经营比率分析。

1. 财务比率分析。

财务比率分析可以帮助我们了解组织的偿债能力和盈利能力等财务状况。

（1）流动比率。流动比率是组织的流动资产与流动负债之比。它反映了组织偿还需要付现的流动债务的能力。一般来说，组织资产的流动性越大，偿债能力就越强；反之，偿债能力则弱，这样会影响组织的信誉和短期偿债能力。

（2）速动比率。速动比率是速动资产（流动资产和存货之差）与流动负债之比。该比率和流动比率一样是衡量组织资产流动性的一个指标。当组织有大量存货且这些存货周转率低时，速动比率比流动比率更能精确地反映客观情况。

（3）负债比率。负债比率是组织总负债与总资产之比。它反映了组织所有者提供的资金与外部债权人提供的资金的比率关系。一般来说，在经济迅速发展时期，债务比率可以很高。

（4）盈利比率。盈利比率是组织利润与销售额或全部资金等相关因素的比例关系。它们反映了组织在一定时期从事某种经营活动的盈利程度及其变化情况。常用的比率有销售利润率和资金利润率。

销售利润率是销售净利润与销售总额之间的比例关系，它反映组织从一定时期的产品销售中是否获得了足够的利润。将组织不同产品、不同经营单位在不同时期的销售利润率进行比较分析，能为经营控制提供更多的信息。

资金利润率是指组织在某个经营时期的净利润与该期占用的全部资金之比，它是衡量组织资金利用效果的一个重要指标，反映了组织是否从全部投入资金的利用中实现了足够的净利润。同销售利润率一样，资金利润率也要同其他经营单位和其他年度的情况进行比较。一般来说，要为组织的资金利润率规定一个最低的标准。同样一笔资金，投入到组织活动后的净利润收入，至少不应低于其他投资形式（比如购买短期或长期债券）的收入。

2. 经营比率分析。

经营比率，也称活力比率，是与资源利用有关的几种比例关系。它们反映了组织经营效率的高低和各种资源是否得到了充分利用。常用的经营比率有 3 种：

（1）存货周转率。存货周转率是销售总额与存货平均价值的比例关系，它反映了与销售收入相比存货数量是否合理，表明了投入存货的流动资金的使用情况。

（2）固定资产周转率。固定资产周转率是销售总额与固定资产之比，它反映了单位固定资产能够提供的销售收入，表明了组织资产的利用程度。

（3）销售收入与销售费用的比率。这个比率表明单位销售费用能够实现的销售收入，在一定程度上反映了组织营销活动的效率。

反映经营状况的这些比率也通常需要进行横向的（不同组织之间）或纵向的（不同时期之间）比较，才更有意义。

（三）财务审计

审计是对反映组织资金运动过程及其结果的会计记录及财务报表进行审核、鉴定，以判断其真实性和可靠性，从而为控制和决策提供依据。根据审查主体和内容的不同，可将审计划分为 3 种主要类型：

1. 外部审计。

外部审计是由外部机构（如会计师事务所）选派的审计人员对组织财务报表及其反映的财务状况进行独立的评估。

外部审计实际上是对组织内部虚假、欺骗行为的一个重要而系统的检查，因此起着鼓励诚实的作用。

2. 内部审计。

内部审计提供了检查现有控制程序和方法能否有效地保证达成既定目标和执行既定政策的手段。

根据对现有控制系统有效性的检查，内部审计人员可以提供有关改进公司政策、工作程序和方法的对策建议，以促使公司政策符合实际，工作程序更加合理，作业方法被正确掌握，从而更有效地实现组织目标。

3. 管理审计。

外部审计主要核对组织财务记录的可靠性和真实性，内部审计在此基础上对企业政策、工作程序与计划的遵循程度进行测定，并提出必要的改进组织控制系统的对策建议，管理审计的对象和范围则更广，它是一种对组织所有管理工作及其绩效进行全面系统地评价和鉴定的方法。管理审计虽然也可组织内部的有关部门进行，但为了保证某些敏感领域得到客观的评价，组织通常聘请外部的专家来进行。

管理审计的方法是利用公开记录的信息，从反映组织管理绩效及其影响因素的若干方面将企业与同行业其他组织或其他行业的著名组织进行比较，以判断组织经营与管理的健康程度。

二、人员控制

管理控制中最主要的方面就是对人员的行为进行控制。

（一）人力资源管理控制

现代组织之间的竞争，归根结底，是组织人力资源优劣的竞争。

人力资源管理控制，具体是指对人力资源的获得、开发、保持和利用等方面所进行的计划和控制的活动。

人力资源管理控制的基本任务主要包括以下方面。

1. 通过规划、组织、调配、招聘等方式，保证一定数量和质量的劳动力和各种专业人才，满足企业发展的需要。

2. 通过各种方式和途径，有计划地加强对员工的培训，不断提高他们的文化知识和技术业务水平。

3. 结合每一个员工的具体职业生涯的发展目标，做好对员工的选拔、使用、考核和奖惩工作。

4. 采取各种措施，包括思想教育、合理安排和关心员工的生活及物资利益等，激发员工的工作积极性。

5. 根据现代组织制度要求，考核员工工作绩效，根据员工的工作绩效的大小和优劣，做好工资、福利等工作，协调劳资关系。

（二）监督检查

这是管理控制中不可缺少的控制方式之一。

由于监督检查是一种直接的、面对面的控制，因此，上级管理人员获得的信息具有相当高的真实性和及时性，这能从根本上保证控制工作的有效性；另外，监督检查还有助于上级管理人员与下级人员之间的沟通与了解，有利于营造良好的组织氛围。

当然，上级管理人员也必须注意监督检查可能引起的消极作用。如果未能被下级人员所理解，其自尊心会因此受到伤害而产生消极情绪。

（三）人员绩效评估

对人员的行为和绩效进行评价，绩效评定方法已在项目四任务五介绍。

三、质量控制

（一）质量与质量控制

所谓质量，有广义和狭义之分：狭义的质量仅指产品的质量；广义的质量除了产品质量，还包括工作质量。产品质量是指产品满足消费者需要的功能与性质。这些功能与性质具体体现在以下五个方面：性能、寿命、安全性、可靠性和经济性。工作质量是指组织为了保证和提高产品质量，在经营管理和生产技术工作方面所要达到的水平。工作质量是产品质量的保证，因此，在一定意义上讲，提高工作质量比提高产品质量更为重要。

质量控制是对达到质量要求所必需的全部职能活动的控制，包括质量标准和质量计划的制订以及对所有产品、过程和服务方面的质量形成过程的监督和控制，其中还包括为保证和控制质量而进行的组织设计。质量控制是组织活动过程控制的一个重要环节，其根本目的在于保证组织的产品或所提供的服务达到一定的质量水平，以满足顾客需要，维持或提高自己的市场占有率，从而保证企业的生存和发展。

（二）全面质量管理

在组织质量控制活动中，目前普遍采用的是全面质量管理。它是由组织全体人员参加，用全优的工作质量去保证生产全过程质量的管理控制活动。

全面质量管理具有如下特点：

1. 实行全过程管理。

强调将质量思想贯穿于从用户调查、产品开发直至生产、销售、售后服务的全过程中，实行全过程管理。

2. 全部工作保证。

产品是经由一系列的工作完成的。对产品质量的控制不能只着眼于产品本身，而应着眼于产品赖以形成的全部工作，对工作的质量进行控制。这就是要建立一个包括全部相关的工作过程或阶段在内的质量保证体系。

3. 全员参加。

即组织的全体员工都要参与质量管理。只有每一个员工都树立了质量思想，积极参与了质量管理，全面质量管理才能真正收到效果。

（三）全面质量管理的科学程序

全面质量管理活动最基本、最重要的工作程序是 PDCA 循环，它是提高产品质量和管理工作质量的有效手段。所谓 PDCA 循环，就是在质量控制和管理活动中，将其分为计划（plan）、实施（do）、检查（check）、处理（action）四个阶段。其主要内容包括 4 个阶段、8 个具体工作步骤。

1. 计划阶段。

计划阶段拟定质量标准和质量目标，制订活动计划、管理项目和措施方案。其中，又包括 4 个具体步骤：

（1）分析现状，找出存在的质量问题。

（2）分析产生问题的原因。

（3）找出主要原因。

（4）拟订措施，制订计划。

2. 实施阶段。

将制订的计划和措施具体组织实施和执行。

3. 检查阶段。

把实际执行的结果与预定的计划目标进行比较，找出偏差，分析成功的经验和失败的教训。

4. 处理阶段。

将取得的成绩肯定下来，并制定成标准加以巩固。没有解决的遗留问题则转入下一个 PDCA 循环。

在进行质量控制时，可采用的工具和技术有很多，如统计分析表法、分层法、直方图法、排列图法、控制图法、因果分析图法、相关图法等。

管理控制除上述几个应用较为广泛的领域外，还包括同样重要的成本控制、库存控制、进度控制、信息控制等领域。

管理情景分析 7－2

测一测心有底

管理情景讨论和能力训练一

项目工作任务书

项目名称	编制工作总结与工作计划
项目负责人	
项目组成员	
项目情景	管理学老师在上课中，向同学们介绍管理学中有个“不值得定律”，不值得定律告诉人们：一流的人做一流的事情，不值得做的事情，坚决不做。这个定律似乎再简单不过了，但它的重要性却时时被人们疏忘。很多人的习惯就是觉得每一件事情都很重要，每一件事情都需要完成，有时为了一件很小的事情，在那儿找资料，打电话求证，反复研究对比，但实际上事后仔细一分析，这件事情对他今天的工作，是无关紧要的，根本不值得花很多时间去处理。因此，在日常生活中，我们不要眉毛胡子一把抓，这样会很累人的。 一个学期很快就要过去了，老师要求同学们总结这一学期所做的工作，检验自己是否违背了“不值得定律”，并制订下学期的工作计划。
项目目标	提交一份本学期工作总结和下学期工作计划要点。
项目工作内容和方法	1. 每个成员独立完成以下工作： (1) 回顾：把你一学期来所做的事情列出来。 (2) 想想：你这学期来所做的这些事情对你的将来有帮助吗（符合你的价值观吗）? (3) 思考：你在做这些事情的时候开心吗? (4) 分析：你有哪些事情没有做好？你觉得应该怎样改进你的工作? 2. 以小组（5~9人一组）为单位，交流讨论一学期所做的工作是否存在问题，谈谈改进的思路?
学习目标	通过训练，加深对控制职能的感性认识，树立在学习和生活中进行自我控制的意识。培养对控制系统的观察和分析及对实际工作进行有效控制的初步能力。
学习提示	运用“不值得定律”原理，科学制订工作计划并实施。
说明	

项目活动计划与评价表

<table>
<tr><td colspan="4">项目名称</td><td colspan="6"></td></tr>
<tr><td colspan="4">项目负责人</td><td colspan="6"></td></tr>
<tr><td colspan="4">项目组成员</td><td colspan="6"></td></tr>
<tr><td colspan="4">项目实施时间</td><td colspan="6"></td></tr>
<tr><td rowspan="5">项目计划与成果</td><td colspan="3">项目实施计划</td><td colspan="6">包括（但不限于）：计划目标、实现计划目标的要素、计划进度。</td></tr>
<tr><td colspan="3">工作方案</td><td colspan="6">包括（但不限于）：工作流程、阶段任务、工作思路、工作方法措施。</td></tr>
<tr><td colspan="3">项目成果</td><td colspan="6"></td></tr>
<tr><td colspan="3">收获与建议</td><td colspan="6"></td></tr>
<tr><td colspan="3">说明</td><td colspan="6"></td></tr>
<tr><td rowspan="5">工作评价</td><td colspan="3" rowspan="2">团队及成员</td><td rowspan="2">团队</td><td colspan="5">成　员</td></tr>
<tr><td>1.</td><td>2.</td><td>3.</td><td>4.</td><td>5.</td></tr>
<tr><td rowspan="3">评语与成绩</td><td rowspan="2">团队评价</td><td>评价</td><td></td><td></td><td></td><td></td><td></td><td></td></tr>
<tr><td>成绩</td><td></td><td></td><td></td><td></td><td></td><td></td></tr>
<tr><td>教师评价</td><td>综合评价</td><td></td><td></td><td></td><td></td><td></td><td></td></tr>
</table>

管理情景讨论和能力训练二

项目工作任务书

项目名称	培养计划和控制能力
项目负责人	
项目组成员	
项目情景	小赵进入大学时就决定要参加英语过级考试，于是他为自己制订了一个学习计划，但总是完不成，他总是觉得自己的时间不够用。再过两个月就要参加英语过级考试了，小赵很苦恼，于是，向好朋友小蔡求救，小蔡是工商管理专业的学生，他说小赵的状况是一种典型的“有计划无控制”。小蔡建议小赵重新为自己制订一个计划，并严格按海尔的“日事日毕，日清日高”原则，“每日三省我身”，小赵按照小蔡的建议做了，发现自己的英语学习进步非常快。两个月后，顺利通过了英语四级考试。
项目目标	分析新任命的部门经理没有完成预算目标的原因及改进方案。
项目工作内容和方法	1. 每个成员独立思考以下问题： （1）你制订学习计划了吗？ （2）你制订的学习计划完成吗？如果没有完成，请思考原因是什么？ （3）再过两个月要参加英语考试了，请你制订一份学习计划并列出确保完成计划的措施？ 2. 在每位成员独立思考以上问题的基础上，再以小组（5～9 人为一组）为单位交流讨论你们的学习计划和确保计划完成的措施。
学习目标	通过训练，加深对控制重要性的感性认识，培养设计和运用控制方法的初步能力。
学习提示	
说明	

项目活动计划与评价表

<table>
<tr><td colspan="4">项目名称</td><td colspan="6"></td></tr>
<tr><td colspan="4">项目负责人</td><td colspan="6"></td></tr>
<tr><td colspan="4">项目组成员</td><td colspan="6"></td></tr>
<tr><td colspan="4">项目实施时间</td><td colspan="6"></td></tr>
<tr><td rowspan="5">项目计划与成果</td><td colspan="3">项目实施计划</td><td colspan="6">包括（但不限于）：计划目标、实现计划目标的要素、计划进度。</td></tr>
<tr><td colspan="3">工作方案</td><td colspan="6">包括（但不限于）：工作流程、阶段任务、工作思路、工作方法措施。</td></tr>
<tr><td colspan="3">项目成果</td><td colspan="6"></td></tr>
<tr><td colspan="3">收获与建议</td><td colspan="6"></td></tr>
<tr><td colspan="3">说明</td><td colspan="6"></td></tr>
<tr><td rowspan="5">工作评价</td><td colspan="3" rowspan="2">团队及成员</td><td rowspan="2">团队</td><td colspan="5">成　员</td></tr>
<tr><td>1.</td><td>2.</td><td>3.</td><td>4.</td><td>5.</td></tr>
<tr><td rowspan="3">评语与成绩</td><td rowspan="2">团队评价</td><td>评价</td><td></td><td></td><td></td><td></td><td></td><td></td></tr>
<tr><td>成绩</td><td></td><td></td><td></td><td></td><td></td><td></td></tr>
<tr><td>教师评价</td><td>综合评价</td><td></td><td></td><td></td><td></td><td></td><td></td></tr>
</table>

案例分析

案例一　Sin-Tec 企业①

资料：

Sin-Tec 企业的总经理乔治·谭就其产品印刷电路板的销路到欧洲同买主建立联系后返回了新加坡。同往常一样，他的邮件箱里有几十封未读信件。但是他却没有时间浏览并处理这些信件有关产品发送、抱怨和其他内部问题。

正当乔治埋头于这些信件时，工厂经理和财务经理来到了他的办公室。他们来这里是由于乔治的盛怒：

“为什么没有人告诉我，我们公司究竟发生了什么？为什么我未能知道周围发生了什么？为什么我始终一无所知？我没有时间去浏览所有这些文件并了解问题。没有一个人告诉我我们的企业是如何运作的，而且我似乎从没有听说过我们的问题，直到它们变得相当严重。我要求你们两位制定一个系统从而使我能持续及时得到信息。我对一无所知已经很厌倦了，特别是那些我必须知道的事情。”

当两位经理返回他们的部门时，工厂经理对财务经理说：“每一件乔治想知道的事都在他桌上的那堆报告之中。”

问题：

1. 乔治说“我一无所知”对吗？
2. 为了让乔治持续得到信息，需要哪种控制系统？
3. 对于乔治来说，设计一个控制系统应该有哪些方面的考虑？

提示：

用控制类型和控制过程的相关理论进行讨论。

案例分析
参考答案

案例二　源源不断的好咖啡上市了②

资料：

在美国最大的咖啡集散码头新奥尔良市，有一家公司正以新的技术，新的管理方式使古老而又时尚的咖啡流向世界各地，这就是迭戈·帕克里尼的咖啡筒公司，一个全程都由计算机控制的咖啡存储公司，它集搬运、存储、加工于一体，真正体现了传统与现代技术的交融。

咖啡筒公司建于 1933 年，起初仅仅是一家中转各种各样货物的小公司，即把货物从各地运来，再发往需要货物的地方。现在，该公司仍然专营物流业务，但以咖啡为主，它运送咖啡的方式完全是以高科技的方式完成。为什么咖啡筒公司愿意为一样看上去很简单的商品投巨资呢？主要的原因是消费者希望他们买的每一种每一罐咖啡都能保持相同的香味。然而，咖啡是一种自然生长的作物，含

---

① 改编自百度文库，https：//wenku. baidu. com/view/9fbec238376baf1ffc4fad77. html.
② 引自原动力文档，https：//max. book118. com/html/2015/1109/28966123. shtm.

有杂质等缺陷，事实上每一茬咖啡豆都不相同。因此，要得到具有相同香味的咖啡豆就必须找到某种方式控制咖啡的混合。咖啡筒公司通过使用信息系统的技术和计算机控制技术从容应对了这一挑战。

摩西·特马是公司的信息和资源部经理，他负责控制咖啡混合的过程。咖啡豆从世界各地源源不断运来，先储入咖啡筒公司自己的仓库，平均每星期约有1000万磅的咖啡要混合（约每年400万袋），咖啡从来没有在咖啡筒公司的工厂里待过一星期以上。一旦完成存储和混合阶段，咖啡就立即被打包成各种各样的规格，运送到咖啡烘焙公司。咖啡筒公司每一次在流水设备上的加工数目总在3500万~4000万磅。如果考虑到每一磅咖啡的价格，你可能会疑惑，该公司为存储这些咖啡要花多少钱哪？其实，咖啡筒公司从来就不是这些咖啡的货主，这些咖啡属于不同的咖啡烘焙公司和咖啡经纪人所有，而经纪人最终也把咖啡送到烘培公司。

至于新奥尔良的所有设备均从意大利进口，那里也是公司一开始发展这类技术的地方。迭戈·帕克里尼是公司创始人的儿子，同时也是新奥尔良工厂的经理。他说，技术对于像他们这样的行业来说至关重要，因为它确保公司能生产出客户（即咖啡烘焙公司）所需要的各种各样香型的咖啡，并且能最大化地如此组织生产，并能控制混合过程。对混合出来的每一种咖啡，公司员工收到连续的统计报告，报告使他们能检查出同一等级的品种是否具有相同的指标，正是这一点保证了产品最终到达消费者手中时，其香味没有变化。

你可能会认为，如此高科技控制，公司为此一定投资不小吧？并非如此。公司为应对咖啡混合过程中如何保持统一的纯度这一挑战而使用的技术相当简单，事实上，这些技术设备的投资额只占当初工厂总投资额的1%。

案例分析
参考答案

问题：

1. 请详细叙述你在本案例中看到了哪种类型的控制？
2. 你将如何使用此案例论证计划和控制之间的联系？
3. 咖啡筒公司自己并不拥有它混合的咖啡，为什么控制却很重要？
4. 请简述有效控制一定投资很大吗？

提示：

用控制类型、控制的作用与重要性等相关理论进行讨论。

项目八

培养创新与创业能力

教学课件

课程思政

目标描述

知识目标：本项目介绍创新及创业。通过学习，应能够掌握创新和创业的定义；理解创新的类型和内容，创业的意义和风险；熟悉创新的原则、过程和组织管理，创业的过程和相关工作。

技能目标：通过本项目学习和训练，能够清楚创新的组织过程并能够组织和管理创新工作，能进行初步创业。

工作任务分解（WBS）（见图8-1）

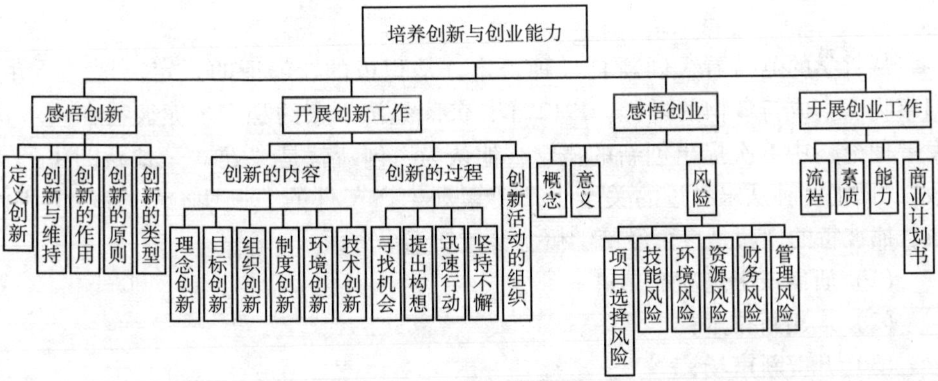

图8-1

任务一　感悟创新

听故事
悟原理
（愚人熬汤）

【管理情景 8－1】

青蛙实验

19 世纪末，美国康奈尔大学做过一次有名的青蛙实验。他们把一只青蛙突然丢进煮沸的油锅里，在那千钧一发的生死关头里，青蛙用尽全力，一下就跃出了滚烫的油锅，跳到锅外的地面上，安全逃生。

半小时后，他们便用同样的锅，在锅里放满冷水，然后把那只死里逃生的青蛙放到锅里，接着用炭火慢慢烘烤锅底。青蛙悠然地在水中享受“温暖”，等到感觉到热度它已经坚持不住，必须奋力逃命时，却发现为时已晚，欲跃乏力。青蛙全身瘫痪，终于葬身在热锅里。

请思考：青蛙实验结果并说明其意义。

随着环境复杂性程度的提高，管理环境动态性特征越来越显著。在动态环境中生存的社会经济系统，仅维持是不够的，还必须不断对组织活动进行调整，以适应环境变化的要求，这就是经常被人们所忽视的管理的“创新职能”。

一、定义创新

从哲学的范畴看，创新是一种否定，是积极的、辩证的否定，是“扬弃”旧事物、生成新事物的过程。1912 年，美国经济学家约瑟夫·熊彼特在《经济发展理论》中首次提出创新的概念，他认为，创新就是“建立一种新的生产函数”，即把一种从未有过的关于生产要素和生产条件的“新组合”引入生产体系。熊彼特的创新是一个经济学概念，包括五个方面：

（1）研制或引进新产品；

（2）运用新技术；

（3）开辟新市场；

（4）采用新原料或原材料的新供给；

（5）建立新组织形式。

到了 21 世纪初所说的创新，在熊彼特的基础上有了很大的延伸和发展，已从单纯的经济学概念演变为含义宽广的哲学概念，包括思想理论创新、科学技术创新、管理创新、经营创新、机制创新、制度创新、知识创新等。而德鲁克认为任何改变现存物质财富、创新潜力的方式都可以称为创新；阿米登也将创新看作新思想的活动，是付诸行动的一切新的想法。

由此可见，创新是一种思想及在这种思想指导下的实践，是一种原则及在这种原则指导下的具体活动。创新是指改变、更新或执行一个新方案；改变、更新或制造一种新的东西，以获得更高的社会和经济效果的过程或行为。但值得注意的是创新并不一定是全新的东西，旧的东西以新的形式出现或以新的方式结合也是创新。

二、创新与维持

作为管理的基本内容，维持与创新对系统的存在都是非常重要的。维持是保证系统活动顺利进行的基本手段，也是组织中最常见的工作。根据物理学的递增原理，原来基于合理分工、职责明确而严密衔接起来的有序的系统结构，会随着系统在运转过程中各部分之间的摩擦而逐渐地从有序走向无序，最终导致有序平衡结构的解体。管理的维持职能便是要严格地按预定的规划来监视和修正系统的运行，尽力避免各子系统之间的摩擦，减少因摩擦而产生的结构内耗，确保系统按照既定的方向和规则运行，以保持系统的有序性。维持对于系统生命的延续是至关重要的。

但是，仅有维持是不够的。任何社会系统都是一个由众多要素构成的，与外部不断发生物质、信息、能量交换的动态、开放的非平衡系统。而系统的外部环境是在不断地发生变化的，这些变化必然会对系统的活动内容、活动形式和活动要素产生不同程度的影响。同时，系统内部的各种要素也是在不断发生变化的。系统内部某个或某些要素在特定时期的变化必然要求或引起系统内其他要素的连锁反应，从而对系统原有的目标、活动要素的相互关系等产生一定的影响。系统工程若不及时根据内外变化莫测的要求，适时进行局部或全局的调整，则可能被变化的环境所淘汰，或为改变了的内部要素所不容。这种为适应系统工程内外变化而进行的局部和全局的调整，便是管理的创新职能。

作为管理的两个基本职能，维持与创新对系统的生存发展都是非常重要的，它们是相互联系、不可或缺的。创新是在维持基础上的发展，而维持则是创新的逻辑延续；维持秩序是为了实现创新的成果，而创新则是为更高层次的维持提供依托和框架。任何管理工作都应围绕着系统运转的维持和创新而展开。只有创新没有维持，系统会变成无时无刻无所不变的无序的混乱状态，而只有维持没有创新，系统则缺乏活力，犹如一潭死水，适应不了任何外界变化，最终会被环境淘汰。卓越的管理是实现维持与创新最优组合的管理。

三、创新的作用

（一）创新可以增强组织适应环境变化的能力

组织作为一个开放的系统，与外部环境发生着物质、能量和信息的交换，外部环境的变化客观上要求组织作适应性的调整，否则组织便难以生存，创新可以增强组织适应环境变化的能力，以应对来自环境的各种挑战。

（二）创新可以增强组织的核心竞争力

在全球竞争的动态环境下，组织竞争日趋激烈，市场经济的法则是优胜劣汰，组织在竞争能力中要想占据优势地位，必须进行产品创新、服务创新和管理创新等一系列创新活动，可以说，创新是提高组织竞争力的重要手段。核心竞争力的关键不只是技术，还要依赖管理上的创新，通过管理上的创新，将各种资源整合在一起，形成其他组织难以模仿的核心能力，使组织在竞争中能够立于不败之地。

（三）创新可以延缓组织的生命周期

任何组织都要经历产生、发展、衰退和消亡的生命运动过程，或者说组织的退化和消亡是不可避免的。从这一意义上说，组织是在同自身的退化和消亡做斗争。创新可以使组织和环境之间的矛盾暂时得到缓解，增强组织的生命力，延缓组织的退化和消亡。

四、创新的原则

（一）遵守科学原理原则

创新必须遵循科学技术原理，不得有违科学发展规律。因为任何违背科学技术原理的创新都是不能获得成功的。为了使创新活动取得成功，在进行创新构思时，必须做到以下几点：

1. 对发明创造设想进行科学原理相容性检查。

创新的设想在转化为成果之前，应该先进行科学原理相容性检查。如果关于某一创新问题的初步设想，与人们已经发现并获实践检查证明的科学原理不相容，则不会获得最后的创新成果。因此与科学原理是否相容，是检查创新设想有无生命力的根本条件。

2. 对发明创新设想进行技术方法可行性检查。

任何事物都不能离开现有条件的制约。在设想变为成果时，还必须进行技术方法可行性检查。如果设想所需要的条件超过现有技术方法可行性范围，则在目前该设想还只能是一种空想。

3. 对创新设想进行功能方案合理性检查。

任何创新的新设想，在功能上都有所创新或有所增强。但一项设想的功能体系是否合理，关系到该设想是否具有推广应用的价值。因此，必须对其合理性进行检查。

（二）市场评价原则

创新设想要获得最后的成果，必须经受走向市场的严峻考验。爱迪生曾说："我不打算发明任何卖不出去的东西，因为不能卖出去的东西都没有达到成功的顶点。能销售出去就证明了它的实用性，而实用性就是成功。"

创新设想经受市场考验，实现商品化和市场化要按市场评价的原则来分析。其评价通常是从市场寿命观，市场定位观，市场特色观，市场容量观，市场价格观和市场风险观六个方面入手，考察创新对象的商品化和市场化的发展前景，而最基本的要点则是考察该创新的使用价值是否大于它的销售价格，也就是要看它的性能、价格是否优良。但在现实中，要估计一种新产品的生产成本和销售价格不难，而要估计一种新发明的使用价值和潜在意义则很难。这需要在市场评价时把握住评价事物使用性能最基本的几个方面，然后在此基础上作出结论：

（1）解决问题的迫切程度；

（2）功能结构的优化程度；

（3）使用操作的可靠程度；

（4）维修保养的方便程度；

（5）美化生活的美学程度。

（三）相对较优原则

创新不可盲目追求最优、最佳、最美、最先进。

创新产物不可能十全十美。在创新过程中，利用创造原理和方法，获得许多创新设想，它们各有千秋，这时，就需要人们按相对较优的原则，对设想进行判断选择。

1. 从创新技术先进性上进行比较。

可从创新设想或成果的技术先进性上进行各自之间的分析比较，尤其是应将创新设想同解决同样问题的已有技术手段进行比较，看谁领先和超前。

2. 从创新经济合理性上进行比较选择。

经济的合理性也是评价判断一项创新成果的重要因素。所以对各种设想的可能经济情况要进行比较，看谁合理和节省。

3. 从创新整体效果性上进行比较选择。

技术和经济应该相互支持、相互促进，它们的协调统一构成事物的整体效果性。任何创新的设想和成果，其使用价值和创新水平主要是通过它的整体效果体现出来。因此，对它们的整体效果要进行比较，看谁全面和优秀。

（四）机理简单原则

在现有科学水平和技术条件下，如不限制实现创新方式和手段的复杂性，所付出的代价可能远远超出合理程度，使得创新的设想或结果毫无使用价值。在科技竞争日趋激烈的今天，结构复杂、功能冗余、使用繁琐已成为技术不成熟的标志。因此，在新创的过程中，要始终贯彻机理简单原则。为使创新的设想或结果更符合机理简单的原则，可进行如下检查：

（1）新事物所依据的原理是否重叠，超出应有范围。

（2）新事物所拥有的结构是否复杂，超出应有程度。

（3）新事物所具备的功能是否冗余，超出应有数量。

创新只要效果好，机理越简单越好。

（五）构思独特原则

我国古代军事家孙子在其名著《孙子兵法·势篇》中指出："凡战者，以正合，以奇胜。故善出奇者，无穷如天地，不竭如江河。"所谓"出奇"，就是"思维超常"和"构思独特"。创新贵在独特，创新也需要独特。在创新活动中，关于创新对象的构思是否独特，可以从以下几个方面来考察：

（1）创新构思的新颖性。

（2）创新构思的开创性。

（3）创新构思的特色性。

（六）不轻易否定，不简单比较原则

不轻易否定，不简单比较原则是指在分析评判各种产品创新方案时应注意避免轻易否定的倾向。在飞机发明之前，科学界曾从"理论"上进行了否定的论证。过去也曾有权威人士断言，无线电波不可能沿着地球曲面传播，无法成为通信手段。显然，这些结论都是错误的，这些不恰当的否定之所以出现是由于人们运用了错误的"理论"，而更多的不应该出现的错误否定，则是由于人们的主观武断，给某项发明规定了若干用常规思维分析证明无法达到的技术细节的结果。

在避免轻易否定倾向的同时，还要注意不要随意在两个事物之间进行简单比较。不同的创新，包括非常相近的创新，原则上不能以简单的方式比较其优势。

不同创新不能简单比较的原则，带来了相关技术在市场上的优势互补，形成了共存共荣的局面。创新的广泛性和普遍性都源于创新具有的相融性。如市场上常见的钢笔、铅笔就互不排斥，即使都是铅笔，也有普通木质的铅笔和金属或塑料杆的自动铅笔之分，它们之间也不存在排斥的问题。

总之，我们应在尽量避免盲目地、过高地估计自己的设想的同时，也要注意珍惜别人的创意和构想。简单的否定与批评是容易的，难得的却是闪烁着希望的创新构想。

五、创新的类型

创新从不同角度来考查，有不同的类型。

（一）按照创新的深度划分

1. 渐进式创新。

渐进式创新通常是指在现有形式或技术的基础上进行改变；它或者是改进现有的东西或者把现有的形式或技术重新配置应用于其他用途。

2. 根本性创新。

根本性创新是指在观念和结果上根本性突破的创新，通常是指组织首次向市

场引入的，能对经济产生重大影响的创新产品或技术。根本性创新一般是研发部门精心研究的结果，常伴有产品的创新、过程创新和组织创新的连锁反应。这类创新要求全新的技能、工艺以及贯穿整个组织的新的组织方式。

（二）按照创新的规模以及创新对系统的影响程度划分

1. 局部创新。

局部创新是指在组织性质和目标不变的前提下，组织中某些要素的属性或相互间发生变化，引发组织功能的形式或方式的变化。

2. 整体创新。

整体创新是指组织性质和目标发生变化后，组织的构成要素及相互之间的关系发生根本性的改变，组织功能发生实质性的变动。

（三）按照创新的动力来源划分

1. 主动创新。

主动创新是指组织受激励而产生的主动创新行为，表现为“我要创新”。主动创新在创新时间、创新成果以及创新的持续性上都处于领先行列。组织从事主动的前提是组织的管理者看到或寻找到潜在的市场机会，发现科技成果的应用前景。组织支持主动创新的力量来源于组织强烈的创新倾向，创新所需的知识积累和创新所需的人才、资金、信息。从事主动创新的组织在创新方式上可以多样化，既可以自主创新，也可以模仿创新。

2. 被动创新。

被动创新是指组织迫于外在压力，在生存和发展受威胁时所从事的创新。被动创新的最佳状态是成为创新追随者，在战略上采用保守战略的组织从事的都是被动创新，其创新目标是适应市场变化，满足于现有市场份额和保住竞争地位。

（四）按照创新的组织方式划分

1. 自主创新。

自主创新是指组织通过自身的力量进行的创新。在自主创新中，依靠自身力量实现知识、技术或制度等方面的关键性突破。自主创新的本质特点在于以组织自身的知识和能力为条件，也经独立承担创新风险为代价。所以自主创新是难度最大、风险最高的创新，主要适用于风险型创新以及高技术组织的创新。

2. 合作创新。

合作创新是指组织与科研机构、高等院校及其他组织之间所进行的联合创新行为。它通常是以合作伙伴的共同利益为基础，以资源共享和优势互补为前提，有明确的合作目标、合作期限和合作规则，双方相互信任，在创新的全过程或某些环节共同投入、共同参与、共享成果、共担风险。合作创新已成为一种非常重要并趋于普遍的创新方式。

（五）按创新组织程度划分

1. 自发创新。

自发创新是指组织内部各部分的自发调整行为，创新的组织程度低。组织内部各部分的自发调整可能产生两种结果：一种是各部分调整都是正确的，而且从整体上看是相互协调的，创新给组织带来积极的效果；另一种是各部分调整有的是正确的，有的是错误的，调整后各部分的关系出现了不协调，创新给组织带来的总效应有可能是正的，也有可能是负的，即创新的结果难以预料。

2. 有组织的创新。

有组织的创新是指组织管理人员根据内外环境的变化积极地引导和组织创新活动，使组织创新活动有计划、有组织的展开，创新的组织程度高。一般来说，较之自发创新，有组织的创新更有可能给组织带来正的创新效果。

（六）按照创新与环境的关系划分

1. 防御型创新。

防御型创新是指当外部环境的变化已对组织的存在和运行造成某种程度的威胁，为避免威胁，组织在内部展开局部或全局性的调整。在防御型创新中，创新者的创新意愿是被动的，创新时期的选择是滞后的，最终的创新效果可能差强人意。

2. 攻击型创新。

攻击型创新是指组织敏锐地预测到未来环境可能提供某种有利机会，主动地去调整自身，以利用有利机会，谋求组织的发展。在攻击型创新中，创新者有强烈的创新愿望，在创新过程中不打无准备之仗，创新结果可能在自己的预想之中。

（七）按照创新发生的时期划分

1. 系统初建期的创新。

系统的组建本身就是社会的一项创新活动。系统的创建者在一张白纸上绘制系统的目标、结构、运行规划等蓝图，这本身就要求有创新的思想和意识，创造一个全然不同于现有社会（经济组织）的新系统。寻找最满意的方案，取得最优秀的要素，并以最合理方式组合，使系统进行活动。

2. 运行中的创新。

俗话说得好：创业难，守业更难。在动荡的环境中“守业”，必然要求积极地以攻为守，要求不断地创新。创新活动更大地存在于系统组建完毕开始运转后。系统的管理者要不断地在系统运行的过程中寻找、发现和利用新的创业机会，更新系统的活动内容，调整系统的结构，扩展系统的规模。

管理情景分析8－1

听故事
悟原理
（乞丐、石块和棍子）

任务二　开展创新工作

【管理情景8－2】

木匠的门

有一个木匠，造一手好门。他花了好多时间给自己做了一扇门，用料实在，做工精良，又很漂亮，他很喜欢，没事时会盯着门仔细欣赏。后来，门上的钉子锈了，掉下一块板，木匠找出一枚钉子钉上，门又完好如初。后来又有一块板破了，木匠又找出板换上；门闩坏了，木匠又换了个门闩；门轴坏了，木匠再换上个木轴……于是若干年后，这个门虽多次破损，但经过木匠精心修理，仍坚固耐用。木匠对此十分自豪，心想多亏有了这门手艺，不然门坏了还得求人修理，多不方便。

忽然有一天邻居对他说："王木匠，你是木匠，怎么你家的门比别人家的还要破呀？"

木匠这才发现，邻居家的门个个样式新颖，质地优良，唯有自家的门又破又旧，补满了补丁。

请思考：从创新的角度说明为什么木匠有一手好手艺，可他家的门比别人家的门还破？

一、创新的内容

（一）理念创新

人的创新行为是受其思想观念支配的，因此一切的创新均源于观念的创新。管理理念的创新具有先导作用，其实质就是组织要打破长期禁锢在人们思想观念上的层层枷锁，做到勇于创新、善于创新，从而在残酷的市场竞争中站稳脚跟。组织要进行持久创新活动，就必须不断更新理念，这样才能在创新中指导自己的各项创新活动。

组织作为创新的主体，主要是由组织中的管理者这一主体发挥管理作用，因此组织的管理者理念创新是至关重要的，他对创新活动的重视程度对组织的创新活动起着决定性作用。与此同时要做到理念创新，还必须提高整个组织成员的学习能力，使组织的每一成员能不断吸收、处理外界知识和信息，调整自己的知识结构，以求转变理念。

（二）目标创新

组织是在一定的经济环境中从事其活动的，特定的环境要求组织按照特定的方式提供特定的产出。一旦环境发生变化，要求组织的发展方向、组织的目标以及组织各项活动需要做相应的调整。例如，在高度集权的经济体制背景下，组织必须严格按照国家的计划要求来组织内部的活动。经济体制改革以来，组织同国家和市场的关系发生了变化，组织必须通过其自身的活动来谋求生存和发展。因此，在新的经济背景中，组织的目标必须调整，以满足社会的需要。至于组织在各个时期的具体活动目标，则更需要适时地根据市场环境和社会需要的特点及变化趋势加以整合，每一次的调整都是一种创新。

（三）组织创新

组织创新就是为组织的各项创新活动提供新的组织支持，以适应新的环境下的需要。它涉及组织机构和组织结构的创新。组织机构的创新是组织中不同的管理部门的创新，主要涉及管理劳动的横向分工的问题。组织结构的创新是各管理部门之间，尤其是不同层次的管理部门之间的相互独立、相互制衡关系的重新调整。

不同的组织有不同的组织形式，同一组织的不同时间也要求组织的机构和结构进行不断调整。组织机构和结构的创新目的在于使组织适应变化莫测的组织内外部环境，更有效地发挥组织管理工作人员的作用，提高管理劳动的效率，从而保证组织目标的实现。

（四）制度创新

制度创新是从社会经济角度来分析组织系统中各成员间的正式关系的调整和变革。制度是由组织运行方式的原则规定。组织制度主要包括产权制度、经营制度和管理制度等三个方面的内容。

产权制度、经营制度、管理制度这三者之间的关系是错综复杂的（实践中相邻的两种制度之间的划分甚至很难界定）。一般来说，一定的产权制度决定了相应的经营制度。但是，在产权制度不变的情况下，企业具体的经营方式可以不断进行调整；同样，在经营制度不变时，具体的管理规则和方法也可以不断改进。而管理制度的改进当发展到一定程度，则会要求经营制度作相应的调整；经营制度的不断调整，则必然会引起产权制度的革命。因此，反过来，管理制度的变化会反作用于经营制度；经营制度的变化会反作用于产权制度。

制度创新的方向是不断调整和优化组织所有者、经营者、劳动者三者之间的关系，使各个方面的权力和利益得到充分的体现，使组织的各种成员的作用得到充分的发挥。

（五）环境创新

环境是企业经营的土壤，同时也制约着企业的经营。环境创新不是指企业为适应外界变化而调整内部结构或活动，而是指通过企业积极的创新活动去改造环境，去引导环境朝着有利于企业经营的方向变化。例如，通过企业的公关活动，影响社区政府政策的制定；通过企业的技术创新，影响社会技术进步的方向，等等。就企业来说，环境创新的主要内容是市场创新。

市场创新主要是指通过企业的活动去引导消费，创造需求。新产品的开发往往被认为是企业创造市场需求的主要途径。其实，市场创新的更多内容是通过企业的营销活动来进行的，即在产品的材料、结构、性能不变的前提下，或通过市场的地理转移，或改进交易和支付方式以及通过揭示产品新的物理使用价值来寻找新用户，也可以通过广告宣传等促销工作，来赋予产品一定的心理使用价值，影响人们对某种消费行为的社会评价，从而诱发和强化消费者的购买动机，增加产品的销售量。

（六）技术创新

技术创新是指一个从新产品或新工艺设想的产生，经过研究、开发、工程化、商品化生产到市场应用的完整过程的一系列活动的总和。技术创新是组织创新的重要内容。在知识经济时代，每个组织都要善于针对市场竞争环境，制定组织技术发展战略和主要目标，建立有效的组织技术创新网络系统运行机制，不断提高组织技术创新的能力。

组织在激烈的市场竞争中赖以获胜的基础是具有强大的技术创新能力。组织技术创新能力体现在，组织不但能够不断推出新产品、新服务，满足市场的消费需求，而且能够主动培植新的市场，并积极引导社会公众的消费。组织技术创新注重以下方面：

（1）组织技术改造立足于创新，技术改造、引进要与自主开发相结合。

（2）加快组织与科研院所的结合。

（3）技术创新与市场创新等其他创新相结合。

（4）技术创新要与实现组织内部技术、组织的创新相结合。

只有这样才能确保技术创新项目的科学性、合理性、有效性，使技术创新真正成为组织适应市场变化、提高竞争力、增强发展后劲、增加组织效益的根本保证，成为组织兴旺发达的不竭动力。

二、创新的过程

一般来说，成功的创新要经历“寻找机会、提出构思、迅速行动、坚持不懈”四个阶段。

（一）寻找机会

创新是对原有秩序的破坏。原有秩序之所以要打破，是因为其内部存在着或出现了某种不协调的现象，这些不协调对系统的发展造成了某种不利的影响。创新活动是从发现和利用旧秩序内部的一些不协调现象开始的。旧秩序中的不协调既可存在于系统的内部，也可产生于对系统有影响的外部。就系统的外部来说，有可能成为创新契机的变化主要有技术的变化、人口的变化、宏观经济环境的变化和文化与价值观念的转变等；就系统内部来说，引发创新的不协调现象主要有生产经营中遭遇到瓶颈、组织意外的成功和失败等。组织的创新往往是从密切地注视、系统地分析社会组织在运行过程中出现的不协调现象开始的。

（二）提出构想

敏锐地观察到了不协调现象的产生以后，还要透过现象究其原因，并据此分析和预测不协调的未来变化趋势，估计它们可能给组织带来的积极或消极后果，并在此基础上努力将威胁转换为机会，将危机转换为商机，采用头脑风暴、特尔菲、畅谈会等方法提出多种解决问题、消除不协调、使系统在更高层次实现平衡的创新构想。

（三）迅速行动

创新成功的秘密主要在于迅速行动。提出的构想可能还不完善，甚至可能很不完善，但这种并非十全十美的构想必须立即付诸行动才有意义。“没有行动的思想会自生自灭”，这句话对于创新思想的实践尤为重要，一味地追求完美，以减少受讥讽、被攻击的机会，就可能错失良机，把创新的机会白白地送给自己的竞争对手。创新的构想只有在不断地尝试中才能逐渐完善，组织只有迅速地行动，才能有效地利用“不协调”提供的机会。

（四）坚持不懈

构想经过尝试才能成熟，而尝试是有风险的，是不可能“一打就中”的，是可能失败的。创新的过程是不断尝试、不断失败、不断提高的过程。因此，创新者在开始行动以后，为取得最终的成功，必须坚定不移地继续下去，决不能半途而废，否则便会前功尽弃。

三、创新活动的组织

系统的管理者不仅要对自己的工作进行创新，而且更主要的是组织下属的创新。组织创新，不是去计划和安排某个成员在某个时间去从事某种创新活动——这在某些时候也许是必要的，但更重要的是为部属的创新提供条件、创造环境，有效地组织系统内部的创新。

（一）正确理解和扮演“管理者”的角色

管理人员往往是保守的，他们往往自觉或不自觉地扮演现有规章制度的守护神的角色。为了减少系统运行中的风险，防止大祸临头，他们往往对创新尝试中的失败吹毛求疵，随意惩罚在创新尝试中遭到失败的人，或轻易地奖励那些从不创新、从不冒险的人，这样的管理者只会把组织搞成一潭死水，缺乏活力和竞争力。优秀的管理者应自觉地带头创新，并努力为组织成员提供和创造一个有利于创新的氛围与环境，积极鼓励、支持、引导组织成员不断进行创新。

（二）大力促进创新的组织氛围的形成

促进创新的最好方法是大张旗鼓地宣传创新，鼓励创新，激发创新，树立

"无功便是有过"的新观念，使每一个成员都能奋发向上，努力进取，跃跃欲试，大胆尝试。要造成一种人人谈创新，时时想创新，无处不创新的组织氛围，使那些无创新欲望或有创新欲望却无创造行动，从而无所作为者自己感觉到在组织中无立身之处，使每个人都认识到组织聘用自己的目的，不是要自己简单地用既定的方式重复那也许重复了许多次的操作，而是希望自己去探索新的方法、找出新的程序，只有不断地去探索、去尝试才有继续留在组织中的资格。

（三）制订有弹性的计划

创新意味着打破旧的规则，意味着时间和资源的计划外占用，因此，创新要求组织的计划必须具有弹性。创新需要思考，思考需要时间。把每个人的每个工作日都安排得非常紧凑，对每个人在每时每刻都实行"满负荷工作制"，则创新的许多机遇便不可能发现，创新的构想也就无条件产生。同时，创新需要尝试，而尝试需要物质条件和试验的场所。要求每个部门在任何时间都严格地制订和执行严密的计划，则创新会失去基地，而永无机会尝试的新构想，就只能留在人们的脑子里或图纸上，不可能给组织带来任何实际的效果。因此，为了使人们有时间去思考、有条件去尝试，组织制订的计划必须具有一定的弹性。

（四）正确地对待失败

创新的过程是一个充满着失败的过程。创新者应该认识到这一点，创新的组织者更应该认识到这一点。只有认识到失败是正常的，甚至是必需的，管理人员才可能允许失败，支持失败，甚至鼓励失败。当然，支持尝试，允许失败，并不意味着鼓励组织成员去马马虎虎地工作，而是希望创新者在失败中取得有用的教训，学到一点东西，变得更加明白，从而使下次失败到创新成功的路程缩短。

（五）建立合理的奖酬制度

要激发每个人的创新热情，还必须建立合理的评价和奖惩制度。创新的原始动机也许是个人的成就感、自我实现的需要，但是如果创新的努力不能得到组织或社会的承认，不能得到公正的评价和合理的奖酬，则持续创新的动力会渐渐削弱甚至消失。

管理情景分析8-2

任务三 感悟创业

【管理情景8-3】

听故事悟原理（钢玻璃杯的故事）

王兴：创业是九死一生

一提到王兴，很多人脑海里想到的 个词 美团汇就是连环创业者，因为他是校内网、饭否网、美团网这三个中国大名鼎鼎的网站的联合创始人。除此之外，他还有另外一层身份——大学生创业者。他是在毕业之后，没有丰富的职业履历就开始创业的人。

王兴是一名人们口中的天才少年，高中没有参加高考就被保送到中国知名学府——清华大学，毕业后拿到全额奖学金去了美国特拉华大学，师从第一位获得 MIT 计算机科学博士学位的大陆学者高光荣，随后归国创业。在前一两次不算成功的创业项目之后，王兴创立了中国版 Facebook 校内网，并很快风靡大学校园。校内网于 2006 年 10 月被千橡互动集团以 200 万美元收购。2007 年 5 月 12 日，王兴创办饭否。这也是中国第一个类 twitter 项目，但就在饭否发展势头一片良好之际被关闭，让王兴事业受到挫折。之后连环创业客王兴于 2010 年 3 月上线新项目美团网，并在千团大战之中脱颖而出，稳居行业前三，先后获得红杉和阿里的两轮数千万美金的融资。这个连环创业客的事业正逐渐走上正轨。美团单月流水已经突破 10 亿元人民币。

王兴身上有着深刻的危机感，他以马化腾曾经说过的一句话来自省："可能巨人倒下的时候身体还是温暖的。"在他看来，在这个持续激烈变化的行业，美团离破产始终只有几个月的时间。

资料来源：改编自马广水．创新创业基础［M］．北京：高等教育出版社，2016：61.

请思考：创业是一件高收益的事情吗？需要考虑哪些风险呢？

一、概念

"创业者"这个词来源于法语词汇"entre"（意思是"中间"）与"perndre"（意思是"承担"）。这个词最初用来描述买卖双方之间承担风险的人，或承担创建新企业风险的人。发明家和创业者不同，发明家创造新事物，而创业者聚集并整合所有必需资源（金钱、人力、商业模式、战略和风险忍耐力），以便将发明转化为可存活的企业。

H. H. 史蒂文森与 J. C. 杰瑞罗定义创业是个人不考虑当前所控制的资源而追求机会的过程。其他人更简单地定义创业，比如风险投资家弗瑞德·威尔逊（Fred Wilson），把创业看作"将创意转化为企业的艺术"。创业行为的本质在于识别机会并将有用创意付诸实践。创业行为所要求的任务既可由个人也可由团队来完成，并需要创造性、驱动力和承担风险的意愿。

本书中，我们关注由创业者或创业者团队创建新企业背景下的创业活动。然而，已建企业也可以实施创业行动，以超前行动、创新性和风险承担为特色。例如，苹果公司被广泛认为是一家创业行为很明显的企业。史蒂夫·乔布斯是苹果公司创业文化的核心。他具有说服、激发别人想象力的能力，不断地激励苹果员工的灵感，使他们能一代接一代地开发出创新产品。许多在纳斯达克上市的企业，如思科系统公司、雅虎、财捷公司、亚马逊网站等，都是被普遍认同的创业型企业。

那些具有创业行为导向的已建企业，正在实践公司创业。从概念上看，所有企业都处在从极端保守向极度创业化的连续统一体中。企业在这个连续统一体中的位置，被认为是它的创业强度。创业企业是典型的超前行动创新者，不回避可计算的风险。与此相反，保守企业更多抱有"等等看看"的心态，很少创新并且回避风险。

二、意义

人们选择成为创业者并开创他们自己的企业，有这样三个原因：做自己的老板；追求自己的创意；获得财务回报。

1. 做自己的老板。

这是最常见的原因。这并不意味着创业者与他人难以共同工作，或他们难以接受领导权威。许多创业者想成为自己的老板，或是因为他们怀有要拥有一家企业的恒久梦想，或是因为他们在传统工作中变得沮丧。VeryWendy公司的创建者温迪·德费迪丝（Wendy DeFeudis），就是创业者在传统工作中感到沮丧的实例，她创建了一家生产定制化社会邀请函的公司。有时，创业者达到个人或专业目标的唯一途径就是创建自己的企业，那么他们成为老板的渴望就来源于这种梦想的实现。克里斯多弗·琼斯（Christopher Jones）、大卫·兰贝特（David LaBat）和玛丽·麦格瑞（Mary McGrath）都是心理教育工作者，在洛杉矶北部圣克拉拉谷的公立学校拥有稳定工作。渐渐地，他们在学校里向学生提供的有限服务范围使他们感到很压抑，所以他们离职创办了一家提供全面服务的教育心理与咨询中心，即动态干预公司（dynamic interventions）。

2. 追求自己的创意。

这是人们开创企业的第二个原因。有些人天生机敏，当他们认识到新产品或服务创意时，他们就渴望看到这些创意得到实现。现存企业环境下进行创新的公司创业者，常常具有使创意变为现实的想法，然而已建企业经常阻碍创新。当这种情况发生时，雇员常带着未实现的创意离开企业。因为他们对创意的激情和承诺，一些雇员会决定离开雇用他们的企业，开创自己的企业作为开发创意的途径。这种事情的发展过程也可发生在企业以外的情况中。例如，有些人通过爱好、休闲活动或日常生活，认识到市场中存在未被提供的产品或服务需求。如果创意非常可行且能够支撑一个企业，他们就会付出努力将创意转变为一家自己经营的企业。前CNN电视网记者达英·卡根（Daryn Kagan），就是辞掉工作追求创意的表率。卡根对她的职业路径感到不满，决定离开有线电视网去做一件她已考虑很久的事，即创建一家以良好信息为特色的企业巡展网（基于网站的流媒体）。

3. 获得财务回报。

这也是人们创建自己企业的一个原因。平均来看，与传统职业中承担同样责任量的人相比，创业者并没有赚到更多的金钱。创业的财富诱惑在于它的上升潜力。像戴尔公司的迈克尔·戴尔、雅虎的杨致远、搜索网站的先驱拉里·佩奇和谢尔盖·布林等人，他们都从创建企业中获得了数以亿计美元的财富。

三、风险

任何一件事情都有其风险性，创业也一样。看到创业的意义，也不能忽略其风险。所谓创新创业风险，是由于创业环境的不确定性、创业机会的复杂性以及创业团队与创业投资者的能力与实力的有限性等因素造成的创业活动存在失败的可能性。

（一）项目选择风险

所谓创业项目选择风险，是指在创业初期因选择的创业项目不当，导致企业无法盈利而难以生存的风险。目前，我国大学生创业的项目选择多集中在高科技领域和智力服务领域，如软件开发、网络服务、家教中介、设计工作室等。此外，快餐、零售等连锁加盟店也是大学生青睐的创业项目。大学生创业时，如果缺乏前期市场调研和论证，不去了解市场，只是凭自己的兴趣和想象来决定创业项目，甚至仅凭一时心血来潮做决定，不去做大量细致的市场调研与论证，不结合自身掌握的资源状况作出决定，那么其在创业过程中必然会导致项目选择风险的产生。

（二）技能风险

大学生在校或刚一毕业就开始创业，还未实现由“学校人”向“社会人”的完全转变，其年龄、阅历、心理等与有社会经验的人相比都处于劣势，“眼高手低”是对当代大学生的综合评价。创业本身是一个复杂的系统工程，市场不会因为创业者是学生就网开一面。在单纯的校园环境中成长起来的大学生，在面对社会和市场时，比有社会经验的人更容易迷失和迷茫，思考问题理想化，对困难估计不足。另外，大学生还缺乏创业必备的知识和能力，不了解创业的相关政策法规，也没有在相关企业的工作实践经历，缺乏能力和经验。同时，这种缺乏不仅仅是表现在职业技能、技术、管理等方面，还同时表现在人生阅历、心理承受等方面。所以，我国大学生由于创业技能不足会给他们带来创业失败的风险。

（三）环境风险

创业环境与创业活动是相互作用的，对创业的成败起着决定作用。不管是企业还是个人，都处于一定的环境之中，如社会环境、企业治理环境、政治环境等。这些环境的变化都会对大学生的创业造成较大的影响，这种影响尤其表现在创业的中后期。其一旦发生，对企业的危害都将是致命的，尤其是高技术产品的创新活动以及一些敏感性产业。在我国，还会对大学生创业带来较大影响的是政治环境，我国政治环境以及由此引起的法律环境的变化，对于任何一家企业的影响都很大，这种变化往往是大学生创业者无法预料和改变的。

（四）资源风险

所谓资源风险，是指社会资源贫乏而产生的风险。社会资源是企业以及个人在社会上获得成功的重要因素之一，越是社会资源广泛，其获得成功的可能性就越大，因为企业作为社会企业类公民，需要与各方进行沟通和联系，如政府、社会团体、供应商、销售商等，企业的所有工作都需要调动足够多的社会资源。然而，初出社会的大学生的社会资源毫无疑问是相对较少，尽管有老师和同学的帮助，在一些地方，也有政府创业机构的支持，但这些帮助对于大学生的创业尤其是企业的持续经营而言，可以说是杯水车薪。所以，当大学生走入社会实施创业时，在宣传广告、市场营销、工商税务等方面将会遇到很多挫折和困难，在面对这些困难时，往往会显得一筹莫展，并会为此而耗费大量精力、物力及人力之后，不得不怀着受挫后的复杂心情而离开。

（五）财务风险

所谓财务风险，是指因资金不能适时地筹集和供应而导致创业失败的可能性。可以说，财务风险贯穿在创业活动的整个过程。足够的资本规模，可以保证企业投资的需要，合理的资本结构可以降低和规避融资风险，融资方式的妥善搭配可以降低资本成本。我国大学生自主创业资金主要来源于家庭支持、银行贷款、风险投资、典当融资、股权融资和融资租赁等渠道。其中，除去家庭支持外，其他资金来源渠道的获得途径都需要一定的资质和担保。这对于刚进行创业的大学生而言，是非常困难的。因为不管是银行，还是风险投资担保机构，都需要有实业或者其他企业机构的担保。当今社会，空手套白狼的创业奇迹越来越少。如果没有广泛的融资渠道，创业计划无从谈起；如果没有足够的流动资金，很可能会导致在创业初期就遭遇失败。因此，财务风险普遍是创业前期的“命门”。

（六）管理风险

所谓管理风险，是指在创业管理运作过程中，因信息不对称、管理不善、判断失误等影响管理的水平，而导致创业失败的风险。企业的管理不仅需要知识，还需要阅历，需要在平常的工作中日积月累而形成的经验。一些大学生创业者虽然可能接受过创业方面的培训，但大部分是来自书本，过于理想化。他们怀抱着一腔热情和抱负，纸上谈兵，造成经营理念淡薄、产品营销方式呆滞、信息闭塞等。特别是大学生知识单一，经验不足，资金实力和心理素质明显不足，更会增加在管理上的风险。

管理情景
分析 8－3

任务四　开展创业工作

听故事
悟原理
（给猎狗分骨头）

【管理情景 8－4】

克里米特公司：经典的创业故事

2006 年夏天，美国杨百翰大学商学专业学生内特·奥德尔（Nate Alder）在巴西潜水时，听说那些在北极的潜水者利用惰性气体来隔绝他们的湿衣服。奥德尔回到犹他州老家，兼职做滑雪板教练。他感到很奇怪，惰性气体为何没有被用在滑雪衫中，为滑雪者、滑雪板爱好者提供保暖呢?

这个创意迷住了奥德尔。他争取到商学专业学生尼克·索伦森（Nick Sorensen）和工程学博士生布雷迪·沃尔福德（BradyWoolford）的帮助，共同探讨惰性气体能否用于滑雪衫保暖。三个人研究了惰性气体及其为衣服保暖的方式，对创意更加充满热情。他们的商业计划基本构想是，研制一件有一系列气密性隔室又可连通的滑雪衫。滑雪衫带有一个充满增压氩气的小暗盒，盒上装有小转盘。当转盘向右旋转时，气体流入气密性隔室，滑雪者就会感到温暖些。转盘向左旋转时，气体就会退回暗盒中，滑雪者就感到凉快些。整个系统运作顺利的奥秘在于氩气的物理特性。氩气的大分子能够阻挡寒冷、保持热量。氩气还具有不易燃、无毒无味、完全的环境友好等特性。使用氩气取代大量织物给衣服保暖，使衣服更轻便、舒适，即使滑雪衫完全湿透也能保持温暖。

为了完善创意，获得有经验商界人士的反馈，奥德尔及其团队参加了许多商业计划竞赛，并给企业取名克里米特公司（Klymit)。克里米特团队严肃地对待商业计划竞赛，将它视为获得反馈、筹集资金、优化商业计划的途径，以便最终将计划呈递给投资者。他们在商业计划或创新竞赛中共获得了17.5万美元奖金。克里米特公司主要的引人之处在于：

1. 现有滑雪服与寒季装备的隔热材料缺乏效率；
2. 大量织物填料使滑雪等户外运动爱好者为保暖而牺牲灵活性；
3. 目前还没有调节装备过热以适应体温变化的方法。

奥德尔对克里米特公司的热情，参与商业计划竞赛的方式，反映在他与访谈者的谈话中：我们对此充满乐趣，它弥补了我们做出的所有付出。我们认真做每件事情，以确保拥有充足睡眠、吃健康食品、回避酒精烟草或其他影响身体与心情的东西。所有这些有助于我们获得休息，集中精力提高效率，也有了更多做事的乐趣。

克里米特公司打算通过向主要户外装备与服饰公司（如 Atomic）提供技术许可，以及与其他公司合作向暗盒填充氩气的方式来赚钱。克里米特将拥有稳定的收入流，既来自购买克里米特滑雪衫和其他产品的顾客，又来自那些定期需要新氩气暗盒的顾客。公司已经提出专利申请，保护它利用气体隔绝户外装备与服装的独特系统和填充氩气技术。

克里米特公司已制作出第一件滑雪衫的工作模型，该模型系统有潜力使几乎所有防寒产品具备保暖隔热效果。公司走着一条艰难的筹资道路，但已经有足够投资推动企业继续向前发展。奥德尔及其团队也努力地减轻公司初创费用。

克里米特公司似乎有巨大的发展潜力。公司在2009年开始产生收益，而运动装备和服饰应该在2009~2010年进入商店销售。内特·奥德尔的梦想是，公司产品将使户外运动品产业发生革命性变革，就如iPod影响便携式音乐产业那样。

资料来源：Barringer，B. R，Ireland，RD. 创业管理：成功创建新企业：第3版［M]. 北京：机械工业出版社，2015.

请思考：内特·奥德尔创业的第一步是什么？

一、流程

任何创业都不离开创业者的素质能力，在此基础上，创业往往是源于一个想法，而想法的实现就是产品，产品出来之后要经过试销并且推广，这就是创业的完整流程。创业过程当中涉及很多知识和技能，比如说如何创建一支强有力的团队，如何建设制度，如何设计股权结构及公司治理结构，如何写商业计划书，如何融资等等。在本书当中，我们将挑选创业流程当中的一些要点进行阐述。

二、素质

创业者往往具有与众不同的素质和能力、超乎常人的品格和勇气及值得借鉴和推广的宝贵经验。

（一）强烈的成功欲望

强烈的欲望，通常表现为强烈的成功渴求、崇高的人生理想，以及对现实状态的极大不满。拥有欲望的人，会经常反思、审视自身的生活状态，会越发地表现出对现实地位和职业的不满足，从而渴望通过某种活动去改变自我、完善生活。

因为欲望，产生了不满足；因为不满足，产生了理想目标。人生的理想目标是远大追求的缩影，为了追寻理想，人们为自身确立各种目标，通过努力实现目标改变现实，冲破现实的樊笼和禁锢。创业者往往是由于不满足于现实的职业状态和发展空间，希望通过自身事业的创建完成职业理想，实现内心的目标和憧憬的生活状态。正是由于这种欲望，创业者往往会克服常人难以想象的艰难困苦，忍受常人的不解和嘲讽，从而不安于现状，时刻鞭策自己向下一个人生目标奋斗。在初期阶段，创业者难免会遭遇失败与挫折，正是这种欲望的支撑，才能帮助他们渡过一个又一个难关，不断走向成功。

（二）敏锐的商业嗅觉

商业嗅觉，主要是指对经济社会发展主流趋势的把握，对国家形势政策的敏锐感知，对稍纵即逝的商业机会的及时开发。这种敏锐感，虽然往往是成功者与生俱来的，但也可以通过后天的努力慢慢积累和培育。

每个行业、每种商业模式都有自己的生命发展周期，并时时受到国家经济形势和宏观经济、产业政策的深刻影响，大多数创业者都会选取那种拥有蓬勃生命力和符合国家发展潮流的产业开发梦想。创业者进行创业前，要仔细、深入地研究国家的经济发展阶段、各个行业的发展前景，慎重选择那些夕阳行业的创业项目。同时，深刻研读国家的经济社会规划和宏观政策，明确哪些产业是国家鼓励发展的，哪些产业可以享受国家的政策优惠和资金支持等。经过一番深思熟虑后，创业者可以确定自身的创业领域以及未来的主要经营方向等一些重大问题。

在确立了进入的行业领域后，创业者必须深入市场实际考察，充分利用身边的资源和优势捕捉商机，并及时抓住机会实现自身梦想。商业机会蕴藏于社会生活的各个领域，需要创业者敏锐的观察力和独特的判断力去获取，并及时投入资源去开发实现。例如，比亚迪公司董事长王传福在做研究员期间，通过一份国际电池行业动态报告得知，日本宣布本土将不再生产镍镉电池。王传福立刻意识到了镍镉电池市场的巨大商机，产生了创业灵感，果断辞职和同伴创立了深圳比亚迪电池有限公司。

（三）既目光远大又脚踏实地

一方面，成功的创业者，常常拥有超乎常人的开阔眼界和远大目光，对于自己的成就永远感到不满足，期望去开拓更大的市场、获取更大的成功。俗话说，眼界的宽广与否往往决定着创业者事业的深度和广度。另一方面，创业者确立了远大目标后，必须脚踏实地地从小事做起，兢兢业业地经营管理自身的事业，一步步地积累、充实，完成自身的发展壮大以期实现更宏伟的目标。

（四）获取资源的能力

创业者进行创业准备，必须以足够的资源实力为前提和基础，只有具备了足够的优势资源，创业的发展才能一帆风顺。支撑企业生存发展的资源有很多，但对于新创企业而言，至关重要的资源主要包括资金资源、人脉资源和必要的职业资源等。

第一，资金资源。创业者拥有了优秀的创业项目，需要足够的资金投资去运营项目，从而成立运营管理机构——公司，进一步实现投资者的利益回报。作为创业者，形成了可运转的项目后，必须积极去筹措先期的运营资金，为企业的生存发展开个好头。与投资者的谈判能力和良好的项目推销能力，则是创业者必备的基础技能。

第二，人脉资源。创业者创业，并不是一个人单打独斗的事情，广泛的人脉资源不仅可以形成稳定、紧密的创业初始团队，更可以拓展市场、招揽人才和引入投资者，增大企业的生存发展空间。而可以利用的人脉资源，主要有同学、朋友、同事、同乡等。更广义的人脉资源，则包括娴熟的人情世故处理技巧。在早期同市场、政府部门的接触中，合理地处理好人事关系对企业的创建至关重要。

第三，职业资源。对于中途离职的创业者来说，自身在职业发展的过程中，对所在行业和市场的背景趋势有了清晰、深入的认识和了解，拥有了足够的市场客户和行业同事的资源。如果选择此行业创业，创业者更加明晰行业运作规律，可以利用原先的客户、同事资源，创业成功的可能性会更高，比如潘石屹的离职创业。

其他的资源，比如政策资源、技术资源、渠道资源等，对创业者的成功也具有一定程度的作用和影响。

（五）强大的逆境商

逆境商，主要表现为个人面对挫折和失败时的抗压能力和忍耐能力，以及经历挫折后的信心和勇气，重新振作进取的能力。优秀的创业者，面临挫折和失败的考验时，会坚持自己的理念和梦想，竭尽全力克服困难，即使一无所有仍会重新振作，重新开始。

在创业的路上，创业者付出了怎样的代价，付出了怎样的努力，忍受了多少痛苦甚至是屈辱，只有创业者内心最清楚。作为创业者，隐忍和耐力是一种必须具备的品格，这种忍耐包括肉体和精神上的双重折磨。所以，成功的创业者具备了高素质的逆境商，具备了对待挫折、困苦的坚定毅力，在经历事业波折起伏后会激发重新创业的勇气。

（六）颠覆性的创新思维

新兴企业的崛起往往伴随着崭新技术、换代产品和创新商业模式的成熟推广，因此颠覆性的创新思维对于创业者至关重要。在国内 IT 行业的创业者中，很多人由于开发或占有了新兴的互联网络技术，并通过平台和产品的开发推广，将这些技术转化为消费者的需求，在创业的道路上取得了巨大的成功。创新的另一方面，则表现为颠覆传统的商业运营模式。

（七）成熟的人格魅力

创业者创立企业初期，团队成员多为熟人或朋友，传统的管理领导方式往往不适用于这类处于初始阶段的企业。因此，创业者的人格魅力，尤其是影响力和领导力，则成了凝聚团队、激发士气和推动企业发展壮大的强大原动力。正是由于创业者高尚的人格、道德和感召力，企业成员才能始终被团结在一起，协作互勉，克服初期的种种磨难，将企业一步步地推上发展的正轨。这种魅力会形成强大的精神纽带和强烈的吸引力，能够保持创业团队的稳定性，减少企业人才流失现象的发生。

成功创业者的魅力和英明之处，还表现为他们始终如一地分享合作理念和行动，主要是指企业所有权下的股份、利益分配。“财聚人散，财散人聚”，在企业创立伊始，这种关系表现得并不明显。但当企业逐步发展壮大时，利益关系开始变得复杂，良好、合理的分配机制的确立有利于稳定核心高层和关键员工，推动企业创造更大的价值，共同把企业蛋糕做大。在现代企业的管理制度中，股票期权激励成为最有效的激励分配方式，并在企业经营管理的实践中得到了广泛的推广和应用。

（八）自我反省、调整的勇气

在企业的战略规划和经营决策过程中，创业者往往会由于环境和能力的限制，作出错误的决策，使公司陷入发展的危机中。成功的创业者，会时时反思自身的缺陷，反省公司当下的战略方向和发展策略，及时找出其中的偏差和短板。在遭遇投资和经营的失利时，他们通常会以极大的勇气进行自我批判，深刻剖析、总结原因，及时制定科学的调整措施以将损失减少到最小。

现实中的很多经营者，盲目、轻率地进行投资项目的决策，在项目开展运营过程中遇到环境和市场的制约时，反而一味地坚持，不思听取意见，结果造成了更大的损失。因此，企业要进行必要的反馈机制建设，经常进行经营的总结交流会，诊断企业和领导者的弊病，将鼓励员工建言建议作为一项稳定的工作来开展。

成功创业，需要科学把握时势，同时结合自身的优势，选择属于自己的创业项目。在上述因素之外，创业者娴熟的人际关系处理能力、良好的沟通表达能力，可以使业务的处理、合作关系的拓展更加便利，尤其是在中国这个人际关系味浓重的环境里。创业者应主动积极地处理好与当地政府、主管部门的关系，为企业的发展获取更加便捷的通路优势，充分借助政府的力量增强自身的竞争优势，获取更大、更广的发展空间。

创业是一个坚持积累、循序渐进的发展过程，对创业者的能力和素质是严格的考验，而成功只会属于那些有准备并善于把握机会的勇敢者。创业者只有使自己具备必要的心理素质和知识技能，更加娴熟于商业机会的发掘和开拓，才能在创业的道路上越走越远，实现自己的创业理想。

三、能力

要想成为一名成功的创业者，需要具备创新能力、决策能力、预见能力等。

（一）创新能力

创业过程是一个创新的过程，创业者必须有创新思维，不墨守成规，能根据客观情况的变化及时提出新目标、新方案，不断开拓新局面，创出新路子。成功的创业者一般具有独立性、求异性、想象性、新颖性、灵感性、敏锐性等人格特质。

（二）预见能力

预见能力是指根据事物的发展特点、方向、趋势进行预测、推理的思维能力。预见能力是成功的指南针。

（三）决策能力

决策能力是创业者根据主客观条件，因地制宜，正确地确定创业的发展方向、目标、战略以及具体选择实施方案的能力。创业者作为决策者，要具备超强的分析能力和判断能力。

（四）组织协调能力

组织协调能力是指创业者把各项生产要素有机组合起来，形成整体合力的能力。创业者作为研究、开发、生产、销售等各个环节的协调者、组织者和团队领袖，为化解矛盾，协调创业者与竞争者之间、创业者之间、创业团队之间的关系，提高工作效率，需要高超的协调能力。

（五）应变能力

应变能力指人在外界事物发生改变时作出的反应。面对比过去成倍增长的内外信息，为迅速地透过信息分析做出正确创业抉择，需要具有良好的应变能力。

（六）社交能力

良好的交往和有效的沟通，可以排除障碍，化解矛盾，降低工作难度，增加信任度，有助于创业成功。社交能力包括表达能力和反应能力。表达能力是充分有效地将自己的观点阐释给对方，良好的表达能力可以使客户充分理解企业的产品或服务，使创业团队更有效地为完成目标而努力；反应能力能够帮助创业者随时随地领会和把握表达对象的诉求，有效调整表达对象和内容。

（七）激励能力

激励是指通过影响员工个人需求的实现来提高他们的工作积极性，引导他们在企业经营中的行为。激励包括两种形式：一是工作激励，分配恰当的工作来激发员工的工作热情；二是成果激励，正确评价员工的工作成果，以此为标准给员工合理的报酬，并给予物质或精神上的奖励。

（八）用人能力

创业者要吸纳德才兼备、志同道合的人共创事业，必须学会用人，要善于吸纳比自己强或有某种专长的人共同创业。

四、商业计划书

（一）概念

创业计划书是将有关创业的各种想法，通过文字加以落实的载体，是由创业者准备的描述创办一个新企业时所有相关的外部要素及内部要素的书面材料，也是筹措创业资金的重要依据。

（二）内容

创业计划的基本目标是：分析商机，说明创业者的基本思想和期望目标；描述创业者抓住机会的战略；分析说明影响创业成败的关键因素；分析并确定筹措创业资金的办法、回报及退出安排。创业计划书大致分为两类：一是简式创业计划书，短小精悍；二是详式创业计划书，它不仅是一种业务构思的整体策划和一份信息披露，而且是吸引投资的宣传单，更是以后团队创业的指导书。无论简式还是详式创业计划书，都必须包含以下投资人及其他相关人员关心的几个部分：

（1）新产品或服务的基本价值是什么？即为什么这是一个有价值的创业机会。

（2）新产品或服务要卖给谁？

（3）如何开发、生产、销售新产品或服务？应对现在和未来竞争的总体计划是什么？

（4）创业者是谁？他们拥有开发创意并经营新企业所需知识、经验和技能吗？

（5）如果商业计划书是未来筹资，那么需要筹集多少资金？需要何种融资方式？资金如何使用？创业者和其他人如何实现投资收益？如何成功退出？

（三）基本格式

创业计划书通常包括封面、保密要求、目录、摘要、正文和附录6部分。

1. 封面（标题页）。

封面可以放一张企业的项目或产品图片，但需留出足够的版面排列以下内容：创业计划书编号、公司名称、项目名称、项目单位、地址、电话、传真、电子邮件、联系人、公司主页、日期等。

2. 保密要求。

保密要求可放在封面，也可放在次页，主要是要求投资方项目经理妥善保管，不得向第三方公开创业计划书涉及的商业秘密。

3. 目录。

目录标明各部分内容及页码，要注意确认目录页码同内容的一致性。

4. 摘要。

摘要是对整个创业计划书的概括，目的在于用最简练的语言将计划书的核心、要点、特色展现出来，吸引阅读者仔细读完全部文本。

5. 正文。

正文是创业计划书的主体部分，要分别从公司基本情况、经营管理团队、产品或服务、技术研究与开发、行业及市场预测、营销策略、产品制造、经营管理、融资计划、财务预测、风险控制等方面对投资者关心的问题进行介绍，要求既有丰富的数据资料，使人信服，又要突出重点，实事求是。

6. 附录。

附录是对正文中涉及的相关数据、资料的补充。

（四）正文内容

1. 经营计划概要。

这部分主要说明资金需求的目的，并摘要说明整份计划书的重点，目的是吸引投资者进一步评估的兴趣。主要的内容如下：

（1）公司名称与经营团队介绍。

（2）申请融资的金额、形式、股权比例及价格。

（3）资金需求的时机与运用方式。

（4）未来融资需求及时机。

（5）总计划成本与预算资本额。

（6）整份计划书重点摘要。

（7）投资者可望获得的投资报酬。

2. 公司简介。

（1）公司成立时间、形式与创立者。

（2）公司股东结构，包括股东背景资料、股权结构。

（3）公司发展简史。

（4）公司业务范围。

3. 组织与管理。

（1）经营管理团队、学历背景资料、专长与经营理念。

（2）说明拥有的成功经营经验与优势的组织管理能力。

（3）企业的组织结构，以及未来组织结构的可能演变。

（4）人力资源发展计划，包括各功能部门人才需求计划、公司薪资结构、员工分红与认股权利、招募培训人才的计划等。

4. 产品与专业。

（1）产品环境与发展历史。

（2）产品的发展阶段（包括创意、原型、量产）、开发过程，是否已具有专利。

（3）产品的功能、特性、附加价值，以及具有的竞争优势。

（4）公司产品与其他竞争性产品的优劣势比较。

5. 市场分析。

（1）明确界定产品的目标市场，包括销售对象与销售区域。

（2）过去、现在以及未来的市场需求与市场成长潜力。

（3）过去、现在以及未来的市场价格发展趋势。

（4）说明过去、现在以及未来的公司销售量、市场成长情形、市场占有率变化情形。主要市场顾客的特征，其接受公司产品的事实依据，以及该产品对顾客的基本利益与价值。

（5）说明市场上主要的竞争者，包括竞争者的市场占有率、销售量、排名，彼此的优劣势与绩效，以及因应的竞争策略（包括价格、品质或创新等）。若尚无竞争者，则分析未来可能的发展与竞争者出现的概率。

（6）说明其他替代性产品的情形，以及未来因新技术发明而威胁到现有产品的可能性后果，并提出应对策略。

6. 行销计划。

（1）说明现在与未来 5 年的行销策略，包括销售与促销的方式、销售网络的分布、产品定价策略，以及不同销售量水准下的定价方法。

（2）说明销售计划与广告的各项成本。

7. 技术与研究发展。

（1）说明产品研发与生产所需的技术来源，以及技术与生产团队的专长与特质。

（2）说明技术特性与应用此技术所开发出来的产品，技术研究所具有的竞争优势与利益，以及技术未来的发展趋势。

（3）说明企业的技术发展战略，包括短、中期计划，技术部门的资源管理方式，以及持续保持优势的策略。

（4）说明未来研究发展计划，包括研究方向、资金需求和预期成果。

8. 生产制造计划。

（1）说明建厂计划，包括产品特点、设计，以及所需的时间与成本。

（2）说明制造流程与生产方法。

（3）说明物料需求结构，原料、零组件来源和成本管理。

（4）说明品质管制方法，包括优良品率的假设。

（5）说明委托外制与外包管理情形。

（6）制造设备的需求，包括设备厂商与规格功能要求。

（7）产品各项固定成本与变动成本的说明，以及详细生产成本的预估。

（8）生产计划，包括自制率、开工率、人力需求等。

9. 财务计划与投资报酬分析。

（1）公司过去财务状况，包括过去5年期间的资产负债表、损益表的比较，以及过去融资来源与用途。并提供财务分析统计图表，指出统计图表异常处，同时也应说明所使用的会计方法。

（2）提供融资后5～7年的财务预估报告。编列的原则是第一年的财务预估须按月编制；第二年则按季编制；最后三年则按年编制。并且应说明每一项财务预估的基本假设与会计方法。

（3）上述财务预估应包含：资产负债表、损益表、现金流量表、销货收入和销货成本预估表（销售数量、价格与总成本、收入金额）。

（4）提供未来5年的损益平衡分析（或敏感性分析）和投资报酬率预估。

（5）说明未来融资计划，包括融资时机、金额与用途。

（6）若是成熟期公司，应附上公司股票公开上市和上柜的可行性分析。

（7）说明投资者回收资金的可能方式、时机，以及获利情形。

10. 风险评估。

此部分乃在列出可能的风险因素，并估计其严重性发生的概率，且提出解决方法。从事风险分析是未确认投资计划附随的风险，并以数据方式衡量风险对投资计划的影响，目的是向投资者说明风险的应对策略。

11. 结论。

管理情景
分析8－4

此部分乃在综合前面的分析与计划，说明企业整体竞争优势，并指出整个经营计划的利基所在。尤其强调投资方案可预期的远大市场前景，以及对于投资者可能产出的显著回报。

12. 证明资料。

（1）附上能够证明前述各项计划的资料。

（2）附上详细的制造流程与技术方面资料。

（3）附上其他各种参考佐证资料。

此结构为一般结构，仅作为编制创业计划书时的参考模板，学生根据具体实际创业项目和内容进行增减。

测一测
心有底

管理情景讨论和能力训练

项目工作任务书

项目名称	企业创新调查报告
项目负责人	
项目组成员	
项目情景	创新是企业生存和发展的灵魂。只有在理念上、制度上、环境上、技术上、管理上不断进行创新，才有可能持续保持自己的竞争力。管理学老师介绍了关于创新工作的有关知识后，要求同学们自由组合，分为若干小组，每组确定一位组长，实地调查一家实施创新的企业，运用所学理论，分析该企业创新的内容与方法，对该企业的创新进行评价，并提出自己的看法和建议，最后写出调查分析报告。
项目目标	提交一份企业创新调查报告。
项目工作内容和方法	1. 设计：每位同学设计一份市场调查问卷？调查内容主要是关于企业的创新做法与成效。 2. 讨论：组长召集本组成员讨论完善市场调查问卷，研究调研计划。 3. 市场调查：以小组为单位实地调查一家企业。 4. 总结：每位同学各自撰写一份调研报告。 5. 研讨：组长召集本组成员讨论完善调研报告。
学习目标	通过训练，掌握制定市场调查问卷和撰写调研报告的技能，并加深对企业创新内容和方法的认识。
学习提示	
说明	

项目活动计划与评价表

<table>
<tr><td colspan="4">项目名称</td><td colspan="6"></td></tr>
<tr><td colspan="4">项目负责人</td><td colspan="6"></td></tr>
<tr><td colspan="4">项目组成员</td><td colspan="6"></td></tr>
<tr><td colspan="4">项目实施时间</td><td colspan="6"></td></tr>
<tr><td rowspan="5">项目计划与成果</td><td colspan="3">项目实施计划</td><td colspan="6">包括（但不限于）：计划目标、实现计划目标的要素、计划进度。</td></tr>
<tr><td colspan="3">工作方案</td><td colspan="6">包括（但不限于）：工作流程、阶段任务、工作思路、工作方法措施。</td></tr>
<tr><td colspan="3">项目成果</td><td colspan="6"></td></tr>
<tr><td colspan="3">收获与建议</td><td colspan="6"></td></tr>
<tr><td colspan="3">说明</td><td colspan="6"></td></tr>
<tr><td rowspan="5">工作评价</td><td colspan="3" rowspan="2">团队及成员</td><td rowspan="2">团队</td><td colspan="5">成　员</td></tr>
<tr><td>1.</td><td>2.</td><td>3.</td><td>4.</td><td>5.</td></tr>
<tr><td rowspan="3">评语与成绩</td><td rowspan="2">团队评价</td><td>评价</td><td></td><td></td><td></td><td></td><td></td><td></td></tr>
<tr><td>成绩</td><td></td><td></td><td></td><td></td><td></td><td></td></tr>
<tr><td>教师评价</td><td>综合评价</td><td></td><td></td><td></td><td></td><td></td><td></td></tr>
</table>

案例分析

网上购买汽车[①]

资料：

在网上买衣服、化妆品等商品并不是什么新奇的事情，简单快捷。不过，在网上购买汽车倒是让人眼前一亮。

2010 年 12 月，吉利汽车的全球鹰官方旗舰店在淘宝商城里正式开张，在业内首开汽车电子商务先河。狂人李书福的“网上卖车”变为现实，也让全球鹰进入到新的营销渠道——淘宝旗舰店。

全球鹰是 5 万元级的汽车，消费群体是收入并不宽裕的消费者。这部分人有一定的固定收入，但还不算十分充足。虽然购买一辆车不算是很难的事情，但最敏感的也还是价格问题。同时，年轻人大多数都有网购经历。对网上购买汽车这样的事情也会有一种好奇心理，只要条件允许，还是喜欢尝试一下。

针对消费者最关注的问题，吉利在淘宝网店上首先突出价格不变、价格透明、价格统一，同时还承诺与线下销售待遇是同等的，售后服务不会缺损。比如，一旦出现维修、零配件更换，网上消费者可到线下的实体经销店进行维修与保养。如此一来，也就打消了消费者的后顾之忧，吉利在 1 分钟内售出 300 辆。连续 6 个月突破 3500 辆以上的销量。

继吉利之后，宝马、奥迪、沃尔沃、一汽丰田、东风日产、北京现代等汽车品牌也相继开启网上售卖，集体“触网”。

问题：

“吉利”汽车的营销模式对管理者有何启示？

提示：

请结合创新相关理论进行此案例的讨论。

案例分析
参考答案

---

① 改编自网易新闻：吉利汽车正式入驻淘宝商城［J/OL］.（2010－12－06）. https：//www.163.com/tech/article/6N7VQTBG000915BF.html.

参考文献

[1] Barringer, B. R., Ireland, R. D. 创业管理：成功创建新企业：第3版[M]. 北京：机械工业出版社，2015.

[2] 奥罗克. 管理沟通——案例分析法：第3版[M]. 北京：北京大学出版社，2010.

[3] 贝蒂塔，陈伟. 企业创新教程[M]. 北京：中国财政经济出版社，2007.

[4] 彼得·F. 德鲁克. 管理的实践[M]. 齐若兰，译. 北京：机械工业出版社，2006.

[5] 陈海龙. 企业管理培训案例全书[M]. 深圳：海天出版社，2005.

[6] 程华. 现代企业管理学[M]. 北京：高等教育出版社，2004.

[7] 单凤儒. 管理学基础[M]. 北京：高等教育出版社，2001.

[8] 方振邦. 管理思想史教程[M]. 北京：中国人民大学出版社，2013.

[9] 方振邦. 管理学基础[M]. 北京：中国人民大学出版社，2008.

[10] 冯学东，林祝君. 简明管理学[M]. 北京：中国人民大学出版社，2011.

[11] 葛玉辉. 人力资源管理[M]. 北京：清华大学出版社，2006.

[12] 哈罗德·孔茨，海因茨·韦里克. 管理学：第十版[M]. 北京：经济科学出版社，1998.

[13] 理查德·L. 达夫特，多萝西·马西克. 管理学原理[M]. 北京：机械工业出版社，2005.

[14] 马广水. 创新创业基础[M]. 北京：高等教育出版社，2016.

[15] 斯蒂芬·P. 罗宾斯. 管理学：第四版[M]. 黄卫伟，等译. 北京：中国人民大学出版社，1997.

[16] 斯蒂芬·P. 罗宾斯，玛丽·库尔特. 管理学：第9版[M]. 孙健敏，译. 北京：中国人民大学出版社，2008.

[17] 苏东水，彭贺，等. 中国管理学[M]. 上海：上海复旦大学出版社，2006.

[18] 孙永正. 管理学：第2版[M]. 北京：清华大学出版社，2007.

[19] 谭劲松，陈国治. 现代领导方法——领导艺术[M]. 杭州：浙江大学出版社，2007.

[20] 王毅捷. 管理学案例100[M]. 上海：上海交通大学出版社，2003.

[21] 余敬，单凤儒. 管理学案例精析［M］. 北京：中国地质大学出版社，2006.

[22] 张阿芬. 管理学原理［M］. 厦门：厦门大学出版社，2013.

[23] 张德. 现代管理学［M］. 北京：清华大学出版社，2007.

[24] 张佩云. 人力资源管理［M］. 北京：清华大学出版社，2007.

[25] 张平亮. 管理学基础［M］. 北京：机械工业出版社，2011.

[26] 赵金来. 大学生创新创业教育：第2版［M］. 北京：首都师范大学出版社，2019.

[27] 赵丽芬. 管理学［M］. 北京：立信会计出版社，2006.

[28] 周三多. 管理学原理——原理与方法：第4版［M］. 上海：复旦大学出版社，2008.

[29] 朱林. 管理原理与实训教程［M］. 北京：北京邮电大学出版社，2008.